Willi Diez
Wohin steuert die deutsche Automobilindustrie?

Willi Diez

Wohin steuert die deutsche Automobilindustrie?

―

2., überarbeitete und aktualisierte Auflage

ISBN 978-3-11-048115-0
e-ISBN (PDF) 978-3-11-048356-7
e-ISBN (EPUB) 978-3-11-048130-3

Library of Congress Cataloging-in-Publication Data
A CIP catalog record for this book has been applied for at the Library of Congress.

Bibliografische Information der Deutsche Nationalbibliothek
Die Deutsche Nationalbibliothek verzeichnet diese Publikation in der Deutschen Nationalbibliografie; detaillierte bibliografische Daten sind im Internet über http://dnb.dnb.de abrufbar.

© 2018 Walter de Gruyter GmbH, Berlin/Boston
Einbandabbildung: Shansekala/iStock/Getty Images Plus
Satz: Meta Systems Publishing & Printservices GmbH, Wustermark
Druck und Bindung: CPI books GmbH, Leck
♾ Gedruckt auf säurefreiem Papier
Printed in Germany

www.degruyter.com

Vorwort

Die Automobilindustrie steht vor einer Zeitenwende. Begriffe wie Disruption, Transformation und oder gar Endgame Scenarios machen die Runde und lösen bei vielen ein Gefühl der Bedrohung, bei anderen den Wunsch nach Aufbruch und Veränderung aus. Dass sich in der Automobilindustrie in den nächsten fünf Jahren mehr verändern wird als in den letzten 50 ist in der Branche längst zu einem geflügelten Wort geworden.

Vor diesem Hintergrund ist es wenig überraschend, dass der Gruyter-Verlag auf mich zugekommen ist, meine im Jahr 2012 veröffentlichte Untersuchung „Internationale Wettbewerbsfähigkeit der deutschen Automobilindustrie" zu aktualisieren und weiter zu führen. Ging es bei der Darstellung und Analyse der internationalen Wettbewerbsfähigkeit der deutschen Automobilindustrie vor allem um eine Standortbestimmung und die Erklärung der wichtigsten Entwicklungslinien und Faktoren, die die Industrie in der Vergangenheit beeinflusst haben, so steht jetzt der Blick in die Zukunft im Vordergrund. In dem die wichtigsten Trends und Herausforderungen dargestellt werden, soll am Schluss ein Bild der deutschen Automobilindustrie gezeichnet werden, das möglicherweise in gar nicht allzu ferner Zukunft Realität sein könnte.

Wie vom Verfasser gewohnt, ist es kein Bild in Schwarz oder Weiß, auch nicht in Grau mit unendlich vielen Schattierungen. Es ist das klar konturierte Bild einer Mobilitätslandschaft, das eigentlich klar vor Augen liegt, aber bislang nur von wenigen gesehen und in seiner Bedeutung erkannt wird. Ob die deutschen Automobilhersteller in diesem Bild eine Rolle spielen, hängt indessen nicht vom Maler, sondern von den Akteuren selbst ab.

Es ist mir an dieser Stelle mehr als eine Pflicht all jenen zu danken, die an dieser Veröffentlichung in unterschiedlicher Weise mitgewirkt haben. Mein Dank gilt zunächst allen hier ungenannten Gesprächspartnern aus der Branche, die mich teilweise schon sehr lange begleiten und antreiben. Zu danken habe ich weiterhin meinen Kollegen und Mitarbeitern am Institut für Automobilwirtschaft (IFA) an der Hochschule für Wirtschaft und Umwelt (HfWU) Nürtingen-Geislingen. Ein ganz besonderer Dank gilt hier meinem Wissenschaftlichen Mitarbeiter, Herrn Benedikt Maier, der mich nicht nur inhaltlich in vielfältiger Weise unterstützt, sondern mir während der Arbeit an diesem Buch den Rücken frei gehalten hat. Danken möchte ich schließlich meiner langjährigen Mitarbeiterin, Frau Anita Albrecht, die unermüdlich und mit großer Sorgfalt den Text und vor allem die zahlreichen Abbildungen bearbeitet hat.

Mein Wunsch ist es, dass dieses Buch nicht nur den akademischen Nachwuchs erreicht, sondern alle, die in der Branche an verantwortlicher Stelle tätig sind und alle, die diese Branche auch von außen verfolgen. Im post-faktischen Zeitalter kommt der wissenschaftlichen Expertise eine besondere Bedeutung, aber auch Verantwortung zu. Ich hoffe, dass ich dieser gerecht geworden bin.

Bad Überkingen, im Juli 2017   Prof. Dr. Willi Diez

Inhalt

Vorwort — V

1	Einleitung — 1	
2	Der genetische Code und die Zukunft der deutschen Automobilindustrie — 3	
3	**Megatrends – Treiber der Veränderung — 14**	
3.1	Mobilität als globales Massenphänomen — 14	
3.2	Urbanisierung und Überlastung der Verkehrsinfrastruktur — 20	
3.3	Ökologische Nachhaltigkeit und politische Regulierung — 29	
3.4	Digitalisierung und neue Wettbewerber — 36	
3.5	Herausbildung neuer Konsummuster — 44	
3.6	Stehen wir vor einer neuen Ära in der Automobilindustrie? — 52	
4	**Premium-Champions – Zur Wettbewerbsfähigkeit der deutschen Automobilindustrie — 61**	
4.1	Entwicklung und Struktur des Weltautomobilmarktes — 61	
4.2	Faktencheck: Indikatoren der internationalen Wettbewerbsfähigkeit — 67	
4.3	Erfolgsfaktoren: Determinanten der internationalen Wettbewerbsfähigkeit — 81	
4.4	Wettbewerbsfähigkeit als dynamischer Prozess — 99	
5	**Strategische Herausforderungen und Handlungsfelder für die deutsche Automobilindustrie — 104**	
5.1	Elektrifizierung – Vom Verbrenner zum Elektroauto — 104	
5.2	Vernetzung – Connected Car und Autonomes Fahren — 123	
5.3	New Mobility – Shared Mobility und Vehicles-on-Demand — 143	
5.4	Neue Geschäftsmodelle und Transformationsmanagement — 157	
5.5	Endgame Scenarios: Blechbieger oder Mobildienstleister oder beides? — 176	
6	**Die Zukunft des Automobilstandorts Deutschland — 185**	
6.1	Struktur und Entwicklung der Automobilindustrie in Deutschland — 185	
6.2	Zur Wettbewerbsfähigkeit des Automobilstandorts Deutschland — 190

6.3 Perspektiven der Produktion und Beschäftigung am
 Automobilstandort Deutschland —— **199**
6.4 Herausforderungen und Handlungsfelder für den Automobilstandort
 Deutschland —— **211**

Literatur —— **215**

1 Einleitung

Könnte es sein, dass die Automobilhersteller heute den letzten Wunsch einer Epoche erfüllen, wo diese schon einen neuen hat? Verfolgt man die Entwicklung der deutschen Automobilindustrie, so reiht sich seit der Finanzkrise in den Jahren 2008/09 Rekordjahr an Rekordjahr. Dennoch will in der Branche keine so rechte Euphorie aufkommen. Vor allem auch nicht an den Börsen, wo Autowerte trotz einer guten Ertragslage vor sich dahin dümpeln.

Natürlich hat der Dieselabgas-Skandal tiefe Wunden geschlagen, die nicht so leicht heilen. Dabei geht es weniger um seine politische und juristische Bewältigung. Viel wichtiger ist die Frage, welche Zukunft der Diesel noch hat und wodurch er ersetzt werden wird. Oder ist diese Frage eigentlich nicht schon beantwortet?

„Nichts ist mächtiger als eine Idee, deren Zeit gekommen ist" hat der französische Schriftstellers Victor Hugo einmal geschrieben. Niemand zweifelt daran, dass die Automobilindustrie vor epochalen Veränderungen steht. Aber was genau ist die „Idee", deren Zeit in der Automobilindustrie gekommen ist? Ist es die Digitalisierung, die Elektrifizierung, die Shared Mobility. Ja, gewiss, das ist alles schon auf dem Weg. Aber wie wird „Automobilität" aussehen, wenn sich diese Veränderungen durchgesetzt haben und was wird dann von der Automobilindustrie übrigbleiben, wie wir sie heute kennen?

Das vorliegende Buch gliedert sich in vier große Kapitel: Zunächst sollen die wesentlichen Megatrends, die die Branche beeinflussen und beschäftigen im Überblick dargestellt werden. Dabei geht es vorrangig um globale Entwicklungen, da die deutsche Automobilindustrie wie nie zuvor in ihrer Geschichte, von der globalen Marktentwicklung abhängig ist.

In Kapitel 4 erfolgt eine Standortbestimmung: Wo stehen die deutschen Automobilhersteller heute im internationalen Wettbewerb? Was sind ihre Stärken, was ihre Schwächen? Worauf basiert ihre unbestrittene Dominanz im Premiumsegment und werden sie ihre Rolle als „Premium-Champions" in einem sich verändernden Markt behalten?

In Kapitel 5 geht es dann um die Herausforderungen und Handlungsfelder, die die Entwicklung der deutschen Automobilindustrie in den nächsten Jahren und Jahrzehnten bestimmen werden. Elektrifizierung, Vernetzung, autonomes Fahren und Shared Mobility sind Schlagwörter, die gegenwärtig in aller Munde sind. Nur: Was bedeuten sie für den Automobilmarkt und wie müssen die Automobilhersteller ihre Geschäftsmodelle an diese Veränderungen anpassen? Und schlussendlich: Sind sie dazu überhaupt in der Lage? Gerade in diesem Kapitel geht es auch und vor allem, um die sich verändernde Wettbewerbslandschaft und das Vordringen von digitalen Playern in den Automobilmarkt.

Abschließend soll der Automobilstandort Deutschland eine Bewertung unterworfen und ein Ausblick auf die künftige Rolle Deutschlands als Standort der Weltautomobilindustrie geworfen werden. Dabei geht es nicht zuletzt um die künftige

Beschäftigung in der deutschen Automobilindustrie unter dem Einfluss von Elektrifizierung und Digitalisierung.

Für den eiligen Leser wurde ein Kapitel mit der Überschrift „Der genetische Code und die Zukunft der deutschen Automobilindustrie" vorangestellt. Es ist soll weniger in die Thematik einführen, sondern die wichtigsten Erkenntnisse dieses Buches im Sinne eines „Executive Summary" zusammenfassen. Wer sich also nur einen schnellen Überblick verschaffen will, wird hier bedient.

Er wird dort auch eine Antwort auf die eingangs gestellte Frage finden: Könnte es sein, dass die Automobilhersteller heute den letzten Wunsch einer Epoche erfüllen, wo diese schon einen neuen hat? Ja, lautet die Antwort, es wird künftig zwei Märkte für automobilbasierte Mobilität geben, den, den wir kennen und den, der durch die Kombination von Shared Mobility und autonomen Fahren entstehen wird. Die „Vehicles-on-Demand" werden das Ende des Driver-Owner-Zeitalters einläuten und damit der Automobilbranche ein neues Gesicht geben.

2 Der genetische Code und die Zukunft der deutschen Automobilindustrie

„Ich bin der festen Überzeugung, dass meine Kinder keinen Führerschein mehr brauchen. Die nachfolgenden Generationen werden auf uns zurückblicken als die armen Menschen, die noch selber fahren mussten." Man muss diese beiden Sätze von Johann Jungwirth, dem Digital-Chef des VW-Konzerns zwei Mal lesen, um ihre Sprengkraft für das bisherige, in der Automobilbranche verbreitete Verständnis von Automobilität zu verstehen. Es heißt da nicht, dass nachfolgende Generationen nicht auf uns als diejenigen zurückblicken werden, die noch Auto fahren wollten, sondern als auf diejenigen „armen Menschen", die noch selber fahren mussten. Im Prinzip steht diese Prognose im Gegensatz zu allem, wofür die Automobilindustrie und ganz besonders die deutsche Automobilindustrie heute steht (oder zu stehen glaubt): die Freude am Selberfahren als lustvoller Selbstzweck des Automobilbesitzens.

Der „Driver Owner" – das Leitbild der deutschen Automobilindustrie
Der Erfolg des Automobils als universelles und massenhaft verbreitetes Transportmittel hat viele Gründe: Es verschafft Unabhängigkeit von Fahrplänen, ermöglicht eine fast unbeschränkte zeitliche Flexibilität, schafft – obwohl im öffentlichen Raum genutzt – Privatheit und zwingt einen nicht in die Gemeinschaft mit anderen. Bei vielen Untersuchungen zu den Gründen für den Siegeszug des Automobils wird jedoch ein Faktor häufig übersehen: die Selbstaktivität des Fahrers.

Die Freude daran, ein Auto selbst steuern zu können (und nicht zu müssen!), die die ersten Automobilsten zu Beginn des letzten Jahrhunderts empfunden haben, mag überraschen, denn gerade in seinen Anfängen war das Fahren eines Autos keine einfache Aufgabe und überdies auch nicht ganz ungefährlich. Allein die Beherrschung der Maschine erforderte technische Kompetenz und praktisches Geschick. Man denke vor allem an das Schalten und Lenken, das ein hohes Maß an Aufmerksamkeit des Fahrers notwendig machte. Hinzu kam die pannenträchtige Technik, die das Fortkommen nicht selten erschwerte. Und doch empfanden die Menschen, den Wunsch selber zu fahren, weil sie sich dabei – im Gegensatz zur Eisenbahn – als aktiv handelndes Subjekt erleben konnten, das sie zum „Herrn über Raum und Zeit" machte.

Die Herausforderung, ein Auto selbst zu fahren, wurde nicht als Belastung, sondern als eine durchaus positiv empfundene und bewertete Möglichkeit aktiven Tätigkeitseins verstanden. Das ist aus den Anfängen der Motorisierung heraus auch über viele Jahrzehnte so geblieben. Das Leitbild des selbstfahrenden Individualisten, des „Driver Owner", hat nicht nur den mentalen Zugang der Menschen zum Auto, sondern auch seine technische Entwicklung geprägt. Die Autos wurden nicht nur zuverlässiger und sicherer, sondern auch komfortabler und – last not least – immer schneller. Höhere Geschwindigkeiten und bessere Fahrdynamik sollten die Reisezeiten minimieren, die Mensch-Maschine-Beziehung intensivieren und aus jeder Autofahrt ein besonderes Erlebnis machen.

Bei kaum einer anderen der traditionellen Autoindustrien – vielleicht mit Ausnahme der britischen – spielte die Fahrfreude eine so große Rolle wie bei der deutschen. Das Leitbild der nordamerikanischen Automobilindustrie war nicht das aktive und mitunter auch aggressive Fahren, sondern das „cruisen", das durchaus flotte, aber vor allem komfortable Dahingleiten auf den Highways. Es ist daher sicher auch kein Zufall, dass die ersten automatischen Getriebe, die das Autofahren für den Laien gewaltig vereinfacht haben, zuerst in amerikanischen Fahrzeugen verbaut wurden, während es in Deutschland über viele Jahrzehnte eher ein Schattendasein geführt hat. Die deutschen Automobilhersteller wollten fahraktive Autos bauen, was ihnen bis heute – zu Recht oder zu Unrecht – den Ruf eingetragen hat, nicht nur besonders gute, vielleicht sogar die besten Sportwagen zu bauen, sondern auch insgesamt besonders sportliche Fahrzeuge in allen Klassen anzubieten. Das Prestige des „German Engineering" ist eng mit der Kompetenz verbunden, Autos für aktive Fahrer zu bauen. Die Tatsache, dass die deutschen Automobilhersteller ziemlich unbestritten den Weltmarkt für Premiumautomobile, Sport- und Luxusautos dominieren, hängt eng mit ihrer Fokussierung auf Performance und Handling zusammen. Keine andere Automobilindustrie der Welt ist so stark in der Welt des Driver Owner verankert wie die deutsche. Ihr genetischer Code ist das fahraktive Auto, das in der Summe seiner Eigenschaften (Leistung, Dynamik und Design) Freude und Faszination vermitteln soll. Wie – so möchte man fragen – passt dazu die Aussage von den „armen Menschen", die noch selber fahren mussten?

Von der Faszination zum Pragmatismus
Die Welt des Automobils hat sich in den letzten Jahren dramatisch verändert. Das betrifft nicht nur die Diskussion um Klimawandel, Schadstoffemissionen und Feinstaub in den Großstädten. Mit der zunehmenden Überlastung der Verkehrsinfrastruktur wurde und wird das Mobilitätsversprechen des Autos im Kern getroffen: Die Unabhängigkeit und Flexibilität des Autos endet immer häufiger Stau und führt damit das – sofern noch vorhandene – Gefühl, „Herr über Raum und Zeit" zu sein ad absurdum. Hinzu kommt, dass eine Generation heranwächst, für die das wichtigste im Auto nicht das Fahren, sondern das bedienen des Smartphones ist, was mittlerweile dazu geführt hat, dass die Ablenkung durch seine Nutzung den Alkohol-Missbrauch als Unfallursache im Autoverkehr zumindest in Deutschland auf Platz zwei verdrängt hat.

Natürlich gibt es sie noch, die Driver Owner. Wie anders wären sonst der SUV-Boom und die hohe Nachfrage nach High-Performance-Cars zu erklären? Dennoch ist nicht zu übersehen, dass der Kreis der Autoenthusiasten, insbesondere in den reifen Automobilmärkten und dort vor allem in den Ballungszentren kleiner wird und alternative Formen der Mobilität und der Automobilnutzung an Bedeutung gewinnen. In vielen Großstädten liegt die Pkw-Besitzquote bei mittlerweile unter 50 Prozent und gleichzeitig breitet sich die Shared Mobility, sei es als Carsharing oder Ride Hailing aus. Gleichzeitig macht sich bei vielen, die nach wie vor auf das Auto angewiesen sind (oder dies zumindest glauben) mehr und mehr eine eher nüchterne Einstellung zum Auto breit: Man ist nicht bereit auf das eigene Auto zu verzichten, aber Anschaffung und Nutzung sind bei weitem nicht mehr so emotional besetzt wie in der Vergangenheit. Im Englischen wird dieser Prozess gerne als „Commoditization" bezeichnet, womit gemeint ist, dass ein Produkt, das einstmals eine hohe Wertschätzung im Konsumsystem der Menschen hatte, zu einem bloßen Gebrauchsgegenstand geworden ist. Ein „Commodity" ist ein Produkt, das man haben will, nicht weil man es liebt, sondern weil man es braucht.

Man muss nicht gleich zu solch marktschreierischen Ausdrücken greifen, wie den das mit dem Auto ein Kultobjekt abgewrackt werde. Zum einen entspricht dies nicht den Tatsachen – noch nie wurden weltweit so viele Autos verkauft wie im Jahr 2016 –, zum anderen sind die Einstellungen der Menschen viel zu differenziert und unterschiedlich als das das Auto als Leitprodukt des 20. Jahrhunderts nun im 21. Jahrhundert schon auf den Schrottplatz käme. Richtig ist, dass es die Autoenthusiasten noch immer gibt. Richtig ist, dass eine große Mehrheit heute eine eher pragmatische, denn emotionale Einstellung hat. Und richtig ist auch, dass auf der Grundlage der wachsenden ökologischen und verkehrlichen Probleme, aber auch veränderter Konsumpräferenzen, neue Ideen zur Mobilität von morgen, nicht nur in akademischen Kreisen, sondern in der breiten öffentlichen Wahrnehmung an Raum gewinnen.

Die zwei Märkte automobilbasierter Mobilität
Fast scheint es so, als hätten sich zwei Ideen gesucht und jetzt gefunden: die Idee der Shared Mobility und die Idee des autonomen Fahrens. Die Symbiose aus beidem sind „Vehicles-on-Demand", also Autos, die auf Abruf dort sind, wo sie der Nutzer braucht und die ihn automatisiert an den Ort bringen, wo er hin möchte. Vehicles-on-Demand haben tatsächlich das Potenzial die Branche „disruptiv" zu verändern: Neben dem Driver-Owner-Markt wird der Vehicles-on-Demand-Markt der zweite große Markt für automobilbasierte Mobilität.

Neu ist der Vehicles-on-Demand-Markt im Grunde nicht. Es gibt ihn, seit Walter L. Jacobs im September 1918 in Chicago die erste professionelle Automobilvermietung der Welt gründete. Denn Mietfahrzeuge sind nichts anderes als Vehicles-on-Demand – Fahrzeuge, die auf Bestellung temporär genutzt werden. Beide Märkte – der Driver-Owner-Markt und der Vehicles-on-Demand-Markt – standen über viele Jahre in einer Beziehung der friedlichen Koexistenz, ja die Vermieter waren und sind sogar ausgesprochen wichtige Kunden der Automobilhersteller. Das friedliche Nebeneinander von Fahrzeugverkauf an Privatkunden und die Vermietung von

Fahrzeugen, basierte darauf, dass die Miete für den Nutzer immer komplementären Charakter zum Fahrzeugkauf hatte: Wer ein Auto mietete, hatte in der Regel trotzdem auch noch ein eigenes Fahrzeug. Kaum jemand wäre in der Vergangenheit auf die Idee gekommen, sein eigenes Fahrzeug abzuschaffen und nur noch zu mieten.

Auch die Fahrt mit dem Taxi stand und steht mit dem Kauf eines eigenen Autos in einer grundsätzlich komplementären Beziehung. Die weit überwiegende Zahl der Menschen, die ein Taxi nutzt hat auch noch ein eigenes Auto.

Mit dem Carsharing und mit dem Ride Hailing beginnt diese friedliche Koexistenz zwischen Driver-Owner-Markt und Vehicles-on-Demand-Markt Brüche zu bekommen. Denn anders als die klassische Fahrzeugmiete ergänzen Carsharing und Ride Hailing die individuelle Nutzung eines eigenen Automobils nicht, sondern ersetzen sie. Dieser Wandel von der Komplementarität zur Konkurrenz bedeutet, dass sich die Automobilhersteller damit beschäftigen müssen, ob und wie sie den Vehicles-on-Demand-Markt bearbeiten wollen.

Mit autonomen Roboter-Taxis oder Robocabs, wie diese Fahrzeuge auch bezeichnet werden, wird der Markt für Vehicles-on-Demand einen gewaltigen Schub bekommen. Denn zum einen ist diese Art der automatisierten Mobilität – im Vergleich mit Miete, Taxi, Carsharing und Ride Hailing – deutlich günstiger und gleichzeitig werden damit auch neue Nutzerkreise erschlossen, zumindest dann, wenn Robocabs auch von Personen genutzt werden können, die über keinen Führerschein verfügen.

Um eine Strategie für den Vehicle-on-Demand-Markt zu entwickeln ist es wichtig zu verstehen, dass dieser Markt nicht Teil oder ein Segment des traditionellen Automobilmarktes ist, sondern ein eigenständiger Markt, der seine eigenen Gesetze und Regeln hat. Im Driver-Owner-Markt will der Kunde individuelle und exklusive Mobilität mit einem Fahrzeug, auf das er jederzeit Zugriff hat und das er – jedenfalls in der Regel – auch selbst steuern will. Demgegenüber geht es im Markt für automatisierte Vehicles-on-Demand um die temporäre Nutzung eines Transportmittels um von A nach B zu kommen. Dementsprechend verlagert sich die Bedeutung der erfolgsrelevanten Faktoren in diesem Markt zunächst einmal weg von der Hardware hin zur Mobilitätsdienstleistung. Während bei der Vermarktung von Automobilen technisch-qualitative Produktmerkmale von entscheidender Bedeutung für die Wettbewerbsfähigkeit sind, sind es bei einer Mobilitätsdienstleistung die Verfügbarkeit und Flexibilität bei der Fahrzeugbereitstellung, die Einfachheit bei der Abwicklung des Nutzungsvorgangs von der Buchung bis zu Bezahlung und die Preiswürdigkeit und Preistransparenz.

Nur wenn man verstanden hat, dass es sich hier um zwei unterschiedliche Märkte mit unterschiedlichen Bedarfen und Anforderungen handelt, wird klar, dass das Geschäftsmodell, das in dem einen Markt funktioniert hat, nicht zwangsläufig auch im anderen Markt funktioniert. Tatsächlich ist es weder den deutschen noch anderen Automobilherstellern bislang gelungen, aus eigener Kraft im Markt der Shared Mobility eine wirklich dominante Marktposition aufzubauen. Dort wo sich Erfolge zeigen – beim Carsharing –, arbeiten die Automobilhersteller mit Automobilvermietern zusammen. Wirklich profitabel sind diese Aktivitäten aber bislang nicht und werden es auf Dauer wahrscheinlich auch nicht werden. Der Anspruch, man sei schon heute „Mobilitätsdienstleister" steht ziemlich quer zu der Tatsache, dass dieses Geschäft bei allen Herstellern weder im Hinblick auf Umsatz und Beschäftigung, noch auch im Hinblick auf Profitabilität wirklich von Bedeutung ist. Vielmehr laufen die deutschen Automobilhersteller Gefahr, sich zu verzetteln, in dem sie versuchen mit ihrem traditionellen Geschäftsmodell in diesem Markt erfolgreich zu sein. Notwendig ist vielmehr für den Markt der Vehicles-on-Demand ein eigenes Geschäftsmodell aufzubauen und zu etablieren oder sich aus diesem Markt wieder zurückzuziehen.

Es ist wenig wahrscheinlich, dass der Vehicles-on-Demand-Markt den Driver-Owner-Markt in einer überschaubaren Zukunft vollständig verdrängen wird. Auch künftig wird es Menschen geben, die in ihrer spezifischen Lebenssituation individuelle Mobilität mit ihrem eigenen Auto bewältigen wollen und für die der Kauf oder das Leasing eines Autos für ihre Bedürfnisse die beste Option darstellt. Darüber hinaus gilt es daran zu erinnern, dass das Auto für seine Nutzer nicht nur eine instrumentelle, sondern auch eine emotionale und symbolische Funktion hat. Die instrumentelle Funktion, also die Fahrt von A nach B ist durch andere Formen der Mobilität, auch durch Robocabs, leicht ersetzbar. Die emotionale und symbolische Funktion hingegen nur schwer. Solange Menschen das Auto als das für sie am besten geeignete Transportmittel halten und solange es Menschen gibt, die den „spirituellen Mehrwert" eines eigenen Autos wollen, wird es den Driver-Owner-Markt geben.

Doch auch dieser Markt wird sich unter dem Einfluss der Elektrifizierung, Vernetzung und Automatisierung verändern und das bisherige Geschäftsmodell der Automobilhersteller unter Druck setzen. Drei Veränderungen sind dabei von besonderer Bedeutung:

- Das bisherige Nutzenversprechen (die Value Proposition) wird sich nicht mehr in der bisherigen Form aufrechterhalten lassen. Das fahraktive Auto mit einer individuellen, markenspezifischen Leistungscharakteristik geht unter dem Einfluss der genannten Faktoren verloren. Es müssen dementsprechend neue, wettbewerbsdifferenzierende Nutzenversprechen gegenüber den Kunden gewonnen werden.
- Das bisherige Wertschöpfungsmodell verändert sich. Alte Aggregate und Komponenten eines Fahrzeugs verlieren an Bedeutung oder fallen völlig weg. Neue Technologien und Systeme, vor allem aus dem IT-Bereich gewinnen an Relevanz. Die traditionelle, an der Fahrzeugtechnik orientierte Wertschöpfungskette muss neu organisiert werden.
- Das bisherige Erlösmodell wird sich so nicht aufrechterhalten lassen. Kauf und Leasing von Fahrzeugen werden unter dem Druck des Kunden, des Wettbewerbs und der neuen Wertschöpfungspartner nicht mehr jene Margen bereit-

stellen, die eine Branche benötigt, die immer mehr Assets in Form von Sachanlagen und Know-How in ihr bestehendes Geschäftsmodell einbringen muss.

Elektrifizierung, Vernetzung und Automatisierung bedeuten für das traditionelle Automobilgeschäft einen epochalen Wandel: Die bisherigen Systemgrenzen des Automobils verschieben sich und führen dazu, dass neue, digitale Akteure in den Markt eintreten. Da sie nicht nur über eine große technologische Kompetenz, sondern – was häufig unterschätzt wird – auch über eine große Markenbekanntheit und Markenstärke verfügen, werden es die Automobilhersteller nicht schaffen, sie in ihre hierarchisch strukturierte Supply Chain als simple „Zulieferer" einzupassen. Vielmehr werden die digitalen Player durch ihren direkten Kontakt mit den Endkunden die Hersteller zwingen, ihre bislang noch vielfach proprietäre, fahrzeugbezogenen Systeme zu öffnen. Dieser Kampf ist bereits in vollem Gange und die Automobilhersteller haben auch schon erste Zugeständnisse machen müssen. Wollen sie die Kontrolle über das Fahrzeug und die dort verbauten Komponenten nicht völlig verlieren, müssen sie zu einem neuen Arrangement der relevanten Akteure im Wertschöpfungsprozess finden. Dabei müssen sie der Tatsache ins Auge blicken, dass die digitalen Player nicht nur Wertschöpfungspartner, sondern auch Wettbewerber sind.

Transformation und Etablierung eines neuen Geschäftsmodells
Die deutsche Automobilindustrie (aber nicht nur sie) steht demnach vor drei großen Herausforderungen:
- Erstens müssen sie ihr traditionelles Geschäftsmodell im Driver-Owner-Markt weiterentwickeln.
- Zweitens müssen sie ein völlig neues Geschäftsmodell für den Vehicles-on-Demand-Markt entwickeln und etablieren.
- Und drittens müssen sie eine Unternehmensstruktur schaffen, die eine parallele Verfolgung von zwei unterschiedlichen Geschäftsmodellen ermöglicht.

Ein *neues Geschäftsmodell im Driver-Owner-Markt* kann nur das eines Automotive Eco-System-Integrators sein. Es muss an die Stelle der hierarchisch strukturierten Supply Chain treten. Unter einem Eco-System ist ein Verbund von Akteuren zu verstehen, der durch Produkte und Dienstleistungen Werte für die Konsumenten schafft. Dabei beeinflussen sich die beteiligten Akteure gegenseitig und entwickeln so das Eco-System weiter. Gelingt es den Automobilherstellern als Integratoren eines solchen Systems zugleich die Richtung seiner Weiterentwicklung zu bestimmen, werden sie ihre Systemführerschaft behalten.

Die Rolle eines Eco-System-Integrators erfordert bei den Automobilherstellern einen tiefgreifenden Transformationsprozess, der sowohl ihre Strukturen und Prozesse, vor allem aber auch ihre Unternehmenskultur betrifft. Dabei ist es notwendig, die Geschwindigkeit im Unternehmen zu erhöhen und mit neuen Organisations- und Arbeitsformen, Hierarchien abzubauen.

Die zweite Herausforderung ist der *Aufbau eines komplett neuen Geschäftsmodells für den Vehicles-on-Demand-Markt*. Hier gilt es der Tatsache Rechnung zu tragen, dass in diesem Markt schon heute große und kapitalkräftige Player unterwegs sind, denen es gelungen ist, die Kundenschnittstelle zu besetzen. Gemeint sind Unternehmen der Plattform-Ökonomie, deren wesentliches Asset eine Smartphone-App und ein hoher Bekanntheitsgrad sind. Da die Plattform-Ökonomie aufgrund der ihr eigenen Netzwerkeffekte („Metcalfesches Gesetz") die inhärente Tendenz zur Monopolisierung hat, ist es für Nachzügler schwer, in diesen Markt einzudringen.

Die deutschen Automobilhersteller werden daher in diesem Markt nur eine Chance haben, wenn sie mehr als nur eine Smartphone-App bieten können. Ihr Geschäftsmodell kann daher nur das eines Integrierten Mobilitätsdienstleisters sein. Damit ist gemeint, dass sie bewusst die Fahrzeuge in einer Shared Fleet von automatisierten Robocabs einbringen. Tatsächlich bietet hier der Übergang vom selber fahren zum automatisierten Fahren eine Chance. Denn mit der Automatisierung wird die „Hardware" für die Kunden wichtiger werden als das in den heutigen Shared-Mobility-Konzepten der Fall ist. Der Grund ist einfach: Komfort und vor allem Sicherheit sind beim autonomen Fahren direkt mit dem Fahrzeug verbunden. Hier hat das Vertrauen in die Hardware und das heißt letztlich in die Hardware-Kompetenz des Systembetreibers eine größere Bedeutung als bei Carsharing oder Ride Hailing. Dort werden konventionelle Fahrzeuge eingesetzt, die entweder selber oder von einem professionellen Fahrer gefahren werden. Das heißt das Unfallrisiko liegt weniger im Fahrzeug als im Fahrer. Mit dem autonomen Fahren verändert sich diese Risikoverteilung: Das Unfallrisiko verlagert sich vom Fahrer auf das Fahrzeug. Dementsprechend werden Nutzer von automatisierten Fahrzeugen sehr wohl die Frage nach Hersteller und Marke der Robocabs stellen. Mobility Provider, die planen, White-Label-Fahrzeuge in ihren automatisierten Flotten einzusetzen, werden – zumindest in der Anfangsphase – vor einem Vertrauens- und Akzeptanzproblem stehen. Hier ist das „Einfallstor" für die Automobilhersteller: Denn mit dem hohen Maß an Vertrauen, das ihnen entgegengebracht wird, können sie eine wichtige Akzeptanzbarriere ausschalten.

Zwei Märkte, zwei Geschäftsmodelle – die Aufspaltung der Automobilunternehmen

Damit stellt sich die Frage, wie ein Unternehmen strukturiert sein muss, um zwei Geschäftsmodelle, in diesem Fall das eines Automotive Eco-System-Integrators im Driver-Owner-Markt und das Geschäftsmodell eines Integrierten Mobilitätsdienstleisters im Vehicles-on-Demand-Markt erfolgreich umsetzen zu können. Die Herausforderung für die Automobilhersteller liegt dabei darin, den Vehicles-on-Demand-Markt als einen Markt zu begreifen und zu behandeln, der disruptiven

Charakter hat und der dementsprechend „entwickelt" werden muss. Als „disruptiv" wird hier ein Leistungsangebot bezeichnet, das ein vorhandenes Bedürfnis auf eine völlig andere Art und Weise befriedigt als dies die bisherigen Angebote im Markt tun. Das scheint einfach, erweist sich in der Praxis aber häufig als schwirig: Denn das Problem für große etablierte Unternehmen im Umgang mit disruptiven Märkten besteht darin, dass diese Märkte in ihren Anfängen zumeist nur ein relativ kleines Volumen aufweisen und häufig zunächst auch nicht profitabel sind. Dementsprechend finden sie in großen Konzernen nicht die Beachtung, die sie erfordern, um darin erfolgreich zu sein. Große Unternehmen – so zeigen die Erfahrungen – investieren lieber in „sustaining innovations" als in „disruptive innovations".

Wollen sich große, etablierte Unternehmen in einem neu entstehenden Markt engagieren, müssen sie eine geeignete, von ihrem traditionellen Geschäftsmodell losgelöste Organisationsstruktur finden. Eine Möglichkeit dafür ist ein Spin-out, also die Gründung eines neuen Unternehmens mit einem auf den neu entstehenden Markt fokussierten Geschäftsmodell. Möglich ist natürlich auch die Übernahme eines auf diesem Markt schon tätigen Start-up-Unternehmens. Entscheidend ist, dass dieses neue Unternehmen unabhängig vom Kerngeschäft des etablierten Konzerns arbeiten kann und mit ausreichend Kapital und qualifizierten Mitarbeitern ausgestattet wird. Andernfalls besteht die Gefahr, dass das ertragreiche Kerngeschäft die Aktivitäten in einem neu entstehenden Geschäftsfeld dominiert und behindert. Nur mit einem eigenständigen Unternehmen als Integrierter Mobilitätsdienstleister können die etablierten Automobilkonzerne in einen wirklich ernsthaften Wettbewerb mit den spezialisierten, digitalen Mobility Providern kommen, die heute den noch kleinen Markt der Vehicles-on-Demand dominieren.

Dabei wird es von entscheidender Bedeutung sein, dass es den Automobilherstellern mit einem Spin-out gelingt, den digitalen Playern auch am Kapitalmarkt Konkurrenz zu machen. Denn deren Stärke beruht nicht zuletzt auf einem scheinbar unbegrenzten Zufluss an Venture Capital, der es ihnen ermöglicht mit riesigen Werbebudgets die Kundenschnittstelle zu besetzen. Die deutschen Automobilhersteller brauchen – „beyond cars" – eine neue und attraktive Botschaft in den Kapitalmärkten, wenn sie im Markt für Vehicles-on-Demand nicht zu Lieferanten von White-label-Cars und damit zu ertragsschwachen „Blechbiegern" werden wollen.

Wohin steuert die deutsche Automobilindustrie?
Vor dem Hintergrund der großen Umwälzungen, die sich im Automobilgeschäft in den nächsten Jahren vollziehen werden, stehen die deutschen Automobilhersteller im Vergleich mit ihren internationalen Wettbewerbern vor den größten Herausforderungen. Sie tun das nicht deshalb weil es ihnen schlecht ginge, sondern gerade deshalb, weil sie in der Vergangenheit so erfolgreich waren. Keine andere Automobilindustrie weltweit hat sich im Markt der Driver-Owner so erfolgreich positioniert

wie die deutsche. Auch wenn der Diesel-Abgasskandal manchen Schatten auf die deutschen Hersteller geworfen hat – im Inland mehr als im Ausland – verfügt das „German Engineering" im traditionellen Automobilgeschäft über einen exzellenten Ruf. Nur: Das betrifft das traditionelle Automobilgeschäft und dieses ist dabei sich in dramatischer Weise zu verändern.

Vier „Endgame Scenarios", zwei im Driver-Owner-Markt und zwei im Vehicles-on-Demand-Markt sind denkbar:

Im *Driver-Owner-Markt* ist das für die deutschen Automobilhersteller positive Szenario das, dass ihnen die Transformation ihres traditionellen Geschäftsmodells in Richtung eines Automotive Eco-System Integrators gelingt. Die Chancen dafür stehen gut, denn nach wie vor verfügen die deutschen Automobilhersteller über eine große automobile Markenkompetenz, die sie in Richtung der digitalen Systeme, Medien und Dienste erweitern müssen. Gelingt ihnen das nicht, werden die digitalen Player das Eco-System Automobil führen und die Automobilhersteller zu Hardware-Spezialisten degradieren – mit weitreichenden Auswirkungen für Ertragskraft, Wertschöpfung und Beschäftigung.

Im Markt der *Vehicles-on-Demand* muss es den Automobilherstellern gelingen, ihr Geschäftsmodell eines Integrierten Mobilitätsdienstleisters zu etablieren. Davon sind sie heute noch sehr weit entfernt. Um eine dominante Position in diesem Markt zu erobern, müssen die deutschen Automobilhersteller neue Unternehmen gründen, die als Integrierte Mobilitätsdienstleister eigenständig in allen relevanten Märkten, dem Absatzmarkt, dem Arbeitsmarkt und – last not least – dem Kapitalmarkt agieren. Tun sie das nicht, droht ihnen in diesem Markt bestenfalls die Rolle eines Kontraktfertigers, bei der sie überdies in Konkurrenz zu 0.5-Supplieren stehen könnten. Es liegt auf der Hand, dass dies ein wenig attraktives Zukunftsszenario für die deutschen Automobilhersteller, namentlich für die deutschen Premiummarken darstellt.

Die Zukunft des Automobilstandorts Deutschlands

Die Zukunft der deutschen Automobilhersteller ist zwar eng verknüpft, aber nicht identisch mit der Zukunft des Automobilstandorts Deutschland. Zum einen sind die deutschen Automobilhersteller heute so global aufgestellt, dass sie auf eine Veränderung der Standortbedingungen in Deutschland im Hinblick auf ihre Entwicklungs-, Produktions- und Beschaffungsaktivitäten reagieren können. Andererseits haben ihre Strategien und Geschäftsmodelle Auswirkungen auf die Bedeutung des Automobilstandorts Deutschland, insbesondere hinsichtlich Wertschöpfung und Beschäftigung.

Die Automobilproduktion wird am Standort Deutschland mittel- und längerfristig kaum noch steigen. Zwar werden die von Deutschland aus erreichbaren reifen Exportmärkte weiter, wenn auch nur verhalten wachsen, doch wird gleichzeitig die kostenbedingte Verlagerung von Produktionsumfängen ins Ausland anhalten. Für die Beschäftigung ist – neben der rein stückzahlmäßigen Produktion – vor allem die künftige Wertschöpfung am Standort Deutschland von Bedeutung. Dabei spielt der Technologiewandel durch die Elektrifizierung des Antriebsstranges und die zunehmende Digitalisierung der Fahrzeuge eine besonders wichtige Rolle.

Spielt man den Einfluss dieser beiden Faktoren durch, so ergibt sich in fast allen Szenarien bis zum Jahr 2030 ein Beschäftigungsrückgang am Automobilstandort Deutschland. Kommt es zu einer beschleunigten Marktpenetration mit rein batterieelektrischen Fahrzeugen und würde der Battery Pack komplett im Ausland produziert, würden bis zum Jahr 2030 110.000 Arbeitsplätze in der deutschen Automobilindustrie verloren gehen. Gelingt es, eine eigene Batterieproduktion (inkl. Batteriezellen) in Deutschland aufzubauen, könnte der Verlust auf 61.200 Arbeitsplätze reduziert werden. Großen Einfluss für die Beschäftigung hat aber auch die Digitalisierung. Werden die wesentlichen digitalen Komponenten und Devices in Deutschland produziert, entspricht dies dem Erhalt von 60.000 Arbeitsplätzen, die ansonsten ebenfalls verloren gingen.

Auch wenn dem Automobilstandort Deutschland in Befragungen immer wieder gute Noten ausgestellt werden, muss man doch nüchtern feststellen, dass in den letzten Jahren in Deutschland keine neuen Produktionskapazitäten aufgebaut wurden. Ausländische Investoren zieht es eher in die mittel- und osteuropäischen EU-Mitgliedsländer und bei den Investitionen der deutschen Hersteller handelt es sich eher um Modernisierungs- als um Erweiterungsmaßnahmen. Die Transformation des Automobilstandorts Deutschland von einem Produktions- zu einem Entwicklungsstandort wird sich in Zukunft weiter fortsetzen.

Mobile Welten – Robocabs vs. Sportwagen

Dass die Kinder von heute keinen Führerschein mehr brauchen und künftige Generationen auf uns zurückblicken als den armen Menschen, die noch selber fahren mussten, markiert einen Epochenwandel in der Einstellung und in der Nutzung des Automobils. Das elektrifizierte und autonome Fahren hat das Potenzial die Automobilbranche grundlegend zu verändern. Für die deutsche Automobilindustrie, die das fahraktive Auto perfektioniert hat und tief in der Welt des Driver-Owner verankert ist, ist dieser Wandel eine besondere Herausforderung. Dabei geht es weniger um die Bewältigung des technologischen Wandels, sondern vor allem um einen Kulturwandel, einen Wandel im Mindset der verantwortlichen Manager und ihrer Mitarbeiter vom „car as a product" zum „car as a service". Um diesen Wandel erfolgreich bewältigen zu können, müssen die deutschen Automobilhersteller das aufgeben, was sie in der Vergangenheit groß und stark gemacht hat: die Fokussierung auf das Auto und seine Produktion. Gerade in Zeiten des Erfolgs fällt eine solche Veränderung schwer. Dass sie notwendig ist, wird sich aber schon in wenigen Jahren erweisen, wenn die ersten Robocabs auf den Straßen fahren und die Menschen möglicherweise genauso faszinieren werden, wie die ersten Automobile vor mehr als hundert Jahren. Nicht nur die deutsche, die Automobilindustrie insgesamt steuert in eine Welt automobiler Mobilität hinein, die elektrifiziert, digitalisiert und automatisiert sein wird.

In vielen Studien zum technologischen Wandel wird immer wieder das „Sailing Ship"-Beispiel für die Ablösung einer alten durch eine neue Technologie herangezogen. Leider wird dieses Beispiel zumeist nicht zu Ende erzählt. Es endet immer damit, dass alle Versuche der Hersteller von Segelschiffen vergeblich waren, um gegen die maschinengetriebenen Schiffe wettbewerbsfähig zu bleiben. Natürlich ist das richtig, aber es ist nicht die ganze Geschichte. Auch heute werden noch immer Segelschiffe gebaut, nicht mehr für den Zweck um von A nach B zu kommen, sondern um damit Spaß zu haben. Vielleicht wird es in der Autobranche genauso kommen. „Das letzte Auto, das gebaut werden wird" wusste schon Ferry Porsche, „wird ein Sportwagen sein."

3 Megatrends – Treiber der Veränderung

3.1 Mobilität als globales Massenphänomen

Mobilität ist Ursache und Folge wirtschaftlichen Wohlstands. Menschen in modernen Gesellschaften müssen nicht nur mobil sein, sondern sie wollen auch mobil sein. Da im Zuge der Globalisierung immer mehr Länder in den Prozess der politischen, gesellschaftlichen und wirtschaftlichen Modernisierung hineingezogen werden, wird die Mobilität weltweit weiter zunehmen: Der Markt für Mobilität bleibt im globalen Kontext ein Wachstumsmarkt.

Mobilität als Kennzeichen moderner Gesellschaften
In den letzten zehn Jahren ist die Zahl der von Menschen zurückgelegten Wegstrecken um schätzungsweise ein Viertel auf gut 50 Billionen Personenkilometer gestiegen *(vgl. ITF/OECD 2017, S. 48)*. Zwar ist das Mobilitätsniveau zwischen den entwickelten Industrieländern und den Entwicklungs- und Schwellenländern nach wie vor unterschiedlich hoch. Noch nie in der Geschichte haben aber so viele Menschen so weite Entfernungen zurückgelegt wie im Jahr 2016. Mobilität ist zu einem globalen Massenphänomen geworden.

Verkehr entsteht durch das Zusammenwirken von drei Faktoren:
- durch die räumliche Differenzierung von verschiedenen Lebensbereichen,
- ein quantitativ und qualitatives wachsendes Angebot an Verkehrsmitteln sowie
- steigenden Einkommen.

Am einfachsten lässt sich das Zusammenspiel dieser drei Faktoren am Beispiel der Trennung der Lebensbereiche Wohnen und Arbeiten bzw. Wohnen und Einkaufen nachvollziehen *(vgl. Diez 2005, S. 12)*: In vorindustriellen Gesellschaften bilden Wohnen und Arbeiten in der traditionalen Hauswirtschaft der Bauern und Handwerker noch eine Einheit. Mit der Industrialisierung entstehen große Fabriken in den Städten oder Stadträndern. Die damit verbundene räumliche Trennung von Wohnen und Arbeiten führt aber zunächst noch nicht zu den uns bekannten Formen der räumlichen Mobilität in Form des täglichen Pendelverkehrs. Vielmehr entstehen rund um die großen Fabriken Arbeitersiedlungen, in denen die Arbeitskräfte eine preiswerte und saubere Unterkunft für sich und ihre Familien finden. Die alte Sesshaftigkeit auf dem Land wird lediglich durch eine neue Sesshaftigkeit in der Stadt abgelöst.

Viel wichtiger als die Anziehung von Arbeitskräften vom Land in die Stadt ist für die räumliche Trennung von Wohnen und Arbeiten der umgekehrte und historisch sehr viel später einsetzende Prozess, dass die Arbeitskräfte von den städtischen Fabriken weg aufs Land ziehen. Das aber war erst möglich als die Einkommen das Lebensminimum überschritten haben und als mit dem Auto ein schnelles, flexibles und relativ billiges Verkehrsmittel zur Verfügung stand. Das Wohnen auf dem Land hat dann die Menschen dazu gezwungen mobil zu sein, um an Ihren Arbeitsplatz zu kommen. Die Siedlungsstruktur, die Verkehrsmittel und der Lebensstandard bilden also einen wechselseitigen Verbund sich gegenseitig bedingender Faktoren.

Auch das Einkaufen auf der grünen Wiese hat sich erst durchgesetzt als ein Auto nicht nur für Männer, sondern auch für Frauen durch einen wachsenden Zweitwagenbesitz verfügbar war – was wiederum ein entsprechendes Einkommen voraussetzte. Auch hier ist es aber zu einem Rückkopplungseffekt gekommen: Die wohnortnahen „Tante-Emma-Läden" waren gegenüber den großen Supermärkten nicht konkurrenzfähig mit der Folge, dass sie nach und nach verschwunden sind. Dadurch war nun aber jeder gezwungen, zum Einkaufen entsprechende Wegstrecken, zumeist mit dem Auto zurückzulegen.

Natürlich folgen die beschriebenen siedlungsstrukturellen Veränderungen auch ihrer jeweiligen Eigenlogik. Das Haus im Grünen ist nicht nur billiger, sondern bietet vor allem für Familien mit Kindern eine höhere Lebensqualität als eine Stadtwohnung. Und der Supermarkt auf der grünen Wiese vermag ein ungleich größeres Warenangebot zu günstigeren Preisen zu offerieren als das kleine Lebensmittelgeschäft im städtischen Wohnquartier.

Dennoch hat sich das Wohnen auf dem Land und das Einkaufen an der Peripherie nur in dem Maße durchsetzen können, wie leistungsfähige Verkehrsmittel mit einer gut ausgebauten Infrastruktur zur Verfügung standen und die Einkommen ein gewisses Niveau überschritten, so dass immer mehr Menschen Zugang zu diesen Verkehrsmitteln, vor allem dem Auto, hatten. Die Eigenlogik der systemstrukturellen Ausdifferenzierung von Lebensbereichen in modernen Gesellschaften verbindet sich also mit den Integrationsleistungen eines in wachsendem Maße technisierten Verkehrs. Oder wie es Stephan Rammler einmal genannt hat: „Verkehr ist das, was die moderne Welt auseinandertreibt und doch auch wieder zusammenhält" *(vgl. Rammler 2001)*.

Neben der „Zwangsmobilität", also im Wesentlichen den Fahrten zwischen Wohnung und Arbeitsplatz sowie dem Geschäfts- und Einkaufsverkehr gewinnt in den reifen Industriegesellschaften aber auch die „Erlebnismobilität" eine zunehmende Bedeutung. Zur Erlebnismobilität werden vor allem der Freizeit- und Urlaubsverkehr gezählt. So entfielen z. B. in Deutschland im Jahr 2014 auf die „Erlebnismobilität" fast 43 Prozent des gesamten Personenverkehrs *(vgl. DIW 2016, S. 225)*. Auch hier spielen die steigenden Einkommen eine entscheidende Rolle: Nur wer über ein bestimmtes Einkommensniveau verfügt kann es sich leisten, in seiner Freizeit und im Urlaub mobil zu sein.

Schwellenländer als Treiber des Mobilitätswachstums
Das globale Mobilitätswachstum in den letzten Jahren ist – vereinfacht gesagt – darauf zurückzuführen, dass die Entwicklungs- und Schwellenländer die sied-

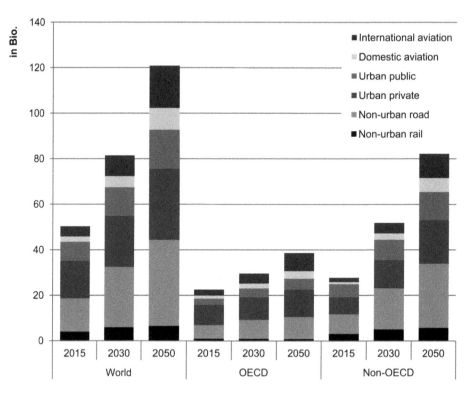

Abb. 3.1: Die globale Entwicklung der Personenverkehrsleistungen nach Verkehrsträgern. Quelle: OECD/ITF 2017, S. 49.

lungsstrukturellen und damit auch die Mobilitätsmuster der reifen Industrieländer übernommen haben. So haben zu dem starken globalen Wachstum des Verkehrs in den letzten Jahren vor allem China und einige andere asiatische Länder beigetragen, während der Anstieg des Personenverkehrs in Westeuropa, Nordamerika und Japan relativ moderat verlaufen ist. In Deutschland sind z. B. die gesamten Personenverkehrsleistungen im Zeitraum 2005 bis 2014 um lediglich 6,7 Prozent gestiegen, was einem durchschnittlichen jährlichen Anstieg von 0,7 Prozent entspricht. Demgegenüber haben in China die zunehmende räumliche Ausdifferenzierung der Lebensbereiche, die steigenden Einkommen und damit auch die Möglichkeit, verstärkt moderne Verkehrsmittel zu nutzen zu einer regelrechten „Mobilisierung" der Gesellschaft geführt, was nicht zuletzt in einem extremen Wachstum des Automobilmarktes zum Ausdruck kommt.

Eine für alle Verkehrsträger existenzielle Frage ist, ob das starke globale Mobilitätswachstum in den nächsten Jahren und Jahrzehnten weiter anhalten wird. Die für die Mobilitätsentwicklung wesentlichen Einflussfaktoren sind:
- die Entwicklung von Sozialprodukt und Realeinkommen,
- die demographische Entwicklung,

- die Veränderung siedlungsstruktureller Muster,
- politische Regulierungen und Eingriffe,
- die Veränderung von Einstellungen und Lebensstilen sowie
- die Entwicklung der Qualität und Kosten der Verkehrsmittel.

Aufgrund der unterschiedlichen Ausprägungen dieser Einflussfaktoren in den verschiedenen Regionen, wird auch das künftige Mobilitätswachstum regionale Unterschiede aufweisen *(vgl. WEC 2011, S. 34 ff.)*. Der Trend ist jedoch klar: Die Mobilität wird weltweit weiter zunehmen. Folgt man den Prognosen von OECD/ITF, so werden die weltweiten Personenverkehrsleistungen bis zum Jahr 2050 von 50 Bio. Personenkilometern im Jahr 2015 auf 120 Bio. Personenkilometern steigen *(vgl. OECD/ITF 2017, S. 48)*. Dabei wird die Wachstumsdynamik in den Industrieländern einerseits, den Entwicklungs- und Schwellenländern andererseits weiter auseinandergehen (Abb. 3.1). So werden sich die Personenverkehrsleistungen in den Nicht-OECD-Staaten bis zum Jahr 2050 verdreifachen, während sie in den OECD-Ländern um lediglich 70 Prozent zunehmen werden, was einem durchschnittlichen jährlichen Wachstum von 1,6 Prozent entspricht.

Im Hinblick auf die Entwicklung der verschiedenen Verkehrsträger wird nach der gleichen Prognose vor allem der internationale Flugverkehr weiter überdurchschnittlich wachsen, der sich bis zum Jahr 2050 vervierfachen dürfte. Ein weiteres Wachstum wird aber auch beim Straßenverkehr erwartet. Im nicht-urbanen Straßenverkehr wird der Zuwachs bis zum Jahr 2050 auf mehr als das Zweieinhalbfache geschätzt, im urbanen Straßenverkehr auf immerhin ebenfalls noch knapp 90 Prozent.

Weltweite Dominanz des Automobils bei der Personenmobilität
Das Automobil spielt im Personenverkehr der reifen Industriegesellschaften wie auch bei der „Mobilisierung" der Entwicklungs- und Schwellenländer eine besondere Rolle. Mobilität ist nämlich nicht gleich Verkehr: Verkehr – das sind die tatsächlichen Ortsveränderungen, die Menschen vornehmen. Mobilität hingegen bedeutet „Beweglichkeit in einem mental generierten Möglichkeitsraum" *(vgl. Canzler/Knie 1998)*. Der Satz „Ich bin mobil" bedeutet also nicht nur, dass ich mich tatsächlich bewege, sondern er beinhaltet auch die bloße Möglichkeit, sich jederzeit fortbewegen zu können *(vgl. Diez 2005, S. 13)*.

Dieser Unterschied ist deshalb so wichtig, weil die Verkehrsmittelwahl stark von der bloßen Möglichkeit, mobil zu sein, abhängig ist. Genau diese Möglichkeit wird aber in besonderer Weise noch immer dem Automobil zugeschrieben. In nahezu allen Befragungen zu den Vorzügen des Automobils gegenüber anderen Verkehrsmitteln, wird die damit verbundene (tatsächliche oder auch nur vermeintliche) Unabhängigkeit und Flexibilität genannt. So assoziieren in einer im Jahr 2014 durchgeführten Befragung in 14 Ländern noch immer 90 Prozent der Befragten mit dem Automobil Begriffe wie „Freiheit, Unabhängigkeit und Autonomie" *(vgl.*

PKW/1.000 Einwohner

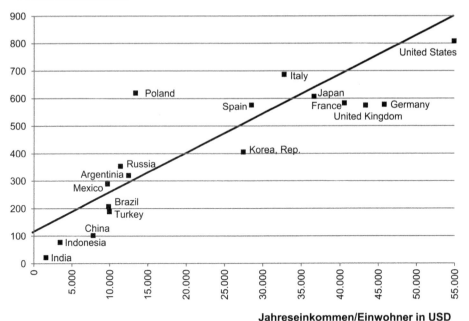

Abb. 3.2: Der Zusammenhang zwischen Motorisierungsdichte und Einkommen in ausgewählten Ländern. Quelle: Eigene Darstellung auf Basis von OICA- und Weltbank-Daten.

CommerzFinanz 2015, S. 33). Dementsprechend hat das Automobil in besonderer Weise von dem starken Anstieg der Mobilität in den letzten Jahren profitiert.

Der Eintritt in die „Automobilität" ist stark von der Einkommensentwicklung abhängig, da sowohl die Anschaffung wie auch der Unterhalt eines eigenen Autos mit vergleichsweise hohen Kosten verbunden ist. Das für die Anschaffung eines eigenen Fahrzeugs notwendige Jahreseinkommen und damit den Start in einen beschleunigten Motorisierungsprozess liegt bei 5.000 bis 10.000 US-Dollar (Abb. 3.2).

In vielen Regionen, vor allem in Südostasien wird in den nächsten Jahren eine stark wachsende Zahl von Menschen in diese Einkommenskategorien hineinwachsen. Dementsprechend wird der weltweite Pkw-Bestand von heute knapp 1 Mrd. Fahrzeugen bis zum Jahr 2030 auf 1,7 Mrd. und bis zum Jahr 2050 auf 2,4 Mrd. ansteigen *(vgl. OECD/ITF 2017, S. 51).* Damit verbunden ist eine deutliche Verschiebung zwischen den verschiedenen Absatzregionen. So werden im Jahr 2030 voraussichtlich mehr als die Hälfte aller Pkw in Asien zugelassen sein. Das Potenzial dieser Region lässt sich allein daran ermessen, dass der Fahrzeugbestand in China um mehr als 100 Mio. Einheiten ansteigen würde, wenn das Land nur ein Drittel der Motorisierungsdichte von Deutschland hätte. Demgegenüber wird der Anteil der NAFTA-Region und vor allem von Europa am Weltautomobilstand deutlich von heute 18,6 Prozent auf 11,7 Prozent im Jahr 2030 bzw. von 36,2 Prozent auf 24,6 Pro-

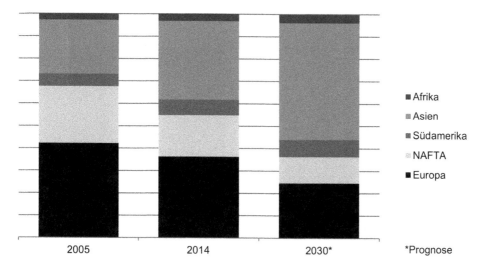

Abb. 3.3: Prognose des Weltautomobilbestandes nach Regionen (Anteile in v. H.).
Quelle: Eigene Berechnungen auf Basis von OICA-Daten.

zent zurückgehen (Abb. 3.3) Auch der absolute Bestand an Pkw wird in beiden Regionen aufgrund der hohen Marktsättigung kaum noch steigen.

Uptrading – Das Premiumsegment wächst global

Motorisierungsprozesse durchlaufen – wie die Erfahrungen in den Triade-Märkten zeigen – typische Entwicklungsstadien: Am Anfang der Motorisierung steht zunächst eine große und steigende Nachfrage nach technisch anspruchslosen, aber zuverlässigen und vor allem billigen Entry-Level-Cars. Im Laufe der Entwicklung findet dann aber in den Märkten ein deutliches Uptrading in Richtung höherwertiger, besser ausgestatteter und sicherer Fahrzeug statt, so dass das Billigsegment zumindest relativ nach und nach an Bedeutung verliert.

Es ist davon auszugehen, dass sich dieser Prozess in den Emerging Markets wiederholen wird. Gerade das Beispiel des chinesischen Marktes zeigt eindrücklich, welche Bedeutung das Premiumsegment im Zuge des Motorisierungsprozesses bekommt: So lag das Absatzwachstum für Premiumautomobile in den letzten Jahren deutlich über dem Wachstum des chinesischen Gesamtmarktes *(vgl. McKinsey 2013, S. 4)*. Heute ist China für die deutschen Premiummarken der wichtigste Absatzmarkt der Welt.

Es ist davon auszugehen, dass sich der Prozess des Uptradings weltweit in den kommenden Jahren fortsetzen wird. Dafür spricht vor allem, dass die Anforderungen der Kunden hinsichtlich Qualität, Verarbeitung und Komfort mit jedem Neukauf eines Fahrzeugs steigen werden. Außerdem spielt gerade in den Entwicklungs- und Schwellenländer die Rolle des Autos als Statussymbol noch immer eine wichtige Rolle.

	Number of Individuals 2015		HNWI Population Growth 2014-2015		HNWI Wealth Growth 2014-2015		% of Total HNWI Wealth 2015	
	Global	Asia-Pacific	Global	Asia-Pacific	Global	Asia-Pacific	Global	Asia-Pacific
> USD 30m Ultra-HNWI	145.2k (0,9% of Total)	37,4k (0,7% of Total)	4,2%	10,2%	2,5%	10,8%	34,1%	27,4%
USD 5m-30m „Mid-Tier Millionaire"	1.388.1k (9,0% of Total)	431.4k (8,4% of Total	4,8%	9,8%	4,8%	9,9%	22,5%	23,9%
USD 1m-5m Millionaire „Next Door"	13.831.6k (90,0% of Total)	4.663.5k (90,9% of Total)	4,9%	9,4%	4,9%	9,5%	43,3%	48,6%

Abb. 3.4: Globale Entwicklung der Vermögens-Millionäre. Quelle: Capgemini 2016.

Getragen wird dieser Prozess der „Luxurierung der Bedürfnisse" (*A. Gehlen*) von steigenden Einkommen und Vermögen. Die weltweite Mittelklasse wird vor allem in Südostasien weiter ansteigen und im Jahr 2030 einen Anteil von zwei Dritteln an der weltweiten Mittelklasse haben *(vgl. Kharas/Gertz 2010, S. 5)*.

Gleichzeitig zeichnet sich in den Emerging Markets auch ein überdurchschnittlicher Anstieg der Privatvermögen ab. So liegt das Wachstum der sogenannten High Net Worth Individuals (HNWI), also Personen mit einem fungiblen Privatvermögen von mehr als 1 Mio. US-Dollar, in Asien deutlich über dem Weltdurchschnitt. Auch die Zahl der Next-Door-Millionäre (Vermögen: 1 bis 5 Mio. US-Dollar) wuchs in Südostasien mit 9,4 Prozent mehr als doppelt so schnell wie weltweit (4,9 Prozent). Eine ähnliche Entwicklung zeigt sich auch bei Mid-Tier-Millionären und den Ultra-HNWI (Abb. 3.4).

Zusammenfassend ist davon auszugehen, dass das in den letzten Jahren zu beobachtende weltweite Wachstum der Mobilität weiter anhalten wird. Während in den reifen Industrieländern sich Grenzen des Wachstums abzeichnen, wird sich der Aufholprozess in den Entwicklungs- und Schwellenländern fortsetzen und wahrscheinlich erst nach 2030 auf einen niedrigeren Wachstumspfad einschwenken. Der Automobilmarkt wird von dieser Entwicklung profitieren und vor allem im Premiumsegment kann mit überdurchschnittlichen Wachstumsraten gerechnet werden. Das ist für die deutsche Automobilindustrie eine Chance – stellt sie aber auch vor neue Herausforderungen.

3.2 Urbanisierung und Überlastung der Verkehrsinfrastruktur

Das Jahr 2007 markiert einen Wendepunkt in der Geschichte: Zum ersten Mal haben in diesem Jahr mehr Menschen in Städten gewohnt als auf dem Land. Städte, vor allem Großstädte und Ballungszentren sind sowohl aus verkehrlichen als auch ökolo-

gischen Gründen nicht der ideale Einsatzbereich für privat genutzte Automobile. Die zunehmende Urbanisierung stellt damit die heutigen Formen der Automobilnutzung vor neue Herausforderungen, eröffnet aber auch Möglichkeiten für innovative Konzepte automobilbasierter Mobilität.

Urbanisierung als stabiler Megatrend

Die zunehmende Urbanisierung ist ein stabiler Megatrend mit weitreichenden Auswirkungen auf den Automobilmarkt. Unter Urbanisierung ist die „Vermehrung, Ausdehnung oder Vergrößerung von Städten nach Zahl, Fläche oder Einwohnern" zu verstehen *(vgl. Bähr 2011, S. 1)*. Weltweit ist der Anteil von Menschen, die in Städten wohnen seit dem Jahr 1950 von knapp 30 Prozent auf 54 Prozent im Jahr 2014 gestiegen. Die UN geht davon aus, dass sich dieser Anteil bis zum Jahr 2050 auf 66 Prozent erhöhen wird *(vgl. UN 2014, S. 7)*. Das wären dann bei einer Weltbevölkerung von 9,55 Mrd. 6,34 Mrd. Menschen.

Wie Tabelle 3.1 zeigt vollzieht sich der Urbanisierungsprozess über die verschiedenen Regionen hinweg nicht gleichmäßig. Am stärksten wird die Verstädterung in den nächsten Jahren in Afrika und Asien sein. Geradezu dramatisch ist der siedlungsstrukturelle Wandel in China: Im Jahr 1990 lebten dort noch 74 Prozent der Bevölkerung auf dem Land. Dieser Anteil ist bis zum Jahr 2014 auf 46 Prozent gefallen. Im Jahr 2050 werden in China dann umgekehrt 76 Prozent der Bevölkerung in Städten leben.

Deutlich schwächer als in den Entwicklungs- und Schwellenländern verläuft der Prozess der Urbanisierung in den wirtschaftlich entwickelten Regionen. Den-

Tab. 3.1: Urbanisierung nach Regionen. Quelle: United Nations 2014.

Anteil der städtischen Bevölkerung in v. H.	1990	2014	2050	2014–2050 Ver. in %-Punkten
Afrika	31	40	56	+16
Asien	32	48	64	+16
China	26	54	76	+22
Japan	77	93	98	+5
Indien	26	32	50	+18
Europa	70	73	82	+9
Osteuropa	68	69	78	+9
Westeuropa	74	79	86	+7
Deutschland	73	75	83	+8
Lateinamerika	71	80	86	+6
Mexiko	71	79	86	+13
Brasilien	74	85	91	+6
USA	75	81	87	+6
Australien/Pazifik	71	71	74	+3
Welt	43	54	66	+12

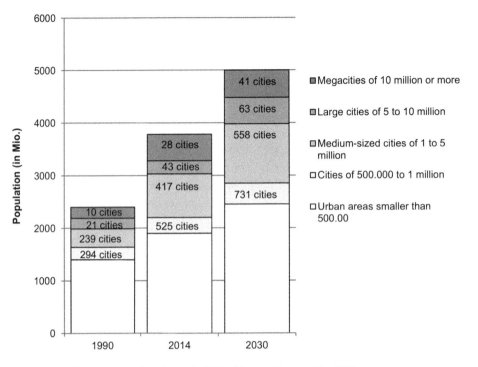

Abb. 3.5: Wachstum der Großstädte nach Größenklassen bis zum Jahr 2030.
Quelle: UN 2014, S. 13.

noch steigt auch hier die Zahl der Menschen, die in Zukunft in Städten leben wird weiter an. So geht die UN davon aus, dass der Urbanisierungsgrad in den USA von 81 Prozent im Jahr 2014 weiter auf 87 Prozent im Jahr 2050 zunehmen wird. Auch für Westeuropa wird mit einer weiteren Verstädterung gerechnet: So soll der Anteil der städtischen Bevölkerung im Prognosezeitraum von 79 auf 86 Prozent ansteigen.

Parallel dazu wird weltweit die Zahl der Megacities mit 10 und mehr Mio. Einwohnern ebenfalls zunehmen. Im Jahr 1990 zählten erst 10 Städte zu dieser Kategorie. Im Jahr 2014 waren es 28 und im Jahr 2030 werden es nach den Vorhersagen der UN 41 Städte sein. Gleichzeitig wird auch die Zahl der Großstädte mit 5 bis 10 Mio. Einwohnern von 43 im Jahr 2014 auf 63 im Jahr 2030 steigen (Abb. 3.5). Insgesamt werden im Jahr 2030 weltweit 662 Städte mehr als 1 Mio. Einwohner haben. Aktuell sind es 488. Die größten Städte sind derzeit Tokyo (38 Mio. Einwohner), Delhi (25 Mio.), Shanghai (23 Mio.) sowie Mexiko City, Mumbai und Sao Paulo (jeweils rund 21 Mio. Einwohner).

Verkehrsüberlastung reduziert Nutzen des Automobils
Die zunehmende räumliche Verdichtung der Bevölkerung führt nicht nur zu gesellschaftlichen und wirtschaftlichen, sondern auch ökologischen und verkehrlichen

Tab. 3.2: Fahrgeschwindigkeit in Ballungszentren in ausgewählten Regionen (Städte mit mehr als 3 Mio. Einwohnern. Quelle: OECD/ITF 2017, S. 176.

	Bevölkerungsdichte*	Durchschnittsgeschwindigkeit bei normaler Verkehrslage („free flow speed")	Durchschnittsgeschwindigkeit bei überlasteter Infrastruktur („congested speed")
Nordamerika	1,8	29,3	21,3
Afrika	14,7	17,9	10,8
Europa	3,4	26,7	19,1
Lateinamerika	8,4	19,9	13,2
Asien	8,6	24,6	15,8

* Einwohner/Tsd. km²

Problemen. Nach wie vor ist das Auto in vielen Regionen der Welt auch im städtischen Verkehr das wichtigste Verkehrsmittel. So entfielen im Jahr 2015 in Nordamerika 81,2 Prozent des Verkehrs in Städten auf das Auto und in Europa waren es immerhin auch noch 56,4 Prozent *(vgl. OECD/ITF 2017, S. 136)*. In anderen Regionen der Welt entwickelt sich die Mobilität in den Großstädten in eine ähnliche Richtung.

Ballungszentren sind verkehrliche Brennpunkte. Die Überlastung der Verkehrsinfrastruktur tritt hier nicht mehr nur punktuell und temporär auf wie auf Fernstraßen, sondern wird zum Dauerzustand. So liegt die sogenannte „Free flow speed", also die Geschwindigkeit bei normaler Verkehrslage in Städten mit über 3 Mio. Einwohnern bei unter 30 km/h. Die Geschwindigkeit unter Berücksichtigung von Überlastungssituationen fällt dann teilweise unter 20 km/h. So lag die Durchschnittsgeschwindigkeit in europäischen Großstädten mit mehr als 3 Mio. Einwohnern im Jahr 2015 bei 19,1 Stundenkilometern (Tab. 3.2).

Gleichzeitig verbringen die Menschen in Großstädten immer mehr Zeit im Stau. Nach der Inrix Traffic Scorecard ist Los Angeles – gemessen an der in Staus verbrachten Zeit – mit jährlich 104 Staustunden während der Stosszeiten die staureichste Stadt der Welt. Es folgen Moskau und New York mit 91 bzw. 89 Stunden (Tab. 3.3). Die staureichste Stadt in Westeuropa ist London mit 73 Staustunden, die staureichste Stadt Deutschlands München mit jährlich 49 Stunden *(vgl. Inrix 2017)*. Gleichzeitig sind die Kosten für ein individuell genutztes Auto in Großstädten besonders hoch. Dazu tragen zum einen die hohen Parkgebühren bzw. Preise für Dauerparkplätze oder Garagen bei, zum anderen aber auch die zunehmenden Straßenbenutzungs- oder Einfahrtgebühren („City-Maut"). Das Nutzen-Kosten-Verhältnis für ein individuell genutztes Auto ist im urbanen Raum extrem schlecht und wird mit dem wachsenden Verkehrsaufkommen immer schlechter.

Es ist daher nicht überraschend, dass das Auto gerade in Megazentren an Bedeutung verliert. In vielen liegt der Anteil des Autos an den gesamten Verkehrsleistungen mittlerweile bei deutlich unter 50 Prozent. So etwa in Paris mit 37,6 Prozent,

Tab. 3.3: Die staureichsten Städte der Welt. Quelle: Inrix Traffic Scorecard 2017.

Rang	Stadt	Land	Kontinent	Wartezeit im Stau in Stoßzeiten (Stunden)
1	Los Angeles, CA	USA	Nordamerika	104
2	Moskau	Russland	Europa	91
3	New York, NY	USA	Nordamerika	89
4	San Francisco, CA	USA	Nordamerika	83
5	Bogotá	Kolumbien	Südamerika	80
6	São Paulo	Brasilien	Südamerika	77
7	London	UK	Europa	73
8	Atlanta, GA	USA	Nordamerika	71
9	Paris	Frankreich	Europa	65
10	Miami, FL	USA	Nordamerika	65

Wien mit 20 Prozent und Tokyo mit nur noch 14 Prozent *(vgl. Goletz et al. 2016, S. 29 ff.).*

Ökologische Belastungen des Automobilverkehrs

Ballungszentren sind aber auch Brennpunkte ökologischer Probleme durch den Straßenverkehr. Das betrifft zum einen die lokalen Emissionen, bei denen neben den Schadstoffemissionen auch die Lärmemission als Belastungsfaktor berücksichtigt werden müssen. Im Mittelpunkt steht die Belastung der Luftqualität vor allem

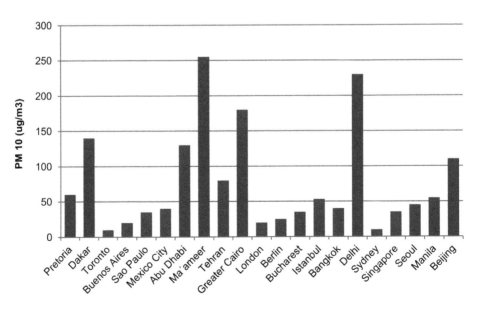

Abb. 3.6: PM10-Belastung in ausgewählten Städten und Regionen. Quelle: WHO 2017, S. 3.

Tab. 3.4: Mobilität in Städten nach Regionen. Quelle: OECD/ITF 2017, S. 138.

	Personenkilometer (in Bio.)		
	2015	2030	2050
Nordamerika	3.039	3.704	4.702
Lateinamerika	1.875	2.514	3.398
Europa	1.700	2.047	2.484
Asien	6.476	10.785	15.281
Afrika	990	2.017	3.788

durch Stickoxyde (NOx) sowie Partikelemissionen, die in einer direkten Verbindung mit gesundheitlichen Belastungen für die Menschen stehen *(vgl. WHO 2017, S. 2)*. Nach den Erhebungen der Weltgesundheitsorganisation (WHO) leben fast 86 Prozent der Menschen weltweit in Regionen, in denen die Grenzwerte für Partikelemission (PM10 und PM2,5) überschritten werden *(vgl. ebenda)*. Besonders ausgeprägt sind die Belastungen mit Feinstaub in Ballungszentren der Entwicklungs- und Schwellenländer, wo der Grenzwert für PM10-Emissionen von 20 ug/m^3 um ein Vielfaches überschritten wird (Abb. 3.6).

Darüber hinaus tragen die Emissionen des urbanen Verkehrs immer stärker zu den globalen Schadstoff- und CO_2-Emissionen bei. Im Jahr 2013 betrug der Anteil des Stadtverkehrs an den weltweiten CO_2-Emissionen immerhin 40 Prozent *(vgl. IEA 2016, S. 7)*. 82 Prozent der städtischen CO_2-Emissionen entfielen wiederum auf das Auto *(vgl. OECD/ITF 2017, S. 139)*.

Angesichts des anhaltenden Urbanisierungstrends wird der Verkehr in Städten in den nächsten Jahren weiter zunehmen. So geht die OECD davon aus, dass der gesamte Verkehr in Städten (über alle Verkehrsträger hinweg) von knapp 18 Bio. Personenkilometern im Jahr 2015 auf 25,5 Bio. im Jahr 2030 und 34,9 Bio. im Jahr 2050 ansteigen wird. Das wäre bis zum Jahr 2050 bezogen auf das Jahr 2015 ein Anstieg um 94 Prozent. Die stärksten Zuwächse werden dabei für Asien (+136,0 Prozent) und Afrika (+282,7 Prozent) erwartet. Aber auch in Europa (+46,2 Prozent) und Nordamerika (+54,7 Prozent) dürften die Personenverkehrsleistungen weiter zunehmen (Tab. 3.4).

Es liegt auf der Hand, dass aufgrund der absehbaren weiter steigenden verkehrlichen und ökologischen Probleme die Ballungszentren immer stärker in den Mittelpunkt politischer Strategien und Maßnahmen zur Verkehrsoptimierung und zur Reduktion der Umweltbelastungen rücken: Die Städte werden zu den Laboratorien der Verkehrspolitik der Zukunft *(vgl. Canzler/Knie 2016, S. 59)*.

Verkehrsmanagement in Ballungszentren: Die „Avoid-Shift-Improve"- Strategie

Grundsätzlich kommen drei strategische Ansätze in Frage: Verkehr zu vermeiden („avoid"), zu verlagern („shift") und zu verbessern („improve"). Tabelle 3.5 gibt

Tab. 3.5: Ausgewählte verkehrspolitische Strategien und Maßnehmen zur Mobilität in Ballungszentren. Quelle: Eigene Darstellung.

„Avoid"	„Shift"	„Improve"

– Verkehrsminimierende Raum- und Stadtplanung
– Re-Location von verkehrserzeugenden Aktivitäten (z. B. Verlagerung von Einkaufszentren)
– Umleitung von Transitverkehr
– Einrichtung von verkehrsberuhigten Zonen und Shared Spaces
	– Attraktivitätssteigerung des ÖPNV durch
	   – mehr Komfort
	   – Erhöhung Frequenz
	   – intelligentes Pricing
	   – Steigerung Pünktlichkeit
	   – Echtzeit-Informationen zu Fahrzeiten
	– Verkehrsträgerübergreifende Mobilitätsangebote und -plattformen (z. B. Mobility Card)
	– Förderung des Fußgänger-/ Fahrradverkehrs (z. B. Bikesharing, Fußgängerzonen)
	– Stärkere Belastung/ Behinderung des Autoverkehrs (z. B. City-Maut, Parkgebühren, Restriktionen hinsichtlich Fahrspuren und Parkflächen)
		– Intelligentes Traffic-Management (z. B. Ampelsteuerung, Echtzeit-Verkehrsinformationen)
		– Emissionsabhängige Quotensysteme für den Kauf und die Nutzung von PKW
		– Förderung des Carsharing
		– Förderung der Elektromobilität (z. B. durch Ausbau und Modernisierung der Beladungssysteme, Nutzervorteile)

einen Überblick über ausgewählte Strategien und Maßnahmen wie sie heute schon in verschiedenen Großstädten und Ballungszentren umgesetzt werden.

Bei der *Vermeidungsstrategie („Avoid")* geht es vor allem darum, Stadt- und Verkehrsplanung zu integrieren, um zu raum-strukturellen Optimierungen zu kommen. Leitbild ist dabei die „Stadt der kurzen Wege". Stadt- und Raumplanung haben zwar einen großen Einfluss auf das Verkehrsaufkommen. Andererseits ist der Umsetzungszeitraum für solche Maßnahmen sehr lange. Ein wichtiger Ansatz zur Verkehrsmeidung in Ballungszentren ist die Steuerung des Transitverkehrs. Auch hier gibt es aber lange Vorlauf- und Umsetzungszeiträume.

Bei der *Shift-Strategie* geht es vor allem um die Verlagerung des Verkehrs vom Auto auf andere Verkehrsträger (einschließlich dem Fußverkehr). In der Praxis zeigen sich auf diesem Handlungsfeld vor allem zwei Stoßrichtungen: Erstens die Attraktivitätssteigerung des öffentlichen Personennahverkehrs (ÖPNV) und zweitens die Behinderung des motorisierten Individualverkehrs z. B. durch Fahrbahnverengungen, flächendeckende Parkraumbewirtschaftung und die Einführung von City-Mauts. Ein zukunftsweisender strategischer Ansatz ist die Schaffung von verkehrsträgerübergreifenden Mobilitätsplattformen, bei denen über eine Smartphone App Verkehrsmittelwahlentscheidungen anhand von Fahrplänen, Fahrzeiten und Fahrtkosten getroffen werden können. Dies kann mit dem Angebot einer Mobility Card verknüpft werden, mit der unterschiedliche Verkehrsmittel genutzt werden können. Auf diese Weise wird die situative Verkehrsmittelnutzung flexibilisiert und mögliche Umsteigebarrieren abgebaut.

Was schließlich die *Improve-Strategien* anbelangt, so steht hier neben der Verbesserung der Verkehrssteuerung vor allem die Reduktion der Schadstoff- und CO_2-Emssionen des Autoverkehrs im Vordergrund. Eine wichtige Rolle spielt dabei die Verbesserung der Ladeinfrastruktur in Städten und der Übergang zu komfortableren Ladetechniken wie etwa der induktiven Beladung, um die Marktpenetration von lokal emissionsfreien Elektrofahrzeugen zu fördern. Weiterhin können Benutzervorteile oder – noch weitergehend – emissionsabhängige Quotensysteme für den Kauf und die Nutzung des Automobils Anreize zur Anschaffung von Elektroautomobilen geben, wie das etwa in China der Fall ist. Schließlich ist das Carsharing ein Beitrag für eine optimierte und umweltverträglichere Nutzung des Autos in Großstädten und Ballungszentren.

Wie zahlreiche Beispiele zeigen, ist die Wirksamkeit solcher Maßnahmen umso stärker, je enger diese miteinander kombiniert und vernetzt werden. So zeigt der von Arthur D. Little entwickelte „Urban Mobility Index", dass Städte die Maßnahmen aus den verschiedenen Strategiebereichen miteinander kombinieren, bei der Steuerung des Verkehrs erfolgreicher sind als andere *(vgl. Arthur D. Little 2014, S. 14 ff.)*. Bei der Erhebung im Jahr 2014 stand Hongkong im Ranking an der ersten Stelle. Tatsächlich ist es Hongkong durch eine Vielzahl von Maßnahmen gelungen, die verkehrsbedingten Pro-Kopf-Emissionen zu reduzieren und gleichzeitig relativ kurze Wegzeiten sicherzustellen. Eine wichtige Rolle spielte dabei die Octopus Card, die bereits im Jahr 1997 eingeführt wurde. Mit dieser können nicht nur verschiedene Verkehrsmittel, sondern auch andere Einrichtungen (z. B. Zutritt zu Gebäuden) genutzt werden können. Hongkong hat heute – trotz eines hohen Wohlstandsniveaus – eine vergleichsweise niedrige Motorisierungsdichte mit 90 Fahrzeugen je Tsd Einwohner *(vgl. OICA 2017)*.

Sinkende Akzeptanz und politischer Druck auf das Automobil in Ballungszentren
Es ist davon auszugehen, dass mehr und mehr Großstädte und Ballungszentren in den nächsten Jahren Maßnahmen gegen den motorisierten Individualverkehr ergreifen werden. Gleichzeitig zeichnet sich gerade in den Großstädten aber auch ein Einstellungswandel zur individuellen Nutzung des Automobils ab. Gerade jüngere, urbane Menschen verzichten in wachsendem Maße auf ein eigenes Auto, wobei der „sinkende Grenznutzen" des Automobils eine wichtige Rolle spielt *(vgl. Canzler/Knie 2016, S. 59)*. So zeigt sich in einer international vergleichende Untersuchung eine deutliche Korrelation zwischen Wohnort, Alter und Führerschein- bzw. Fahrzeugbesitz: Junge urbane Menschen verfügen deutlich weniger über eine Fahrerlaubnis bzw. über ein eigenes Fahrzeug als der Bevölkerungsdurchschnitt *(vgl. Axhausen et al. 2013, S. 5)*.

Tab. 3.6: Entwicklung des Modal Split in Ballungszentren (Szenarien).
Quelle: OECD/ITF 2017, S. 136.

Anteile in v. H. aller Fahrten	Auto				Öffentliche Verkehrsmittel			
	2015	2050			2015	2050		
		Baseline	ROG	LUT		Baseline	ROG	LUT
Afrika	20,2	27,4	9,8	7,4	27,1	25,1	64,3	71,0
Asien	28,3	40,3	19,2	16,2	23,8	20,6	56,3	61,7
Europa	56,4	44,4	19,7	18,4	19,4	24,9	49,9	52,7
Lateinamerika	40,5	42,4	24,6	21,7	22,1	21,3	47,4	52,0
Nordamerika	81,2	76,1	61,1	60,5	7,0	9,5	20,9	21,6

Die OECD hat verschiedene Szenarien zur künftigen Bedeutung des Automobils in Städten erarbeitet. Neben einem „Baseline-Szenario", das im Prinzip die historische Entwicklung fortschreibt, sind dies ein „Robust-Governance"-Scenario (ROG) und ein „Land Use and Transport Planning"-Scenario (LUT). Das Robust-Governance-Szenario basiert auf der Annahme, dass die Politik starke Eingriffe in den Personentransport in Städten vornimmt, von denen einige auch in der Übersicht in Tabelle 3.5 genannt sind. Beim LUT-Scenario wird zusätzlich angenommen, dass auch die Stadt- und Verkehrsplanung stärker miteinander integriert und so verkehrsminimierende Strukturen geschaffen werden.

Das Ergebnis dieser beiden Szenarien im Hinblick auf die Verkehrsanteile von privaten Autos und dem öffentlichen Personennahverkehr zeigt Tabelle 3.6.

Während der Anteil des Autos an der Gesamtzahl der Fahrten in Europa im Baseline-Szenario von 56,4 Prozent im Jahr 2015 bis zum Jahr 2050 um lediglich 12 Prozentpunkte auf 44,4 Prozent zurückgeht, würde er im ROG-Szenario auf 19,7 Prozent und im LUT-Scenario sogar auf nur noch 18,4 Prozent sinken. Umgekehrt würde der Anteil des öffentlichen Personenverkehrs in diesen beiden Szenarien deutlich auf 49,9 bzw. 52,7 Prozent ansteigen. Auch in anderen Regionen würde das Auto als Verkehrsmittel in diesen beiden Szenarien erheblich an Bedeutung verlieren.

Zusammenfassend bleibt festzustellen, dass das Automobil mit der zunehmenden Motorisierung in Großstädten immer stärker an die Grenzen seine Leistungsfähigkeit als Verkehrsmittel kommt, und zwar nicht nur im Hinblick auf die Reisegeschwindigkeit, sondern auch im Hinblick auf Pünktlichkeit und die Flexibilität, die es gewährt. Selbstverständlich spielen in vielen Regionen der Welt neben rationalen Aspekten bei der Verkehrsmittelwahl nach wie vor auch kulturell geprägte emotionale Faktoren eine Rolle. Andererseits sprechen die zunehmenden Nutzungseinschränkungen dafür, dass die Wahl für ein eigenes Auto in Zukunft in Städten pragmatischer im Hinblick auf seine tatsächlichen Nutzungsvorteile getroffen wird *(vgl. Goletz et al. 2016, S. 15)*. Die zunehmende Urbanisierung bedeutet nicht das Ende des Autos. Gleichwohl werden sich die Einstellungen und der Umgang mit dem Auto gerade in den Ballungszentren in den nächsten Jahren und Jahrzehnten am stärksten verändern. Daraus ergeben sich andererseits Möglichkeiten für die Gestaltung und Umsetzung innovativer, automobilbasierter Mobilitätskonzepte.

3.3 Ökologische Nachhaltigkeit und politische Regulierung

Fast schien es so, dass das Auto aus der ökologischen Diskussion herauskommt. Sinkende Verbräuche und Emissionen zeigten, dass die Automobilindustrie die Herausforderungen verstanden hat. Mit dem Dieselabgas-Skandal hat sich die Situation schlagartig verändert. Die Automobilindustrie steckt in einer Glaubwürdigkeitskrise. Die Konsequenz: Die Politik wird den regulatorischen Druck auf die Branche weiter erhöhen.

Klimawandel als Herausforderung für die Automobilindustrie

Auf dem Klimagipfel in Paris im Dezember 2015 wurde das Ziel formuliert, den globalen Temperaturanstieg auf weniger als 2 °C zu begrenzen. Heute werden weltweit 33 Gt. klimarelevantes CO_2 emittiert. Um das Pariser Klimaziel zu erreichen, müssen diese Emissionen nach Berechnungen der Internationalen Energie Agentur (IEA) um mehr als die Hälfte auf 15 Gt. reduziert werden. Abb. 3.7 zeigt die ange-

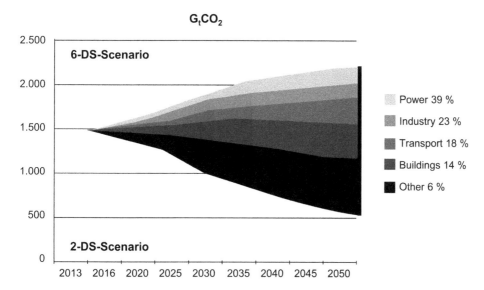

Abb. 3.7: Szenarien zur Reduktion der CO_2-Emissionen. Quelle: IEA 2016.

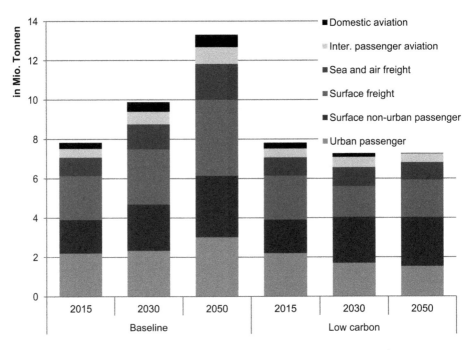

Abb. 3.8: Entwicklung der CO_2-Emissionen nach Verkehrsbereichen. Quelle: OECD/ITF 2017, S. 62.

strebte Entwicklung beim sogenannten 2-Degree-Scenario (2DS) im Vergleich zum 6-Degree-Scenario, also einem globalen Temperaturanstieg um 6 °C. Dieser würde eintreten, wenn die Entwicklung wie bisher weitergehen würde. Der Transportsektor auf den heute insgesamt 18 Prozent der klimarelevanten Emissionen entfallen, müsste nach Schätzungen der IEA ungefähr ein Fünftel der Gesamtreduktion von 18 Gt., also 3,6 Gt. tragen *(vgl. IEA 2016, S. 7)*.

In den letzten Jahrzehnten konnten zwar Fortschritte bei der Reduktion der fahrzeugspezifischen CO_2-Emissionen, die direkt mit dem Kraftstoffverbrauch korrelieren, erreicht werden. So sanken die spezifischen Emissionen, der in Deutschland fahrenden Pkw seit dem Jahr 1995 um knapp 13 Prozent *(vgl. UBA 2017, S. 2)*. Durch die wachsende Zahl von Pkw wurde dieser Fortschritt aber wieder neutralisiert. Weltweit sind die CO_2-Emissionen durch den Straßenverkehr bis zuletzt weiter gestiegen, während in anderen Bereichen Einsparungen erzielt wurden *(vgl. OECD/ITF 201, S. 38)*.

Wie groß die Herausforderung ist, die CO_2-Emissionen des Straßenverkehrs zu reduzieren, zeigen die Berechnungen und Prognosen von OECD/ITF: Demnach werden unter Status quo Bedingungen („Baseline-Szenario") die CO_2-Emissionen des Transportsektors insgesamt bis zum Jahr 2050 um 60 Prozent steigen. Beim Straßenverkehr (Personen- und Güterverkehr) wird mit einem Zuwachs von

70 Prozent, beim Flug- und Seeverkehr sogar mit einer Verdreifachung gerechnet (Abb. 3.8).

Auch in dem von OECD/ITF berechneten Low-Carbon-Szenario, in dem zahlreiche Maßnahmen zur Reduktion der transportspezifischen CO_2-Emissionen berücksichtigt wurden, wird der Transportsektor das vorgegebene Ziel nicht erreichen. So liegen in diesem Szenario die klimarelevanten CO_2-Emissionen des Transportsektors zwar bei nur noch 7,37 Gt. und damit um 45,8 Prozent unter dem Wert des Baseline-Szenarios, aber immer noch über dem von der IEA anvisierten Ziel. Auch der Straßenverkehr erreicht in diesem Szenario nicht den von der IEA definierten Zielwert *(vgl. OECD/ITF 2017, S. 62 f.)*.

Weltweite Verschärfung der CO_2-Grenzwerte

Mit der Einführung und fortlaufenden Verschärfung der CO_2-Grenzwerte hat die Politik die Automobilindustrie unter Druck gesetzt, die klimarelevanten Emissionen zu reduzieren. Die weltweit strengsten CO_2-Vorgaben gibt es in Europa (Abb. 3.9). Nachdem im Jahr 2012 von der Europäischen Kommission eine Verord-

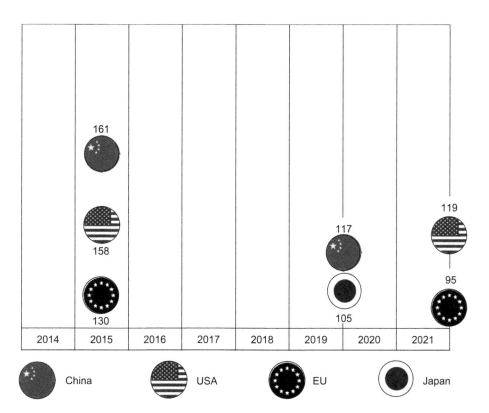

Abb. 3.9: Entwicklung der CO_2-Grenzwerte in ausgewählten Ländern. Quelle: IW Köln 2015, S. 13.

Tab. 3.7: CO_2-Flottenemissionen und CO_2-Zielwerte für ausgewählte Automobilhersteller. Quelle: PA Consulting Group 2017, S. 4.

Angaben in CO_2 g/km	2010	2015	Zielwert 2021	Abweichung in v. H. 2015–2021
PSA (Peugeot/Citroën)	131,6	104,6	86,9	20,4
Fiat/Chrysler	152,9	122,2	89,1	37,1
Renault/Nissan	138,9	112,1	91,6	22,4
Toyota	130,0	108,3	93,4	16,0
General Motors	136,9	118,0	93,6	26,1
Ford	139,8	127,0	93,8	35,4
Hyundai/Kia	139,0	127,3	94,3	35,0
Volkswagen	142,5	121,5	95,9	26,7
Volvo	161,0	121,9	100,3	21,5
Daimler	163,3	124,7	101,6	22,7
BMW	147,9	126,4	100,9	25,3
Jaguar/Land Rover	223,0	165,0	132,0	25,0

nung verabschiedet wurde (EC 443/2009), die von den Automobilherstellern bis zum Jahr 2015 die Einhaltung eines Flottengrenzwertes von 130 g. CO_2 je Kilometer fordert, müssen die Hersteller nun bis spätestens zum Jahr 2021 die fahrzeugspezifischen CO_2-Emissionen auf 95 g/km reduzieren. Dies entspricht einem Verbrauch von 3,6 L Diesel auf 100 km bzw. von 4,1 L Benzin. Zwar ist dieser Grenzwert im Hinblick auf das Fahrzeuggewicht gestaffelt, das heißt die Hersteller von schwereren Fahrzeugen können mehr emittieren als Volumenhersteller. Gleichwohl trifft dieser Grenzwert Premiummarken stärker, da der höhere Grenzwert den Mehrverbrauch durch die gewichtsbedingt höheren CO_2-Emissionen nicht vollständig ausgleicht. Werden die Grenzwerte nicht erreicht, müssen die Hersteller mit hohen Geldstrafen rechnen *(vgl. VDA 2016, S. 2)*.

Wie weit die Automobilhersteller von dem 95 g Ziel im Jahr 2015 entfernt waren, zeigt Tabelle 3.7. Während einige Volumenhersteller, die einen besonders hohen Anteil an Kleinwagen verkaufen auf Zielkurs liegen, müssen Premiumhersteller wie Daimler, BMW und Jaguar-Land Rover ihre Anstrengungen verstärken, um die Zielwerte bis 2021 zu erreichen.

Bereits heute zeichnet sich jedoch eine weitere Absenkung der CO_2-Grenzwerte in Europa ab. Diskutiert und gefordert wird eine Reduktion des Flottengrenzwerts auf bis zu 70 g/km bis zum Jahr 2025 *(vgl. VCD 2017, S. 2)*. Dies würde einen durchschnittlichen Flottenverbrauch von 2,6 L Diesel auf 100 km und 2,9 L Benzin bedeuten. Mit konventionellen Antriebstechnologien ist dieses Ziel, auch wenn sowohl Benzin- als auch Dieselfahrzeuge noch über Verbrauchs- und CO_2-Reduktionspotenziale verfügen, nicht zu erreichen. Die absehbare Entwicklung der CO_2-Grenzwerte erfordert zwingend den Einsatz alternativer Kraftstoffe und Antriebstechnologien.

Reduktion der Schadstoffemissionen als Herausforderung

Neben den klimaschädlichen CO_2-Emissionen muss die Branche auch die fahrzeugspezifischen Fahrzeugemissionen, vor allem die Stickoxyd-, Schwefeldioxyd- und Partikelemissionen weiter reduzieren. Nicht zuletzt durch den Dieselabgas-Skandal, aber auch durch die Feinstaubbelastung in Großstädten, sind die Luftschadstoffe wieder stärker in den Fokus der Öffentlichkeit und der Politik gerückt. Die Weltgesundheitsorganisation (WHO) schätzt, dass über 80 Prozent der Weltbevölkerung in Gebieten leben, in denen sie gesundheitlichen Gefahren durch eine zu hohe Luftverschmutzung ausgesetzt sind *(vgl. WHO 2016)*. Gerade in Städten und Ballungszentren hat das Auto einen hohen Anteil an der lokalen Schadstoffbelastung (siehe Kapitel 3.2.)

Durch die laufende Fortschreibung der gesetzlichen Grenzwerte für die fahrzeugspezifischen Schadstoffemissionen vor allem in Europa (Euro-Normen) und den USA (EPA-Normen) sind die Emissionen des Pkw-Verkehrs in den letzten Jahren deutlich gesunken. So konnten die Stickoxidemissionen (NOx) von Pkw in Deutschland im Zeitraum von 1995 bis 2014 um gut 60 und die Partikelemissionen sogar um 71,7 Prozent reduziert werden (Abb. 3.10). Die Schwefeldioxidemissionen sanken im gleichen Zeitraum um 98 Prozent und die von flüchtigen organischen Chemikalien ohne Methan (NMVOC) um 86 Prozent, wozu vor allem die verbesserten Kraftstoffqualitäten beigetragen haben.

Allerdings führten der zunehmende Fahrzeugbestand und die höheren Fahrleistungen dazu, dass die Reduktion der fahrzeugspezifischen Emissionen teilweise kompensiert wurde *(vgl. UBA 2017, S. 2)*. Vor allem in jenen Länder, in denen in

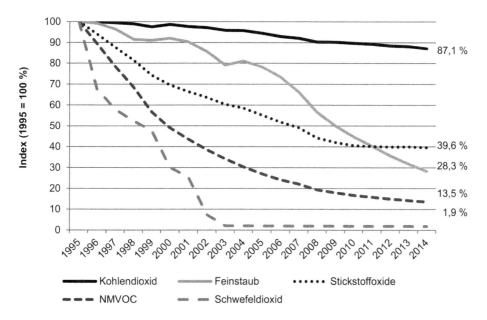

Abb. 3.10: Entwicklung der Schadstoffemissionen von Pkw in Deutschland. Quelle: UBA 2016.

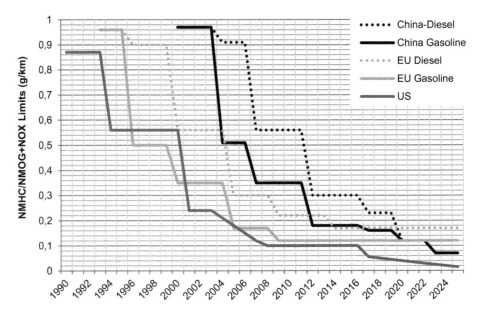

Abb. 3.11: Grenzwerte für Pkw-Schadstoff-Emission im internationalen Vergleich.
Quelle: ICCT 2017, S. 9.

den letzten Jahren die Fahrzeugbestände weiter deutlich zugenommen haben und es teilweise keine oder eine nur unzureichende Gesetzgebung gibt. So sind die Schadstoffemissionen in vielen Entwicklungs- und Schwellenländern in den letzten Jahren weiter angestiegen. Dies gilt vor allem für viele Entwicklungs- und Schwellenländer.

Als Reaktion darauf wurden jetzt in China die Grenzwerte für Stickoxid- und Partikelemissionen verschärft. Im Dezember 2016 hat das chinesische Ministry of Environmental Protection (MEP) eine Richtlinie veröffentlicht, die eine deutliche Senkung der Schadstoffemissionen in Anlehnung an die Euro 6-Norm vorsieht (vgl. *ICCT 2017, S. 1ff.*). China wird damit zu Europa und den USA aufschließen (Abb. 3.11). Es ist davon auszugehen, dass andere Ländern diesem Beispiel in den nächsten Jahren folgen werden.

Neue Prüf- und Kontrollverfahren für das Emissionsverhalten von Pkw
Schließlich sieht sich die Automobilbranche einer dritten Herausforderung gegenüber: Die seit dem Dieselabgas-Skandal im Jahr 2015 ausgebrochene politische Diskussion um die Herstellerangaben zu den Kraftstoffverbräuchen, CO_2-und Schadstoffemissionen hat zur Folge, dass das bisherige Testverfahren verändert und um neue Kontrollverfahren erweitert wird. Wie eine Reihe von Untersuchungen zeigen, bildet der bislang gültige „Neue europäische Fahrzyklus" (NEFZ) die tatsächlichen Verbräuche von Neufahrzeugen nur unzureichend ab. Insbesondere bei Diesel-

Fahrzeugen ergeben sich teilweise sehr hohe Differenzen zwischen den tatsächlichen und den auf dem Prüfstand nachgewiesenen Emissionen. So lagen die Stickoxidemssionen von Euro 6 Dieseln nach einer Erhebung des Umweltbundesamtes (UBA) im Frühjahr 2017 bei 507 mg/km und damit um mehr als das Fünffache über dem Grenzwert von 80 mg/km *(vgl. UBA 2017, S. 1)*. Nach einer Untersuchung des International Council of Clean Transportation (ICCT) sind die Abweichungen bei Neufahrzeugen zwischen den Test- und Realwerten in den letzten Jahren deutlich angestiegen, und zwar von 9 Prozent im Jahr 2009 auf 42 Prozent im Jahr 2015 *(vgl. ICCT 2016, S. 2)*.

Der NEFZ, der im Jahr 1996 eingeführt wurde, ist weit weg vom tatsächlichen Fahrverhalten. So enthält er einen zu hohen Stadtverkehrsanteil, die Beschleunigungen sind zu gering und schnellere Autobahnfahrten über einen längeren Zeitraum bleiben unberücksichtigt. Überdies ist die Durchschnittsgeschwindigkeit beim NEFZ mit 34 km/h nicht repräsentativ für den gesamten Fahrzeugbestand *(vgl. VDA 2016, S. 1)*. Schließlich sind auch die Messrandbedingungen, insbesondere die Temperaturen, bei denen die Messungen vorgenommen werden unrealistisch, weil für europäische Verhältnisse viel zu hoch. So zeigt die UBA-Untersuchung, dass die Stickoxidemissionen unterhalb der im Test üblichen 20 bis 30 °C sehr stark ansteigen *(vgl. UBA 2017, S. 1)*.

Die Automobilindustrie benötigt ein einheitliches Testverfahren, damit die Verbraucher vergleichbare Angaben zu Verbrauch und Emissionen erhalten. Andererseits kann kein standardisierter Test das reale und individuelle Fahrverhalten korrekt abbilden. Notwendig ist aber ein Testverfahren, das zumindest von der Konzeption her näher an das reale Fahrverhalten der Autofahrer herankommt und dessen Ergebnisse damit wirklichkeitsnäher als die in der Vergangenheit sind. Daher wird der NEFZ in Europa durch die Worldwide Harmonized Light Vehicles Test Procedure (WLTP) ersetzt werden. Er liegt bereits den in China eingeführten Euro 6 Grenzwerten zugrunde.

Grundsätzlich schreibt auch der WLTP standardisierte, reproduzierbare und vergleichbare Prüfbedingungen für alle Automobilhersteller vor. Der WLTP hat aber eine längere Zykluszeit und -wegstecke sowie eine höhere Geschwindigkeit als der NEFZ. Auch die Antriebsleistung ist im WLTP höher als im NEFZ (Tab. 3.8). Außerdem beinhaltet er höhere Temposchwankungen und striktere Prüfbedingungen als der NEFZ *(vgl. VDA 2016, S. 2)*. Die Automobilindustrie geht davon aus, dass sich durch den WLTP die Verbrauchsangaben um 15 bis 20 Prozent erhöhen werden *(vgl. ebenda, S. 3)*. Dies bedeutet indirekt eine weitere deutliche Verschärfung der CO_2-Grenzwerte, da die CO_2-Emissionen direkt mit dem Kraftstoffverbrauch korrelieren.

Da es auch beim WLTP zwangsläufig zu Abweichungen zwischen den Test- und den Realwerten kommen wird, werden künftig zusätzlich auch Messungen des tatsächlichen Emissionsverhaltens von Fahrzeugen auf der Straße durchgeführt werden, die sogenannten Real-Driving-Emission Tests (RDE). Im Gegensatz zu

Tab. 3.8: Die Testverfahren WLTP und NEFZ im Vergleich. Quelle: VDA 2016.

	WLTP	NEFZ
Starttemperatur	kalt	kalt
Zykluszeit	30 min.	20 min.
Standzeitanteil	13 %	25 %
Zykluslänge	23,25 km	11 km
Geschwindigkeit	Mittel: 46,5 km/h Maximal: 131 km/h	Mittel: 34 km/h Maximal: 120 km/h
Antriebsleistung	Mittel: 7,5 kW Maximal: 47 kW	Mittel: 4 kW Maximal: 34 kW
Einfluss SA und Klimatisierung	Sonderausstattungen werden für Gewicht, Aerodynamik und BN-Bedarf (Ruhestrom) berücksichtigt. Keine AC	Wird gegenwärtig nicht berücksichtigt.

Testzyklen unter Laborbedingungen muss beim RDE-Test kein fester Fahrzyklus eingehalten werden. Der RDE-Test wird unter unterschiedlichen, individuellen und situativen Bedingungen durchgeführt: Beschleunigung, Außentemperatur, Windverhältnisse und Verkehrslage sind zufällig *(vgl. VDA, S. 4)*.

Allerdings werden den Herstellern für eine Übergangszeit gewissen Toleranzen im Hinblick auf die RDE-Testergebnisse durch einen sogenannten Konformitätsfaktor eingeräumt. Dieser beträgt (einschließlich der Messtoleranz) bis September 2019 für alle Neuzulassungen 2,1 und wird dann ab Januar 2021 für alle neu zugelassenen Fahrzeuge auf 1,5 abgesenkt. Bei neuen Modellen gelten die Absenkungen jeweils ein Jahr früher *(vgl. VDA 2016, S. 5)*. Auch der RDE-Test ist bei den in China gültigen Grenzwertregelungen bereits vorgeschrieben.

Insgesamt zeichnet sich ab, dass die politischen Grenzwertvorgaben in Zukunft weiter verschärft und deren Einhaltung strikter überprüft wird. Tendenziell wird dies zu einer Verteuerung von Fahrzeugen mit konventionellem Antrieben führen. Nach verschiedenen Berechnungen liegt der Kosten- und Preisanstieg für ein neues Fahrzeug bei einer Absenkung der CO_2-Emissionen bis zum Jahr 2030 zwischen 1.400 und 2.100 US-Dollar *(vgl. ICCT 2017, S. 13)*. Fahrzeuge mit konventionellen Antrieben werden entsprechend teurer werden.

3.4 Digitalisierung und neue Wettbewerber

„Alles was digitalisiert werden kann, wird digitalisiert werden." Die Aussage der ehemaligen CEO von Hewlett Packard, Carly Fiorina, kann sowohl als Chance wie auch als Bedrohung interpretiert werden. Klar ist, dass die Digitalisierung einen Prozess der „schöpferischen Zerstörung" (Schumpeter) eingeleitet hat, der die Unternehmen zur Neuausrichtung ihrer Geschäftsmodelle zwingt. „Digitale Kompetenz" ist mehr als nur technologische Kompetenz: Sie ist eine Frage des Mindsets und der Herangehensweise zur Generierung künftiger Wettbewerbsvorteile.

Digitaler Wandel: Schnell, weitreichend und disruptiv
Der Megatrend „Digitalisierung" beschreibt aus wirtschaftlicher Sicht einen technologiegetriebenen Transformationsprozess von Unternehmen. Digitale Technologien erlauben es, sowohl die Beziehung zu den Kunden, die Wertschöpfungsketten wie auch unternehmensinterne Prozesse neu zu gestalten. Sie haben damit einen direkten Einfluss auf die Wettbewerbsfähigkeit von Unternehmen.

Die Anpassung von Unternehmen an sich verändernde Märkte und Umfeldbedingungen ist an und für sich nichts Besonderes. Die digitale Transformation stellt jedoch aufgrund von drei Merkmalen eine besonders große Herausforderung dar *(vgl. Berghaus/Back 2016, S. 14 f.)*:
- der Geschwindigkeit der Veränderung,
- dem Ausmaß der Veränderung und
- dem disruptiven Charakter der Veränderung.

Die *Geschwindigkeit* des Veränderungsprozesses zeigt sich, in dem Entstehen und dem schnellen Wachstum von digitalen Unternehmen ebenso wie in der Beschleunigung der Entwicklungs- und Innovationszyklen etablierter Unternehmen. Wettbewerbsvorteile, von denen man annahm, dass sie dauerhaft gehalten werden können, können binnen weniger Monate erodieren, vorhandene Ressourcen und Kompetenzen entwertet und völlig neue Produkte und Dienste Märkte in kürzester Zeit verändern. Die Mobilkommunikation ist nur eine, wenn besonders prominente Branche, in der ein solcher Veränderungsprozess geradezu erdrutschartig eingetreten ist.

Im Hinblick auf das *Ausmaß der Veränderung* lässt sich feststellen, dass die Digitalisierung nicht nur Produkte und Fertigungsprozesse, sondern letztlich das gesamte Geschäftsmodell von Unternehmen betrifft. Insbesondere verändert die Digitalisierung die Schnittstelle zum Kunden, was weitreichende Auswirkungen auf die Profitabilität von Unternehmen haben kann *(vgl. Roland Berger Strategy Consultants 2015, S. 11)*. Aber auch die Organisation der Wertschöpfungsketten und die Zusammenarbeit mit Lieferanten wird durch die Digitalisierung nachhaltig verändert.

Schließlich zeichnet sich die Digitalisierung durch ihren *disruptiven Charakter* aus. Als disruptiv werden Innovationen bezeichnet, die lineare Optimierungsstrategien für Produkte und Dienstleistungen (besser, schneller, größer, kleiner, leichter etc.) von etablierten Unternehmen durchkreuzen und Bedürfnisse und Marktsegmente adressieren, die von den in einem Markt dominierenden Unternehmen nicht erkannt oder nicht bedient werden *(vgl. Christensen/Raynor/McDonald 2015, S. 3f.)*. Durch die Absenkung der Markteintrittsbarrieren bekommen Start-Up-Unternehmen die Chance, die Spielregeln in einer Branche völlig zu verändern. Bekannte Beispiele sind der klassische Einzelhandel (Amazon), die Musik- und Filmindustrie (Spotify, Netflix) sowie das Hotelgewerbe (Airbnb).

Digitalisierung zerstört traditionelle Geschäftsmodelle
Wie bereits erwähnt bedeutet die Digitalisierung in der Regel nicht nur einen Technologiewandel, sondern sie betrifft häufig das komplette Geschäftsmodell von Unternehmen. Die künftige Wettbewerbsfähigkeit hängt daher sehr stark davon ab, wie schnell und umfassend sie ihr Geschäftsmodell digitalisieren. Digital ist ein Geschäftsmodell „if changes in digital technologies trigger fundamental changes in the way business is carried out and revenues are generated" *(vgl. Veit et al. 2014, S. 48)*.

Den Einfluss der Digitalisierung auf das Geschäftsmodell etablierter Unternehmen zeigt Abbildung 3.12.

Digitale Technologien, Systeme und Dienste fungieren als „Enabler" für die Neugestaltung des Geschäftsmodells, sofern sie nicht selbst den Geschäftszweck bilden. Wichtige Enabler sind die Breitband-Technologie, das Cloud Computing, die Sammlung, Speicherung und Verarbeitung von Big Data, das Internet der Dinge, Künstliche Intelligenz und Robotik, Sensorik und Aktuatorik sowie mobile Datendienste und Netzwerke.

Wesentliche Elemente eines Geschäftsmodells sind die Value Proposition, das Wertschöpfungs- und Erlösmodell sowie die Gestaltung der Kundenschnittstelle *(vgl. Bieger/Reinhold 2011, S. 31ff.)*.

Im Hinblick auf die *Value Proposition* ermöglicht die Digitalisierung die Weiterentwicklung von vorhandenen Produkten oder das Angebot von neuen Produkten, Dienstleistungen und Produkt-Dienstleistungsbündeln. So hat z. B. die Einführung von Fahrerassistenzsystemen bei Automobilen zu einer deutlichen Steigerung von Sicherheit und Komfort geführt. Die Ausstattung der Fahrzeuge mit solchen Systemen ist mittlerweile zu einem wichtigen Differenzierungsfaktor im Wettbewerb geworden. Darüber hinaus hat die Digitalisierung aber auch zu völlig neuen Leistungsangeboten geführt, wie etwa im Bereich der Konnektivitätsdienstleistungen.

Ferner kann der *Wertschöpfungsprozess* durch die Digitalisierung neu organisiert werden. Dies betrifft zum einen das Zusammenwirken der verschiedenen Akteure in der Wertschöpfungskette wie auch die Neugestaltung von Fertigungsprozessen. Von zentraler Bedeutung ist dabei das Konzept der Industrie 4.0. Unter Industrie 4.0 ist „eine Vernetzung von autonomen, sich situativ selbst steuernden, sich selbst konfigurierenden, wissensbasierten, sensorgestützten und räumlich verteilten Produktionsressourcen (Produktionsmaschinen, Roboter, Förder- und Lagersysteme, Betriebsmittel) inklusive deren Planungs- und Steuerungssysteme" zu verstehen *(vgl. AK Industrie 4.0, 2017)*. Nach der Mechanisierung, der Fließband-

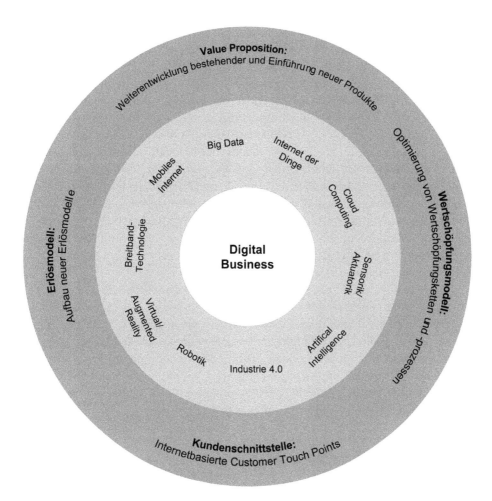

Abb. 3.12: Auswirkungen der Digitalisierung auf das Geschäftsmodell etablierter Unternehmen. Quelle: Eigene Darstellung.

produktion und der Automatisierung wird Industrie 4.0 häufig als vierte industrielle Revolution bezeichnet *(vgl. ebenda, S. 17)*. Ziel von Industrie 4.0 sind sich selbst organisierende, autonome Systeme mit denen individuelle Produkte in hoher Stückzahl („Mass Customization"), mit hoher Flexibilität und Qualität hergestellt werden können *(vgl. Fraunhofer IAO S. 133)*. Möglich sind überdies deutliche Produktivitätssteigerungen *(PWC o. J., S. 19 ff.)*.

Im Kern handelt es sich bei Industrie 4.0 um ein Cyber-Physisches System (CPS), bei dem physikalische Daten mit vorhandenen Datenpools abgeglichen und auf dieser Basis Entscheidungen und Aktionen ausgelöst werden *(vgl. MHP 2014, S. 8)*. Grundlage solcher Systeme ist das Internet der Dinge, also die wechselseitige und handlungsauslösende Kommunikation von Objekten. Damit dieses Konzept funktioniert müssen alle relevanten Akteure in der Wertschöpfungskette informations- und kommunikationstechnisch eingebunden und vernetzt sein. Dieser Aspekt ist für die hierarchisch strukturierten Wertschöpfungsketten in der Automobilbranche von besonderer Relevanz. Neben der produktseitigen und logistischen Kompetenz wird die Industrie 4.0-Fähigkeit eine zunehmend wichtige Anforderung an Lieferanten, um an Wertschöpfungsprozessen aktiv teilnehmen zu können.

Die Digitalisierung kann weiterhin zur Neugestaltung der *Erlösmodelle* genutzt werden. Basieren Erlösmodelle in der analogen Wirtschaft vorrangig auf Transaktionen, die die Eigentumsübertragung eines Produktes zum Ziel haben, so werden in der digitalen Wirtschaft teilweise völlig andere Erlösmodelle eingesetzt. Von besonderer Bedeutung sind dabei nutzungsabhängige Erlösmodelle („pay-per-use"), zugangsbasierte Erlösmodelle („Flat Rates"), provisionsorientierte Erlösmodelle („Affiliate") und datenbasierte Erlösmodelle („Leverage Customer Data"). Besonders letztere scheinen in der digitalen Wirtschaft immer mehr an Bedeutung zu gewinnen *(vgl. Müller et al. 2016, S. 63)*.

Schließlich verändert die Digitalisierung die *Kundenschnittstelle* und damit die Anbieter-Kunden-Beziehung. Anstelle des realen, physischen Kontaktes tritt der internetbasierte Kontakt mit dem Kunden. Darüber hinaus können nicht nur Transaktionsprozesse, sondern auch Informations-, Beratungs- und Betreuungsprozesse digital dialogorientiert und in Echtzeit abgebildet werden. Gleichzeitig ermöglicht die Digitalisierung, dass in vertikal organisierten Vertriebssystemen Hersteller Absatzmittler überspringen und einen Direktkontakt mit den Kunden aufbauen und sichern können.

„Digitale Reife" und digitale Transformation

Für Unternehmen, die ein etabliertes „analoges" Geschäftsmodell haben, bedeutet der Megatrend „Digitalisierung", dass sie einen digitalen Transformationsprozess einleiten müssen, um auch weiterhin ihre Marktpotenziale ausschöpfen und weiterentwickeln zu können. Wie eine Reihe von Untersuchungen zeigt, tun sich viele Unternehmen damit schwer *(vgl. Back 2017, S. 23ff.)*. Zwar wird die Notwendigkeit der Digitalisierung erkannt, aber gleichzeitig ist der „digitale Reifegrad" vieler Unternehmen noch niedrig.

In einer Befragung haben nur rund ein Drittel der deutschen Unternehmen die eigene digitale Reife als hoch oder sehr hoch eingeschätzt *(vgl. Roland Berger Strategy Consultant 2015, S. 27)*. Insgesamt liegen die deutschen Unternehmen im Hinblick auf die digitale Reife hinter amerikanischen Unternehmen zurück. So gaben in einer vergleichenden Befragung deutsche Unternehmen an, ihr Geschäftsmodell zu 47 Prozent digitalisiert zu haben, während der entsprechende Wert bei amerikanischen Unternehmen bei 65 Prozent lag *(vgl. Müller et al. 2015, S. 12)*. Besonders bemerkenswert und bezeichnend ist, dass amerikanische Unternehmen wesentlich mehr Wert auf die Digitalisierung der strategisch wichtigen Kundenschnittstelle zu legen scheinen. Nur etwas mehr als die Hälfte der deutschen Unter-

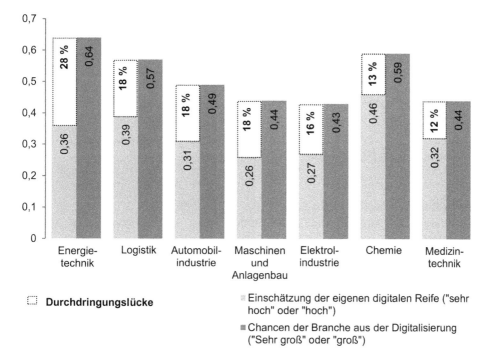

Abb. 3.13: Digitale Reife ausgewählter Branchen in Deutschland. Quelle: Roland Berger Strategy Consultants, 2015, S. 28.

nehmen erklärten, dass sie die Digitalisierung dieses Bausteins ihres Geschäftsmodells für besonders wichtig halten. Bei den amerikanischen Unternehmen lag dieser Wert bei 80 Prozent *(vgl. ebenda, S. 14)*.

Die digitale Durchdringungslücke im Hinblick auf verschiedene Branchen zeigt Abbildung 3.13. Demnach liegt die deutsche Automobilindustrie mit einer Durchdringungslücke von 18 Prozent im Mittelfeld der untersuchten Branchen. Es ist darauf hinzuweisen, dass diese Angaben auf einer Selbsteinschätzung der befragten Unternehmen beruhen.

Kritische Faktoren für einen erfolgreichen digitalen Transformationsprozess sind das Verständnis und die Ziele der Digitalisierung. Nach wie vor sehen viele deutsche Unternehmen in der digitalen Transformation vorrangig ein Konzept zur weiteren Kostenoptimierung *(vgl. Roland Berger Strategy Consultants 2015, S. 31)*. Dabei wird übersehen, dass die Digitalisierung – wie oben gezeigt – das gesamte Geschäftsmodell betrifft und daher Optimierungen, die sich auf einzelne Bereiche beschränken nur suboptimal erfolgswirksam sind.

Weiterhin wird vielfach übersehen, dass die Implementierung eines digitalen Geschäftsmodells neue Organisationsstrukturen, veränderte Prozesse sowie einen Wandel in der Unternehmenskultur erfordert. So müssen Organisationen flacher und softwarezentrierter werden *(vgl. Kienbaum 2016, S. 16)*. Notwendig ist insbesondere eine Verkürzung der Time-to-Market z. B. durch ein Rapid Prototyping, Design Thinking und der schnelle Release eines Minimal Viable Products (MVP), das zunächst nur Grundfunktionen erfüllt und das dann entsprechend den Kundenanforderungen weiterentwickelt wird *(vgl. Berghaus/Back 2016, S. 41)*. Vor allem die amerikanischen Start-Up Unternehmen arbeiten mit völlig anderen Führungsinstrumenten wie Tribal Organisation, Radical Agility und Objective Key Results *(vgl. ebenda, S. 19)*. Weiterhin spielen Vernetzung statt Silo-Denken, Communities und eine fehlerverzeihende Unternehmenskultur eine wichtige Rolle in der digitalen Ökonomie *(vgl. Keese 2016, S. 135 ff.)*.

Innovative Geschäftsmodelle der digitalen Wirtschaft
Die Herausforderung für etablierte Unternehmen bei der „digitalen Transformation" besteht darin, im Wettbewerb mit Akteuren zu bestehen, die mit völlig neuen Geschäftsmodellen im Markt auftreten. Auf Basis des St. Galler Business Model Navigator haben Müller et al. mit Hilfe einer Cluster-Analyse zwölf digitale Geschäftsmodelle erfolgreicher Start-Up-Unternehmen identifizieren können (Tab. 3.9).

Von besonderer Bedeutung für den Mobilitätssektor sind Plattform-Modelle, da sich über eine Mobilitäts-Plattform unterschiedliche Angebote bündeln lassen und damit die Nutzer ein breites Spektrum an Mobilitätsangeboten individuell und situativ abrufen können. Wesentliche Merkmale von Geschäftsmodellen, die dem Plattform-Konzept folgen, sind:
- Open Access: Nach dem Metcalfeschen Gesetz erhöht sich der Nutzen eines Angebots exponentiell mit der Zahl der Nutzer. Dementsprechend muss es gelingen, schnell eine große Zahl von Nutzer zu aktivieren. Plattformen haben daher eine Tendenz zum Monopol, wie das Beispiel Google eindrucksvoll zeigt.
- Besetzung Kundenschnittstelle: Eine Plattform muss direkt an der Schnittstelle zum Kunden platziert und intensiv beworben werden, um Frequenz zu erzeugen. Ziel ist dabei, die Schnittstelle zum Kunden in einem bestimmten Bedarfsfeld des Konsumenten exklusiv zu besetzen.
- Open Source: Plattformen sollten offen für Nachfrager und Anbieter sein. Je mehr Anbieter sich auf einer Plattform präsentieren und ihre Leistungen anbieten, desto größer wird deren Bekanntheit und Attraktivität für den Nutzer.
- Peer-to-Peer: Eine Plattform erhöht ihre Anziehungskraft, wenn sie den Nutzern die Möglichkeit gibt, sich untereinander zu vernetzen. Sie verliert damit ihr kommerzielles Image und eröffnet zusätzliche Möglichkeiten des Austausches und Handelns.
- Leverage Customer Data: Die Nutzer von Plattformen hinterlassen Daten. Diese können gesammelt, gespeichert und verarbeitet werden. Dadurch schafft der Plattformbetreiber einen Mehrwert, der für eigene Zwecke oder für Dritte von wirtschaftlichem Interesse sein kann („Hidden Revenue").
- Pay-per-Use: Der einfachste Zugang zu einer Plattform ist der kostenlose Zugang. Werden Leistungen der Plattform in Anspruch genommen (z. B. Buchun-

Tab. 3.9: Innovative Geschäftsmodelltypen der digitalen Wirtschaft. Quelle: Müller et al. 2016, S. 45 ff.

Nr.	Geschäftsmodell	Beispiel
1	Freemium Platform	Soundcloud

Es wird ein kostenloser Basisdienst angeboten, um eine breite Kundenbasis zu gewinnen. Erlöse werden durch kostenpflichtige Zusatzangebote generiert. Weiterhin gehören zu diesem Cluster die Geschäftsmodelle Orchestrator (Koordination verschiedener Wertschöpfungsketten, um ein neues Produkt anbieten zu können), Two-Sided-Market (Zusammenführung von Kundengruppen) sowie Long Tail (Erlöse über viele kleine Transaktionen mit geringer Marge).

| 2 | Experience Crowdusers | Researchgate |

Dieses Geschäftsmodell-Cluster umfasst die Geschäftsmodellmuster Experience Selling, Crowdsourcing und Leverage Customer Date. Beim Experience Sellung wird rund um das Angebot eine „Erlebniswelt" aufgebaut. Crowdsourcing bedeutet die Problemlösung durch eine große Gruppe. Leverage Customer Date besteht in der kommerziellen Nutzung von Kundendaten.

| 3 | Long Tail Subscriber | Adobe |

Kombination aus Long Tail und Subscription. Long Tail (siehe 1) Subscription: Für eine zeitlich begrenzte Dauer kann gegen einmalige Zahlung ein Angebot unbegrenzt genutzt werden.

| 4 | Affiliate Markets | Airbnb |

Dieses Cluster basiert auf dem Affiliate Muster. Affiliate bedeutet die Vermittlung von Kunden an Dritte, wofür der Vermittler Provisionen erhält. Dieses Muster wird mit dem Two-Sided Market (siehe 1), dem Orchestrator (siehe 1) und dem Long Tail (siehe 1) kombiniert.

| 5 | Mass Customizing Orchestrators | TestBirds |

Mass Customizing Orchestrators verbinden das Mass Customization Modell mit dem Layer Player, dem Orchestrator (siehe 1) und dem Two-Sided Market (siehe 1). Mass Customization bedeutet kundenindividuelle Massenproduktion. Layer Player ist ein Geschäftsmodell, das sich auf die Bereitstellung eines einzelnen Schrittes in der Wertschöpfungskette verschiedener Unternehmen fokussiert.

| 6 | Innovative Platforms | Instacart |

Hier wird vor allem das Aikido Muster eingesetzt. Aikido bedeutet, dass ein Unternehmen etwas anbietet, das Wettbewerbsangeboten diametral gegenübersteht. Zusätzlich umfasst dieses Geschäftsmodell auch noch die Geschäftsmodelle Two-sided Market (siehe 1), Orchestrator (siehe 1) sowie Revenue Sharing. Revenue Sharing bedeutet, dass der Umsatz mit Anspruchsgruppen an das Unternehmen geteilt wird.

| 7 | E-Commercers | Amazon, Zalando |

E-Commercers verbinden E-Commerce und Direct Selling. E-Commerce bedeutet den Verkauf von Produkten und Dienstleistung Online, Direct Selling den Verkauf des Herstellers ohne Einschaltung von Absatzmittlern.

| 8 | Add-on-Layers | GitHub |

Dieses Clusters kombiniert Add-on, Layer Player (siehe 5) und Subscription (siehe 3). Add-on bedeutet das Angebot einer Basisleistung, die durch kostenpflichtige Extras erweitert werden kann.

| 9 | Crowdsourcing Platforms | DaWanda |

Bei diesem Geschäftsmodell werden Aikido (siehe 6), Crowdsourcing (siehe 2) und Customer Loyality eingesetzt. Das Customer Loyality Muster bedeutet die Kundenbindung mittels Bonusprogrammen.

| 10 | Customized Layers | AdJust |

Bei diesem Geschäftsmodell werden die Muster Layer Player (siehe 5), Subscription (siehe 3) sowie Mass Customization (siehe 5) kombiniert.

| 11 | Hidden Revenue Markets | qLearning |

Hidden Revenue bedeutet die Erlösgenerierung nicht durch die Nutzer, sondern durch Dritte. Dieses Geschäftsmodell umfasst zusätzlich auch das Two-sided Market Muster (siehe 1), das Affiliate Muster (siehe 4) sowie das Long Tail Konzept (siehe 1).

gen, Downloads) müssen diese bezahlt werden. Die Bezahlung in Abhängigkeit von der Nutzung wird in der Regel als fair angesehen und erzeugt die geringsten Reaktanzen.
- No Assets: Plattformen verfügen in der Regel über keine eigenen physischen Assets (Produkte, Fertigungsstätten, Verkaufsräume etc.). Investiert wird vorrangig in die Bekanntheit der Plattform und die Front-End-Systeme, die dem Nutzer eine einfache Bedienung und Abwicklung von Käufen ermöglichen.

Mobilitätsplattformen, die nach diesem Muster organisiert werden haben die große Chance, eine Dominanz über die Geschäftsmodelle der verschiedenen Verkehrsträger zu erreichen und damit ein Eco-System unter ihrer Führung aufzubauen. Entscheidend sind letztlich die Besetzung der Kundenschnittstelle und die Einhaltung des Kundenversprechens.

Es zeichnet sich ab, dass die Digitalisierung zu einer weitreichenden und nicht reversiblen Verschiebung der Marktbedeutung von Unternehmen und des Gewichtes ganzer Volkswirtschaften führen wird. Ein Ausdruck für diese Verschiebungen ist die rasant wachsende Marktkapitalisierung von Unternehmen mit einem überzeugenden digitalen Geschäftsmodell. Gleichzeitig zeigt sich, dass mit der Digitalisierung die Bedeutung Nordamerikas und Asiens in der Weltwirtschaft steigt, während Europa den Anschluss an diese Entwicklung zu verlieren droht und mit erheblichen Wertschöpfungsverlusten rechnen muss *(vgl. Roland Berger Strategy Consultants 2015, S. 9 ff.)*.

Die Digitalisierung ist dabei, die Spielregeln, Rollen und die Gewichte der einzelnen Akteure in vielen Branchen komplett zu verändern. Erste Ansätze für eine digitale Branchentransformation finden sich auch im heute noch weitgehend nach Verkehrsträgern organisierten Mobilitätsbereich. Das Geschäftsmodell der etablierten Automobilhersteller funktioniert nach wie vor, aber die zunehmenden Aktivitäten von Unternehmen aus der IT-Branche und kreative Start-Ups zeigten, dass die Automobilindustrie in besonderem Maße im Fokus der „digitalen Disruptoren" steht.

3.5 Herausbildung neuer Konsummuster

Die Welt des Konsums und der Konsumenten ist im Wandel. Digitalisierung und Urbanisierung führen zur Herausbildung eines globalen Konsumstils – jenseits nationaler und kultureller Traditionen. Die chinesischen Konsumenten werden immer mehr zu Trendsettern. Der Konsumstil des „digitalen Konsumenten" ist durch eine starke Life-Style-, Preis- und Nutzenorientierung gekennzeichnet. Damit verändert sich auch der Zugang zur Mobilität und zum Auto.

Konsumrelevante Megatrends

Das Konsumverhalten wird durch politische, gesellschaftliche und kulturelle Trends beeinflusst. Aus der Vielzahl der in der Trendforschung identifizierten Trends, sind zehn für das Konsumverhalten von besonderer Bedeutung *(vgl. Z-Punkt o. J.)*:

- Globalisierung: Das System der internationalen Arbeitsteilung, die Entstehung neuer Wachstumsmärkte, aber auch die Vernetzung von Medien und Menschen haben dazu geführt, dass aus der Welt tatsächlich so etwas wie ein „Global Village" geworden ist. Marken und Produkte sind ebenso global präsent wie Informationen und Daten.
- Digitalisierung: Die Digitalisierung durchdringt immer stärker alle Lebensbereiche vom Wohnen, Arbeiten und Einkaufen bis zur Gestaltung persönlicher Beziehungen. Das Smartphone ist tief im Alltag der Menschen verankert. Digitale Dienste, Medien und Devices sind allgegenwärtig.
- Urbanisierung: Immer mehr Menschen leben in Großstädten und Ballungszentren. Gleichzeitig nimmt die Ausstrahlung der Megazentren auf den ländlichen Raum zu. Die Verstädterung findet auch in den Köpfen der Menschen statt, die gar nicht in der Stadt wohnen.
- Demografischer Wandel: Die Alterung der Bevölkerung nimmt zu, vor allem in den westlichen Industriestaaten. Der biologischen Alterung steht jedoch ein Mentalitätswandel gegenüber: Ältere Menschen verstehen und verhalten sich nicht mehr entsprechend der traditionellen Seniorenrolle, sondern orientieren sich an den Lebensstilen der jungen Generation („Down-Aging").
- Wandel der Geschlechterrollen: Das traditionelle Rollenverhalten zwischen Frau und Mann verändert sich. Frauen streben immer stärker nach einer aktiven Teilhabe am Erwerbsleben und lösen sich aus den Bindungen der Familie. Dadurch entstehen neue Beziehungsmuster und häusliche Lebensformen.
- Individualisierung: Der Trend zur Individualisierung ist eng mit dem Wunsch nach Selbstverwirklichung verbunden. Bindungen zwischen Menschen werden lockerer, Singles sind nicht mehr die Ausnahme, sondern – zumindest in Großstädten – die Regel. Die Abweichung wird zur Norm, individuelle Biografien weisen immer häufiger Brüche und Verwerfungen auf.
- Ökologisierung und Social Responsibility: Angesichts globaler und lokaler ökologischer Bedrohungen gewinnt das Prinzip „Nachhaltigkeit" sowohl im Hinblick auf wirtschaftliche Entwicklungsprozesse als auch im Hinblick auf das individuelle Konsumverhalten an Bedeutung. Soziale Ungleichheiten und Spannungen stärken die Bereitschaft, gesellschaftliche Verantwortung zu übernehmen.
- Healthstyle: Gesundheit wird nicht nur bei älteren, sondern auch bei jüngeren Menschen immer wichtiger. Krankheiten werden nicht als schicksalsbestimmt, sondern als individuell beeinflussbar angesehen. Ernährung, Freizeit und Lebensgewohnheiten orientieren sich an einem Lebensstil, der als gesund angesehen wird.

Tab. 3.10: Konsumrelevante Megatrends und ihre Auswirkungen auf die Automobilindustrie.
Quelle: Eigene Darstellung.

Nr.	Megatrend	Auswirkungen auf Automobilindustrie
1	Globalisierung	Global ausgerichtete Markenführung und Fahrzeugkonzepte
2	Digitalisierung	„Always connected" – auch im Auto
3	Urbanisierung	Stadtgerechte Mobilitätsangebote und Fahrzeugkonzepte
4	Demografischer Wandel	Trendfahrzeuge für ältere Menschen
5	Wandel der Geschlechterrollen	Frauen als selbständige Kaufentscheider
6	Individualisierung	Variantenvielfalt und individuelle Optionen für das Fahrzeug und seine Nutzung
7	Ökologisierung und Social Responsibility	Ökologisch und gesellschaftlich nachhaltige und akzeptierte Produkte
8	Healthstyle	Sicherheitsrelevante Assistenzsysteme und gesundheitsfördernde Ausstattungs-Features
9	Gesellschaftliche Disparitäten	„Verlust der Mitte": Billigautos und Premiumfahrzeuge im Trend
10	Wandel der Arbeitswelt	Flexibilisierung des Mobilitätsverhaltens

– Gesellschaftliche Disparitäten: Nicht nur global, sondern auch innerhalb von Staaten kommt es zu einer wachsenden Disparität zwischen „reich" und „arm". Die Verteilung des sozialen und kulturellen Kapitals in Gesellschaften spiegelt die wirtschaftliche Ungleichheit wieder und zementiert sie gleichzeitig. Prekäre Lebensverhältnisse breiten sich ebenso aus wie Wohlstandsoasen.
– Wandel der Arbeitswelt: Arbeitsverhältnisse werden immer flexibler – auch weil viele Menschen keine starre Arbeitszeiten und Aufgaben wollen. Die Arbeitswelt soll Teil der Lebenswelt sein. Es wird nach einer ausgeglichenen Work-Life-Balance in den verschiedenen Lebensphasen gesucht.

Die aufgezeigten Megatrends haben nicht nur weitreichende Auswirkungen auf das Automobil selbst, sondern auch auf den Umgang mit individueller Mobilität und Mobilität überhaupt. Tabelle 3.10 zeigt einige der Konsequenzen für die Automobilindustrie.

Transnationale Konsumstile breiten sich aus
Auch wenn das Konsumverhalten heute noch durch viele nationale und kulturelle Traditionen geprägt ist, zeichnet sich doch die Herausbildung transnationaler Lebenswelten und Verhaltensweise ab *(vgl. Ascheberg/Ueltzhöffer 2006, S. 3f.)*. So lassen sich international vergleichbare Wertewelten und die dazu gehörigen Milieus identifizieren, wie z. B. die traditionelle Wertewelt mit dem gehobenen konservativen Milieu, dem Arbeitermilieu und dem ländlichen Milieu. Oder die post-

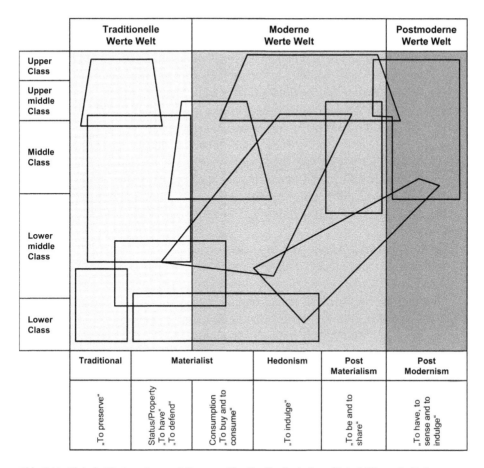

Abb. 3.14: Globale Wertewelten und Konsumstile. Quelle: Ascheberg/Ueltzhöffer o. J., S. 4.

moderne Wertewelt mit dem gehobenen liberalen Milieu, dem gesellschaftskritischen und dem postmodernen Segment (Abb. 3.14).

Die wichtigsten Treiber für diese Entwicklung sind zweifellos die Digitalisierung und die Urbanisierung. So führt die Urbanisierung dazu, dass sich die Lebenswelten der Menschen auch real immer stärker angleichen. Während das Leben in ländlichen Regionen noch durch eine Vielfalt an Arbeits- Wohn- und Vergesellschaftungsformen geprägt ist, führt die Urbanisierung zu einer Vereinheitlichung der Lebenserfahrungen. Gefördert wird diese Entwicklung durch die Herausbildung einer international vernetzten Wirtschafts- und Wissenschaftselite. Für das Konsumverhalten wichtig ist, dass sich gleichzeitig auch ein immer größerer Teil der Einkommen in den Ballungszentren konzentriert. So wird drei Viertel des Wachstums der weltweiten Konsumausgaben bis zum Jahr 2030 auf Städte entfallen. Insgesamt wird der Anteil des urbanen Konsums am Weltkonsum dann bei 81 Prozent liegen. Der stärkste Zuwachs wird voraussichtlich in China zu verzeichnen sein *(vgl. McKinsey 2016, S. 7).*

Der digitale Konsument

Die Digitalisierung hat – wenn auch nicht in allen Teilen der Welt in gleicher Weise – zu nahezu unbeschränkten Möglichkeiten der Information und Kommunikation geführt. Egal wer wo lebt, er hat Zugang zu dem, was weltweit geschieht. So ist z. B. die Zahl der weltweiten Mobilfunkanschlüsse seit dem Jahr 2011 von 6 Mrd. auf 7,5 Mrd. im Jahr 2016 gestiegen und wird sich bis zum Jahr 2022 auf 8,9 Mrd. erhöhen. Im Jahr 2016 gab es weltweit mehr Mobilfunkanschlüsse als Menschen auf der Erde. Gleichzeitig ist auch das Datenvolumen via Smartphone massiv gestiegen: Es erhöhte sich von 0,3 GB/Monat im Jahr 2011 auf 1,4 GB/Monat im Jahr 2016. Bis zum Jahr 2022 dürfte es bis auf 11 GB/Monat steigen (Tab. 3.11).

Der Konsument im Zeitalter der Digitalisierung unterscheidet sich von den traditionellen Konsumenten dadurch was er kauft, wie er kauft und wo er kauft (Tab. 3.12).

Im Hinblick auf Produkte und Dienstleistungen bedeutet das:
- Erlebnis statt Versorgung: Bei der Auswahl und beim Kauf von Produkten geht es nicht allein darum, ob diese den Bedarf decken. Vielmehr gewinnt deren „Erlebnisqualität" an Bedeutung. Digitale Streamingdienste erfüllen in besonderer Weise den Wunsch nach Unterhaltung und Erlebnis.
- Life-Style statt Status: Das traditionelle Statusdenken schwächt sich in vielen Gesellschaften ab, was nicht heißt, dass es völlig wegfällt. An Bedeutung verliert vor allem der protzig zur Schau gestellte Luxus. Stattdessen werden Produkte danach ausgewählt, ob sie in den selbstdefinierten Life-Style passen.
- Nutzen statt Besitzen: Digital-urbane Konsumenten empfinden den Besitz von Gütern immer weniger als Wohlstandsgewinn, sondern eher als Belastung. Die temporäre und geteilte Nutzung von Produkten wie Fahrrad, Wohnung und Auto gewinnt daher zunehmend an Bedeutung.

Tab. 3.11: Mobile Digitalisierung anhand ausgewählter Kennzahlen. Quelle: Ericsson Mobility Report, lfd. Jgg.

	2011	2016	2022	Ver. in v. H. (CAGR)* 2016–2022
Weltweite Mobilfunkanschlüsse (in Mio.)	6.000	7.500	8.900	2,0
Smartphone-Anschlüsse	750	3.900	6.800	10,0
Mobile PC, Tablet und mobile Router-Anschlüsse	200	250	320	4,0
Mobile Breitbandanschlüsse	1.000	4.300	8.000	10,0
Mobile LTE-Anschlüsse	9	1.700	4.600	20,0
Mobiler Datenverkehr Smartphone (in GB/ Monat)	0,30	1,9	11	35,0
Mobiler Datenverkehr PC (in GB/Monat)	2,30	7,7	23	20,0
Mobiler Datenverkehr Tablet (in GB/Monat)	0,45	3,5	11	20,0

* CAGR = Compound Annual Growth Rate (durchschnittliche jährliche Wachstumsrate)

Tab. 3.12: Traditioneller vs. digitaler Konsument. Quelle: Eigene Darstellung.

Kaufverhalten	Traditioneller Konsument	Digitaler Konsument
Was? Produkte und Dienstleistungen	– Versorgungskauf – Status – Besitzen	– Erlebniskauf – Life-Style – Nutzen
Wie? Informations- und Entscheidungsverhalten	– Offline-Medien – Preisakzeptanz	– Online-Medien – Smart Shopping
Wo? Point-of-Sale	– Stationärer Handel	– Online-Plattform

Was das Informations- und Kaufentscheidungsverhalten anbelangt zeigen sich die folgenden Veränderungen:
– Online vs. Offline: Zur Information und Beratung vor dem Kauf werden immer stärker Online-Medien genutzt. So sind nach einer Erhebung von A. T. Kearney global fast ein Drittel aller Verbraucher permanent, also rund um die Uhr Online. Knapp ein Fünftel der Befragten verbringt die Online-Zeit mit Shopping *(vgl. A. T. Kearney 2015, S. 4 ff.)*.
– Smart Shopping statt Preisakzeptanz: Das Smart Shopping ist Ausdruck eines selbstbewussten Kaufverhaltens, bei dem Preise im Hinblick auf das, was angeboten wird kritisch hinterfragt werden. Nur noch wenige Anbieter verfügen in den Augen der Konsumenten über die Preis-Autorität, der sich die Käufer zu unterwerfen haben. Werden Preise als zu hoch angesehen, wird – bevorzugt Online – aktiv nach anderen Beschaffungsmöglichkeiten gesucht.

Schließlich zeichnen sich auch Verschiebungen beim Kaufort ab. War der Einkaufsort früher zumeist der stationäre Handel, so nimmt der Online-Kauf in den letzten Jahren in vielen Konsumbereichen sehr stark zu. Vor allem Handels-Plattformen, wie Amazon oder Ebay bieten eine große Auswahl an zumeist preisreduzierten Artikeln, die eine Sogwirkung auf Käufer ausüben.

Im Rahmen einer international angelegten Erhebung mit weltweit 55.000 Befragten konnten vier Ausprägungen des digitalen Konsumenten identifiziert werden (Abb. 3.15):
– Leaders,
– Observers,
– Connectors und
– Functionals.

Vor allem die Leaders und Observers sind Intensivnutzer von digitalen Angeboten. Die Leaders sind gut mit mobilen und stationären Devices ausgestattet, stark vernetzt und sowohl klassisch Online wie auch über Social Media erreichbar.

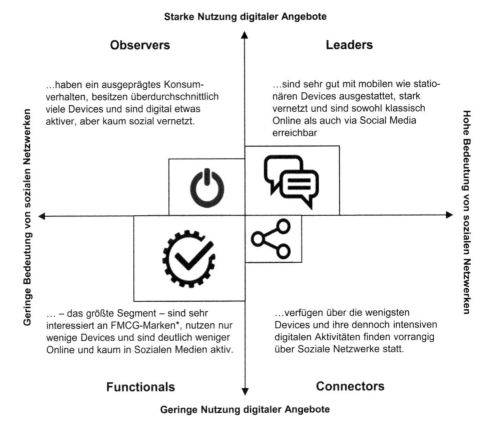

Abb. 3.15: Digitale Konsumenten-Typologie. Quelle: TNS Infratest 2014.

Der digitale Konsument im Automobilmarkt
Das Konsummuster des „digitalen Konsumenten" wird auch im Automobilbereich immer sichtbarer. So spiegelt z. B. die in den letzten Jahren stark gestiegene Nachfrage nach Geländewagen und Sport Utility Vehicles (SUV) die wachsende Bedeutung der Erlebniskomponente beim Kauf eines Produktes wieder. Gleichzeitig zeigt die wachsende Bedeutung der Shared Mobility auch im Automobilbereich einen Trend zum Nutzen statt Besitzen auf.

Weiterhin wird die Ausstattung der Fahrzeuge mit digitalen Medien, Diensten und Devices immer wichtiger. So ist z. B. der Anteil der Befragten, die von ihrer aktuellen Automarke wechseln würden, wenn die andere Marke die Einzige wäre, die einen vollen Zugriff auf Apps, Daten und Medien im Fahrzeug anböte, innerhalb eines Jahres (von 2014 auf 2015) von 20 auf 37 Prozent gestiegen *(vgl. McKinsey 2015, S. 18)*.

Tab. 3.13: Bereitschaft ein Auto im Internet zu kaufen. Quelle: Capgemini 2017, S. 17.

Bereitschaft ein Auto im Internet zu kaufen (Anteil in v. H.)	2015	2017	Ver. in %-Punkten
sehr wahrscheinlich	13	16	+3
wahrscheinlich	22	26	+4
möglich	23	24	+1
eher nicht	17	14	−3
sehr unwahrscheinlich	25	20	−5

Schließlich zeigen steigende Rabatte, günstige Finanzierungsangebote und eine wachsende Zahl von Sondermodellen mit Preisvorteilen für den Kunden, dass der Smart-Shopper auch im Automobilgeschäft angekommen ist. Der Erfolg von Billigautos selbst in hochentwickelten und reifen Automobilmärkten ist ebenfalls ein Indiz für die Preissensibilität einer tendenziell wachsenden Käuferschicht.

Am gravierendsten sind die veränderten Konsummuster des digitalen Konsumenten im Automobilmarkt aber zweifellos beim Informations- und Kaufverhalten. So werden Online-basierte Informationsmedien im Rahmen der Informationsphase vor dem Kauf eines Neuwagens intensiv genutzt, während die Zahl der Showroombesuche beim Händler zurückgeht *(vgl. Capgemini 2017, S. 9 ff.)*. Die Zahl der Käufer, die einen Showroom mehr als drei Mal besuchen ist von 30 Prozent im Jahr 2015 auf 24 Prozent im Jahr 2017 gesunken. Gleichzeitig steigt die Bereitschaft, ein Auto auch Online zu kaufen. So erhöhte sich die Zahl der Autokäufer weltweit, die ihr nächstes Auto im Internet kaufen möchten von 35 Prozent im Jahr 2015 auf 42 Prozent im Jahr 2017 (Tab. 3.13).

Chinesische Konsumenten als Trendsetter
Bemerkenswert ist, dass die chinesischen Autofahrer die Rolle eines digitalen Innovationstreibers zu übernehmen scheinen. So gaben bei der bereits weiter oben zitierten Befragung von McKinsey 60 Prozent der befragten Autofahrer in China an, die Marke zu wechseln, wenn ihnen der andere Anbieter als Einziger ein Auto mit vollem Zugriff auf Apps, Daten und Medien anbieten würde. In Deutschland lag der entsprechende Anteil bei lediglich 20 Prozent *(vgl. McKinsey 2015, S. 19)*. Auch der Wunsch nach einem autonom fahrenden Fahrzeug ist in China mit 91 Prozent der Nennungen deutlich stärker ausgeprägt als in anderen Ländern. In Deutschland wollen nur 44 Prozent und in Nordamerika nur 32 Prozent der Befragten autonom Fahren *(vgl. CommerzFinanz 2016, S. 32)*.

Weiterhin könnten sich 76 Prozent der chinesischen Autokäufer vorstellen, ein Auto auch von einem Technologiekonzern wie Apple oder Google zu kaufen. In Deutschland lag der entsprechende Anteil bei lediglich 37 Prozent, in den USA bei 42 Prozent und im weltweiten Durchschnitt bei 57 Prozent (Abb. 3.16). Offensicht-

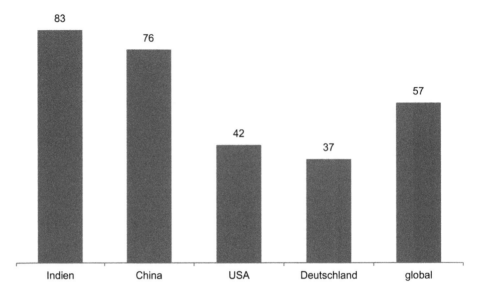

Abb. 3.16: Bereitschaft, ein Auto bei einem Technologiekonzern (z. B. Apple/Google) zu kaufen in ausgewählten Ländern. Quelle: Capgemini 2017, S. 21.

lich ist in China die Markenbindung an die etablierten Automobilhersteller nicht so stark ausgeprägt wie in anderen Ländern. Umgekehrt genießen Technologiekonzerne in China über ein offensichtlich großes Vertrauen bei den Konsumenten.

Schließlich sind die chinesischen Autofahrer auch eher bereit, ein Auto über das Internet zu kaufen. Der Anteil der Online-Kaufwilligen lag bei einer Befragung im Juli 2014 in China bei 61 Prozent, in Deutschland bei 33, in den USA bei 36 und im Durchschnitt über 14 Länder bei 32 Prozent *(vgl. CommerzFinanz 2015, S. 32)*. Berücksichtigt man die Größe und herausragende Bedeutung, die der chinesische Markt bereits heute für nahezu alle Automobilhersteller hat, so wird klar, dass sowohl die Modellpolitik wie auch die künftigen Vermarktungsstrategien ganz wesentlich durch das Kaufverhalten auf dem chinesischen Automobilmarkt bestimmt werden wird.

3.6 Stehen wir vor einer neuen Ära in der Automobilindustrie?

Vieles deutet darauf hin, dass das Automobil zum ersten Mal in seiner Geschichte vor einem tiefgreifenden gesellschaftlichen Bedeutungswandel steht. Das Auto war das Leitprodukt des 20. Jahrhunderts. Wird es diese Rolle angesichts der ökologischen, verkehrlichen und gesellschaftlichen Herausforderungen im 21. Jahrhunderts behalten können? Oder wird sich ein neues Paradigma des mentalen Zugangs zum Automobil herausbilden? Wäre das so, müssten die Automobilhersteller ihre bisherigen Strategien und Geschäftsmodelle, die noch immer auf starken Präferenzen der

Konsumenten für ein eigenes und selbstgesteuertes Auto beruhen, in Frage stellen. Auch die Wettbewerbsfähigkeit von Unternehmen und Standorten müsste dann in einem neuen Marktmodell mit veränderten Konsumentenwünschen und Marktakteuren neu definiert werden.

Aufstieg des Autos zum Leitprodukt des 20. Jahrhunderts
Damit ein Produkt zum Leitprodukt einer ganzen Epoche wird müssen zwei Anforderungen erfüllt sein: Es muss erstens von einer großen Zahl von Menschen begehrt und gekauft werden. Und es muss zweitens mit dem Kauf den Lebensstil der Menschen und damit auch die Lebenswelt einer ganzen Gesellschaft verändern. Das Automobil hat das im 20. Jahrhundert zweifellos getan. Die Art und Weise wie wir wohnen und arbeiten, einkaufen und unsere Freizeit verbringen ist durch das Automobil geprägt. Durch seine permanente Verfügbarkeit prädisponiert das Auto seine Verwendung, es bekommt einen „Aufforderungscharakter", der sich tief in die mentalen Struktur und die Alltagsroutinen der Menschen eingegraben hat *(vgl. Knie 1999, S. 131 f.).*

Am Anfang dieser Entwicklung stehen die technische Erfindung und die rasche Adoption des neuen Produktes zunächst durch eine kleine Minderheit, dann durch eine rasch wachsende Zahl von Automobilisten. Grundlage des dynamischen Motorisierungsprozesses, der um das Jahr 1910 vor allem in den USA mit der Tin Lizzy von Henry Ford einsetzt, ist der individuelle Besitz eines Automobils. In Verbindung mit seiner von der körperlichen Kraft des Pferdes unabhängigen Selbstbeweglichkeit gründeten darauf jene Eigenschaften, die das Auto rasch für eine wachsende Zahl von Menschen attraktiv und begehrlich machten: Unabhängigkeit und Flexibilität, Privatheit und Komfort, Lebensqualität und Lust am Reisen, soziale Anerkennung und Statussymbol *(vgl. dazu Sachs 1984, S. 13 ff.; Möser 2002, S. 67 ff.).*

Im Automobil verdichteten sich damit die Werte einer Zeit, die von Aufbruch, Fortschritt und dem Wunsch nach individueller Selbstbestimmung und Selbstverwirklichung geprägt war. Mit dem Auto konnten die Menschen, wie es der spanische Philosoph Jose Ortega y Gasset formuliert hat, „in kürzere kosmische Zeit mehr gelebte zusammendrängen" *(Gasset 1986, S. 27).* In gewisser Weise ähnelt der Traum früherer Generationen, mit dem Auto völlig unabhängig von anderen und jederzeit an einem bestimmten Ort sein zu können, dem Traum vom „always connected" heutiger Generationen. Anders als beim Smartphone zeigt sich jedoch, dass je mehr Menschen sich den Traum von der unbegrenzten Mobilität mit der Anschaffung eines eigenen Autos erfüllt haben, desto spürbarer die realen Grenzen dieses Traums geworden sind.

Der mentale Wandel: Ernüchterung und Pragmatismus
Es ist schwierig, den Beginn kultureller Wandlungsprozesse exakt terminieren zu wollen, weil es oft kein bestimmtes Ereignis ist, dass einen solchen Wandlungspro-

zess auslöst und eine Entwicklung in eine neue Richtung führt. So ist auch der Beginn des Prozesses der Ernüchterung, über die Bedeutung des Autos für die individuelle Lebensqualität nur schwer zeitlich zu fixieren. Noch am ehestens wird man den Beginn der 1970er Jahre als einen Wendepunkt bezeichnen können – zumindest als den Zeitpunkt als der gesellschaftliche Grundkonsens über die Wünschbarkeit des Autos zerbrochen ist. Dazu hat sicher generell das Ende der „Wirtschaftswunder"-Zeit beigetragen, die mit den hereinbrechenden wirtschaftlichen Verwerfungen den Glauben an ein immer währendes Wachstum zumindest in Frage gestellt hat. Vor allem die erste Ölpreiskrise in den Jahren 1973/74 war dann aber ein Alarmsignal an die Autobranche, dass man die Entwicklungen der Vergangenheit nicht linear in die Zukunft fortschreiben kann. Der dramatische Anstieg der Öl- und Kraftstoffpreise, vor allem aber die sich ausbreitende Versorgungsunsicherheit mit Benzin und Diesel hat bei vielen Autofahrern den Traum einer scheinbar unbegrenzten Mobilität zerstört.

Gleichzeitig hat das Unbehagen am Auto und Autoverkehr unterschwellig zugenommen. Dazu trug nicht zuletzt die wachsende Überlastung der Verkehrsinfrastruktur bei, mit der das Mobilitätsversprechen des Autos im Kern getroffen wurde: Freiheit und Flexibilität der Automobilnutzung endeten immer häufiger im Stau. Angesichts der Bilder von kilometerlangen Staus auf den Autobahnen und überlasteter Innenstädte wurde das automobile Leitmotiv der Nachkriegszeit „Freie Fahrt für freie Bürger" ad absurdum geführt. Immer weniger Menschen hatten das Gefühl mit dem Auto „Herr über Raum und Zeit" zu sein. Die Fahrt mit dem Auto wurde als ein unkalkulierbares zeitliches Risiko und die Zeit im Stau als letztlich verlorene Zeit empfunden: „Systemzwänge und die Millionen der anderen fahrenden Individuen haben das Ausleben der Fahrlust zunehmend blockiert." *(Möser 2002, S. 314).*

Das Unbehagen am Auto ist im Laufe der Jahre aber auch deshalb gestiegen, weil Autofahren tendenziell immer teurer wurde und die Zeit des billigen Benzins in den 1970er Jahren definitiv zu Ende ging. Gleichzeitig führten steigende Versicherungskosten, höhere Steuern und die flächendeckende Parkraumbewirtschaftung in den Städten dazu, dass sich zumindest das subjektiv wahrgenommene Kosten-Nutzen-Verhältnis eines eigenen Autos immer mehr verschlechterte.

In dem Maße wie die individuellen Vorteile des Autos zu schwinden begannen, fanden auch ökologisch motivierte Anklagen gegen das Auto und die Automobilindustrie vor allem in den 1980er Jahren ein immer größeres Gehör. Legendär schon ist die Diskussion um das „Waldsterben" Anfang der 1980er Jahre, in deren Mittelpunkt die zunehmende Belastung durch die Stickoxidemissionen stand. Auch das Anfang der 1990ere Jahre zunehmend in die öffentliche Diskussion gekommene Bedrohungsszenario des Klimawandels hat dazu beigetragen, dass der lineare Entwicklungstrend „größer, stärker und schneller" zunehmend gesellschaftlich hinterfragt wurde. Und schließlich gehört die Luftbelastung und die Beeinträchtigung der Lebensqualität in den Städten durch den motorisierten Individualverkehr zur Sammlung jener Faktoren, die dazu geführt haben, dass das Auto vielerorts als „Umweltfeind Nr. 1" galt und gilt.

Es ist nicht so, dass die Automobilindustrie auf all diese Veränderungen nicht reagiert hätte. Auch wenn die leidige Diskussion um die Einführung des geregelten Katalysators in den 1980er Jahre kein Ruhmesblatt für die Branche war, wurde die Notwendigkeit, den Kraftstoffverbrauch und die Schadstoffemissionen zu reduzieren doch als zumindest gleichrangiges Entwicklungsziel in die Lastenhefte der Produktmanager aufgenommen. Die technische Neuausrichtung der Branche hat Früchte getragen, auch wenn die Reduktionserfolge je Fahrzeug durch die wachsenden Fahrzeugbestände geschmälert, zeitweise sogar überkompensiert wurden. Die kontinuierliche Verschärfung der Grenzwerte durch die Euro-Normen ab den 1990er Jahren darf als ein durchaus gelungenes Beispiel für das konstruktive Zusammenwirken von Politik und Industrie gelten *(vgl. Diez 2012, S. 201).* Allerdings wirft der Dieselabgas-Skandal mittlerweile seine Schatten auch auf diese Erfolgsgeschichte.

Insgesamt ist es den Automobilherstellern in den letzten Jahrzehnten zweifellos gelungen, den Konflikt zwischen motorisierter individueller Mobilität einerseits, ökologischen Belastungen durch den Automobilverkehr, wenn nicht zu lösen, so doch gesellschaftlich zu befrieden. Durch die Steigerung der Effizienz und Umweltverträglichkeit der traditionellen Antriebskonzepte konnte die Kritik am motorisierten Individualverkehr in Grenzen gehalten werden. Auch wenn der Stempel „umweltverträglich" nicht wirklich auf breiter Basis zu einem durchschlagenden Verkaufsargument im Automobilgeschäft geworden ist, so hat er doch dazu beigetragen, das Gewissen vieler Autofahrer zu beruhigen und damit die Grundlage für eine weitere Steigerung der Absatzzahlen zu schaffen.

Standortbestimmung: Zwischen Emotion und Pragmatismus
Wo steht das Automobil heute im gesellschaftlichen und kulturellen Kontext einer reifen Industriegesellschaft? Zunächst einmal ist die Auto mit einem Anteil von über 80 Prozent an den gesamten Personenverkehrsleistungen das nach wie vor mit weitem Abstand wichtigste Verkehrsmittel nicht nur in Deutschland, sondern in den meisten entwickelten Volkswirtschaften. Und in anderen Regionen der Welt, vor allem in den Emerging Markets zeichnet sich eine Anpassung an die Mobilitätsstrukturen der westlichen Industrienationen ab. Der globale Siegeszug des Autos ist bis heute ungebrochen, wie die ständig steigenden Absatz-und Produktionszahlen zeigen.

Pauschale Untergangsprophezeiungen wie etwa die, dass das Auto als „Kultobjekt abgewrackt werde" *(vgl. Kruse 2009)* sind weder mit der positiven Marktentwicklung gerade für Premiumautomobile , noch mit der Tatsache in Einklang zu bringen, dass die wahrscheinlich „unvernünftigste" Fahrzeugkategorie, nämlich Geländewagen und SUV's in den letzten Jahren die global stärksten Zuwachsraten verzeichneten. Der Stellenwert des Automobils im Konsumsystem der Menschen und seine gesellschaftliche Rolle als das vielleicht universellste aller Verkehrsmittel, ist differenzierter als es jene „terribles simplificateurs" wahr haben wollen. Die

Tab. 3.14: Interesse von Männern am Auto in Deutschland nach Alter. Quelle: Sommer 2016, o. S.

Es interessieren sich für Autos...	2000	2016	Ver. in %-Punkten
ab 18 Jahre insgesamt	31	23	−7,0
18 bis 29-jährige	44	31	−13,0
30 bis 49-jährige	34	25	−9,0
50 bis 64-jährige	27	20	−7,0
65-jährige und Ältere	17	17	±0

demoskopischen Befunde im Hinblick auf die Einstellungen der Menschen zum Auto sind jedenfalls durch eine große Bandbreite gekennzeichnet. Während die einen davon sprechen, dass das Auto definitiv als Statussymbol ausgedient habe und vom Smartphone abgelöst worden sei, zeigen andere Befragungen, gerade das Gegenteil *(vgl. Puls Marktforschung 2016)*.

Hält man sich an methodisch wenig anfechtbare Befragungen zur Stellung des Autos im Mindset der Menschen, die vor allem auch über einen längeren Zeitraum vergleichbare Ergebnisse liefern, so zeigt sich z. B. nach einer Erhebung des Instituts für Demoskopie in Allensbach zunächst einmal ein deutlich rückläufiges Interesse bei Männern am Thema „Auto": Gaben im Jahr 2000 noch 31 Prozent der über 18-jährigen an, sich besonders für Autos zu interessieren, so lag dieser Anteil im Jahr 2016 bei nur noch 23 Prozent. Stark war der Rückgang vor allem in der Altersgruppe der 18 bis 29-jährigen, bei denen der Anteil von 44 Prozent auf 31 Prozent gefallen ist (Tab. 3.14). Der ohnehin geringe Anteil von autointeressierten Frauen ist im gleichen Zeitraum von 4 auf 3 Prozent weiter gesunken *(vgl. Sommer 2016, o. S.)*.

Auch der Anteil der Autofahrer die angaben, dass ihnen Autofahren großen Spaß mache ist im Zeitablauf deutlich zurückgegangen. Lag dieser Anteil im Jahr 1990 noch bei 54 Prozent, so erreichte er im Jahr 2016 nur noch 50 Prozent *(vgl. ebenda)*. Allerdings zeigt die gleiche Befragung auch, dass es beim Thema „Spaß am Autofahren" abhängig vom jeweiligen Fahrzeugbesitz unterschiedliche Befindlichkeiten gibt: So gaben 79 Prozent der Porsche-Fahrer sowie 62 bzw. 61 Prozent der BMW- bzw. Audi-Fahrer im Jahr 2016 an, noch immer Spaß am Autofahren zu haben. Demgegenüber lag dieser Anteil bei den Fahrern der Marken VW, Ford, Opel und Toyota bei unter 50 Prozent *(vgl. ebenda)*.

Es sind – nach der gleichen Erhebung – vor allem die jungen Menschen und da wieder vor allem jene, die in Städten wohnen, bei denen eine deutliche und zunehmende Distanz zum Auto zu erkennen ist. So zeigte sich schon bei der Frage nach dem Interesse am Thema „Auto" der stärkste Rückgang zwischen 2000 und 2016 bei den 18 bis 29-jährigen, nämlich von 44 auf 31 Prozent. Dementsprechend zeigt sich auch, dass der Anteil der 20 bis 24-jährigen mit Führerschein und Auto im Jahr 1985 noch 69 Prozent betrug, im Jahr 2016 hingegen nur noch 60 Prozent.

Noch stärker ist der Rückgang in der Altersgruppe der 25- bis 29-jährigen, und zwar von 77 Prozent im Jahr 1985 auf 60 Prozent im Jahr 2016.

Dass darin nicht eine grundsätzliche Ablehnung des Autos durch junge Menschen zum Ausdruck kommt macht eine Studie des „Zukunftsinstitutes" im Auftrag von Ford aus dem Jahr 2015 deutlich. Dabei gaben 21 Prozent der befragten „Millenials", also Personen im Alter zwischen 18 und 34 Jahren an, dass es zwar nicht notwendig sei, eine Auto zu besitzen, aber es doch gut sei, wenn man eines hat. Auch das Statement „Ein Auto muss für mich in erster Linie praktisch und zweckmäßig sein", das für eine eher nüchterne als ablehnende Haltung gegenüber dem Auto spricht wurde von 63 Prozent der Befragten geteilt *(vgl. Zukunftsinstitut 2015, S. 10)*.

Ganz deutlich zeigt sich ein Auseinanderdriften im Hinblick auf die Rolle des Automobils zwischen Stadt und Land. So erhöhte sich der Anteil der Fahrer mit eigenem Pkw im Haushalt in Orten mit weniger als 20.000 Einwohnern zwischen 1990 und 2016 von 63 auf 75 Prozent, in Großstädten mit über 500.000 Einwohnern im gleichen Zeitraum aber nur von 49 auf 50 Prozent. Seit dem Jahr 2000 stagniert dieser Anteil *(vgl. Sommer 2016, o. S.)*.

Betrachtet man diese Ergebnisse in der Gesamtschau, so lassen sie im Hinblick auf die „Gefühlslage" deutscher Autofahrer, die Schlussfolgerung zu, dass die „Liebe zum Automobil" zwar nicht völlig erkaltet ist, wie das Wolfgang Sachs schon im Jahr 1984 festgestellt haben will *(vgl. Sachs 1984, S. 204)*, sich aber doch deutlich abgeschwächt hat und jedenfalls nicht mehr über alle gesellschaftlichen Schichten hinweg geteilt wird. Die „Liebe" ist einem gewissen „Pragmatismus" gewichen oder anders ausgedrückt: Das Auto wird zwar weiterhin als notwendig angesehen, ist aber nicht mehr in dem Maße emotional besetzt, wie in der Vergangenheit. Im Englischen wird dieser Prozess gerne als „Commoditization" bezeichnet, womit gemeint ist, dass ein Produkt, das eine hohe Wertschätzung im Konsumsystem der Menschen hatte, zu einem bloßen Gebrauchsgegenstand geworden ist. Ein „Commodity" ist ein Produkt, das man haben will, nicht weil man es liebt, sondern weil man es braucht.

Internationale Aspekte

Der Blick auf den deutschen Markt ist angesichts der Vielzahl der vorliegenden und sich eher ergänzenden als widersprechenden Studien zur Rolle des Autos in der Gesellschaft sicher nützlich. Andererseits verengt er die Perspektive, denn für die Automobilindustrie ist letztlich relevant, was sich auf den Weltmärkten tut.

In einer der wenigen öffentlich zugänglichen international vergleichenden Befragungen zu den Einstellungen zum Auto zeigen sich zwischen verschiedenen Ländern und Regionen Gemeinsamkeiten und Unterschiede (Tab. 3.15). Relativ unbestritten sowohl in Deutschland wie auch in den USA und China ist demnach die Rolle des Autos als unersetzliches Fortbewegungsmittel und die damit verbundene

Tab. 3.15: Einstellungen zum Auto in ausgewählten Ländern. Quelle: CommerzFinanz 2015, S. 33.

(Angaben in v. H.)	Deutschland	USA	China	Ø 14 Länder
Unersetzliches Fortbewegungsmittel	89	96	92	91
Freiheit, Unabhängigkeit und Autonomie	89	94	90	90
Objekt der Begierde/Traumobjekt	53	82	76	64
Symbol des gesellschaftlichen Erfolgs	49	64	81	56
Bringt viele Nachteile mit sich	48	55	57	44

Vorstellung von Freiheit, Unabhängigkeit und Autonomie. Alle diese Attribute erhalten in den drei genannten Ländern eine Zustimmung von über oder doch nahe 90 Prozent.

Differenzierter ist das Bild im Hinblick auf das Auto als Objekt der Begierde oder Traumobjekt. Während dies nur 53 Prozent der befragten Deutschen so empfinden, liegt die Zustimmungsquote in China bei 76 und in den USA sogar bei 82 Prozent. Was die Rolle des Automobils als Statussymbol anbelangt, gehen die Meinungen ebenfalls relativ deutlich auseinander: In Deutschland sind dies nur 49 Prozent der Befragten, während der Anteil in den USA immerhin noch 64 Prozent und in China sogar 76 Prozent beträgt.

Allerdings liegt in China auch die Zahl derjenigen, die mit dem Automobil Nachteile in Verbindung bringen mit 57 Prozent der Befragten am höchsten. Es ist daher nicht überraschend, dass die Chinesen gegenüber anderen Formen der automobilbasierten Mobilität als dem heute dominanten, auf Besitz und aktivem Fahren basierenden Paradigma, besonders aufgeschlossen sind. So zeigen z. B. die Befragten in China mit 91 Prozent der Nennungen das mit deutlichem Abstand größte Interesse am autonomen Fahren *(vgl. CommerzFinanz 2016, S. 32)*.

Was die Zielgruppe junge Menschen anbelangt, die häufig als der eigentliche Treiber des Mobilitäts-Wandels angesehen wird, zeigt eine international vergleichende Studie des ifmo-Institutes eine relativ hohe Übereinstimmung zwischen den Jugendlichen der untersuchten Länder. Untersucht wurde dabei die sogenannte Generation Y, also Jugendliche die zwischen 1980 und Mitte der 1990er Jahre geboren wurden. Folgende Trends konnten identifiziert werden *(vgl. ifmo 2013, S. 5)*:

- Der Führerscheinerwerb in Frankreich, Deutschland und Norwegen stagniert auf hohem Niveau, während er in Großbritannien, den USA und Japan rückläufig ist.
- Die „Auto-Verfügbarkeit", also das Vorhandensein eines Führerscheins und eines Autos im Haushalt von Jugendlichen ist in allen Ländern mit Ausnahme Japans gesunken.
- Der Anteil des Autos am Modal Split der Jugendlichen ist in allen Ländern bis auf die USA und Japan gesunken. Besonders stark war der Rückgang in Deutschland.

- Die jährlich zurückgelegten Entfernungen der Jugendlichen sind in allen Ländern gesunken.
- Der Trend, das Auto weniger zu nutzen war bei männlichen Jugendlichen stärker ausgeprägt als bei weiblichen.

Insgesamt zeigen diese Entwicklungen einen gewissen, wenn auch nicht gravierenden Bedeutungsverlust des Automobils bei der Generation Y. Auch aus den Ergebnissen dieser Befragung spricht ein gewisser Pragmatismus im Hinblick auf die Nutzung des Automobils: Der instrumentelle Wert wird über den symbolischen gestellt.

Relativ klar und einheitlich ist das Bild über die Rolle des Automobils in urbanen Verdichtungsräumen der reifen Industrieländer. So zeigt sich, dass in vielen Großstädten und Ballungszentren, wie z. B. Paris, Wien und Tokyo, der Anteil des Autos am Verkehr und der Autobesitz rückläufig ist *(vgl. Goletz et al.)*. Angesichts der offenkundigen Probleme und Belastungen, die mit dem Besitz eines eigenen Autos in diesen Zentren verbunden sind, kann auch daraus keine grundsätzliche Ablehnung des Autos abgeleitet oder hineininterpretiert werden. Der Autoverzicht spricht eher für eine wiederum sehr pragmatische, in vielfacher Hinsicht auch ökonomisch getriebene Einstellung im Hinblick auf die Rolle des Automobils bei der Gestaltung der persönlichen Mobilität.

Vom Transportmittel zum Lebensraum
Mobilität als Massenphänomen, zunehmende Urbanisierung, steigende Anforderungen an die ökologische Nachhaltigkeit, die Digitalisierung von Auto und Mobilität, der digitale Konsument, der Besitz nicht als Wohlstandsgewinn, sondern Belastung empfindet – als das wird die Nutzung des Automobils und seine Begehrlichkeit fördern, hemmen und verändern. Der Pragmatismus, mit dem heute Menschen mit dem Auto umgehen, jenseits von Glorifizierung und Verteufelung ist die Grundlage für einen neuen Zugang zur automobilen Mobilität. Zwar gilt den meisten Menschen das Auto nach wie vor als unverzichtbar, was nicht zuletzt daran liegt, dass die Teilhabe am gesellschaftlichen Leben vor allem in ländlichen Regionen an den Autobesitz gebunden ist und der Nicht-Besitz ein soziales Ausschlusskriterium für viele Aktivitäten geworden ist.

Andererseits hat das Auto in breiten Gesellschaftsschichten seine einstige Faszination verloren. Das Auto ist nicht mehr das vergötterte „Objekt der Begierde" und der gesellschaftliche Konsens über die Vorteile und die Wünschbarkeit des Autos ist brüchig geworden. Diese Bruchstellen verlaufen entlang subjektiver Einstellungen, aber auch demografischer und wohnortbezogener Merkmale. Unverkennbar ist, dass vor allem jüngere und in der Stadt wohnende Menschen, das Auto heute kritischer sehen als in der Vergangenheit und bereit sind, daraus auch durch den Verzicht auf ein eigenes Auto die entsprechenden Konsequenzen zu ziehen. So muss man nüchtern konstatieren, dass das Automobil im 21. Jahrhundert seine Rolle als „Leitprodukt", in dem die Hoffnungen und Wünsche eines ganzen Zeitalters zum Ausdruck kommen, ausgespielt hat.

Auf dieser Grundlage gewinnen neue Ideen zur Mobilität von morgen an Raum und öffentlicher Wahrnehmung. Vor allem der individuelle Besitz, aber auch das Selberfahren, das in den Anfängen des Automobils eine so große Bedeutung bei seiner Ausbreitung hatte, scheint an Bedeutung und Attraktivität zu verlieren. „Die Idee des automatisierten Fahrens ist nicht einfach nur eine neue Technologie und eine inkrementelle Weiterentwicklung des Autos im Hinblick auf Sicherheit und Komfort. Sie wird vielmehr von einem wachsenden Unbehagen, vielleicht auch einer wachsenden Unlust am Selberfahren und der damit für andere Dinge verlorenen Zeit getragen. Es hat daher das Potenzial den Zugang der Menschen zum Auto grundsätzlich, disruptiv" zu verändern: Das Auto wird vom Verkehrsmittel zum Lebensraum.

Die Auswirkungen dieser Veränderung sind weitreichend. Sie betreffen die künftigen Marktstrukturen und Nutzungsanforderungen ebenso wie die technologische Auslegung der Fahrzeuge und ihre Einsatzbedingungen. Vor allem aber betreffen sie das Geschäftsmodell der Automobilhersteller, das auf dem individuellen Fahrzeugbesitz und dem aktiven Fahren der Käufer beruht. Wen interessiert das Handling und die Fahreigenschaften eines Autos, seine Längs- und Querbeschleunigung noch, wenn niemand mehr selber fährt. Letztlich wird damit die Frage aufgeworfen, von welchen Faktoren die Wettbewerbsfähigkeit von Herstellern und Zulieferern abhängt, wenn das Auto selbst als Differenzierungsfaktor und Träger von Wettbewerbsvorteilen an Bedeutung verliert. Bevor dieser Frage nachgegangen wird, soll aber zunächst die aktuelle Position der deutschen Automobilindustrie im internationalen Wettbewerbsumfeld dargestellt und bewertet werden.

4 Premium-Champions – Zur Wettbewerbsfähigkeit der deutschen Automobilindustrie

4.1 Entwicklung und Struktur des Weltautomobilmarktes

Der Weltautomobilmarkt war und ist bis zuletzt ein Wachstumsmarkt. Vor allem die rasante Entwicklung auf dem chinesischen Markt hat den Absatz von Automobilen weltweit nach oben getrieben. Damit ist aber gleichzeitig auch die Abhängigkeit der Automobilhersteller von diesem Markt beträchtlich gewachsen. Eine stabile gesamtwirtschaftliche Entwicklung vorausgesetzt, dürfte der Weltautomobilmarkt bereits im Jahr 2025 die 100-Millionen-Marke durchbrechen.

Weltautomobilmarkt auf Wachstumskurs

Der Weltautomobilmarkt hat sich nach dem scharfen Einbruch in der Folge der Finanzkrise der Jahre 2008/09 wieder deutlich erholt und im Jahr 2016 mit weltweit 78,1 Mio. Pkw einen neuen Spitzenwert erreicht (Abb. 4.1). Gegenüber dem Krisenjahr 2009 entspricht dies einem Wachstum von 55,3 Prozent. Dass es sich dabei nicht nur um einen Aufholprozess handelte zeigt die Entwicklung der durchschnittlichen jährlichen Wachstumsraten: Erhöhte sich der Weltautomobilabsatz zwischen den Jahren 2000 und 2008 um jahresdurchschnittlich 1,4 Prozent, so schnellte die Wachstumsrate im Zeitraum 2008 bis 2016 auf 5,2 Prozent nach oben.

Verantwortlich für diese positive Marktentwicklung waren vor allem das anhaltend starke Wachstum des chinesischen Marktes sowie die Erholung in den USA

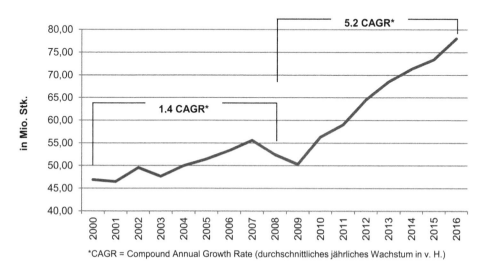

Abb. 4.1: Entwicklung des Weltautomobilmarktes 2000–2016. Quelle: VDA lfd. Jgg.

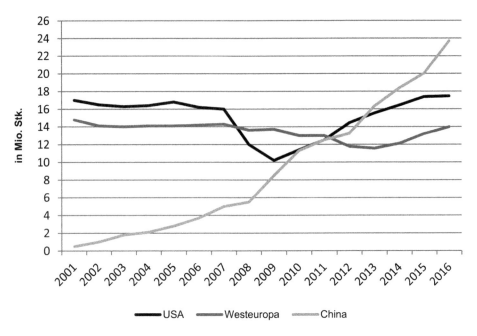

Abb. 4.2: Entwicklung der Pkw-Verkäufe in ausgewählten Märkten. Quelle: VDA lfd. Jgg.

und in Westeuropa, wo in den letzten Jahren ebenfalls wieder deutlich positive Wachstumsraten zu verzeichnen sind. Getrieben wurde die Entwicklung in den USA und Westeuropa vor allem durch den Ersatzbedarf aufgrund der in der Krise zurückgestellten Neuwagenkäufe. In der längerfristigen Betrachtung zeigt sich in diesen beiden Regionen kein wirkliches Wachstum, sondern vielmehr eine Rückkehr zu dem historisch bereits früher erreichten Absatzniveaus (Abb. 4.2). Allein China und einige andere, allerdings deutlich kleinere Märkte verzeichnen ein wirkliches Bestandwachstum. Letztlich bestätigt diese Entwicklung die Feststellung, dass es sich bei Westeuropa und den USA um reife und das heißt weitgehend gesättigte Märkte handelt.

Während der Wachstumsprozess in China bislang noch ungebrochen dynamisch verläuft, haben andere Märkte nicht die in sie gesetzten Erwartungen erfüllen können. Dies gilt vor allem für den russischen und den brasilianischen, aber teilweise auch den indischen Markt, der in den letzten Jahren eine nur geringe Wachstumsdynamik aufwies. In Russland und Brasilien sind die Neuwagenverkäufe aufgrund der schwierigen gesamtwirtschaftlichen Rahmenbedingungen zeitweise völlig eingebrochen. So hat sich das Marktvolumen in Russland zwischen den Jahren 2012 und 2016 nahezu halbiert. Auch in Brasilien sanken die Verkäufe im gleichen Zeitraum um gut 45 Prozent. Der weltweite Wachstumsprozess darf also nicht über die Tatsache hinwegtäuschen, dass der Automobilmarkt durch eine hohe Volatilität des Absatzgeschehens auf einzelnen Märkten gekennzeichnet ist.

Diese hohe Volatilität hat vor allem zwei Gründe:
- Als hochwertiges und teures Konsumgut ist die Anschaffung von Automobilen besonders konjunkturabhängig. Erwartungen zur weiteren persönlichen Einkommensentwicklung beeinflussen die Kaufneigung sehr stark. So lässt sich z. B. eine enge Korrelation zwischen der Arbeitslosenrate und der Nachfrage nach Automobilen nachweisen.
- In den reifen Automobilmärkten können aufgrund des schon weitgehenden Pkw-Besitzes breiter Bevölkerungskreise Ersatzanschaffungen bei gesamtwirtschaftlichen Krisenlagen zurückgestellt werden, ohne dass die Besitzer deshalb wesentliche Mobilitätseinschränkungen hinnehmen müssten. Umgekehrt führt der temporäre Verzicht auf die Anschaffung eines Ersatzfahrzeuges in konjunkturellen Aufschwungsphasen dann zu einem starken Nachfrageanstieg, weil nun ein Nachholbedarf im Hinblick auf die Modernisierung der Fahrzeugbestände besteht.

Das nunmehr schon seit vielen Jahren anhaltende starke Wachstum in China gibt vor diesem Hintergrund auch immer wieder Anlass zur Sorge, dass bei einer gesamtwirtschaftlichen Stockung der Automobilmarkt dramatisch einbrechen könnte. Angesichts der Bedeutung, die der chinesische Markt mittlerweile für den Weltabsatz allgemein und für den Absatz einzelner Hersteller gewonnen hat, hätte eine solche Entwicklung verheerende Auswirkungen auf die Branche, da Verkaufseinbrüche in China durch keinen anderen Markt auf der Welt ausgeglichen werden könnten. Die Automobilbranche ist heute in einer Dimension vom chinesischen Markt abhängig, die so noch vor wenigen Jahren nicht vorstellbar war.

Eine stabile gesamtwirtschaftliche Entwicklung vorausgesetzt wird der Weltautomobilmarkt schon in einer überschaubaren Zukunft, wahrscheinlich im Jahr 2025 die 100-Millionen-Marke durchstoßen. Das gibt allen Automobilherstellern grundsätzlich noch viel Raum zur Expansion und wird den Prozess der Globalisierung weiter fördern, da dieses Wachstum vorrangig außerhalb der sogenannten Triade (Westeuropa, USA, Japan) stattfinden wird.

Strukturelle Unterschiede erfordern differenzierte Produkt- und Marktstrategien
Der Weltautomobilmarkt ist heute noch immer durch zahlreiche strukturelle Unterschiede gekennzeichnet. Dies betrifft zunächst einmal den unterschiedlichen *Reifegrad der Märkte*, der in den unterschiedlichen Motorisierungsdichten zum Ausdruck kommt. Während die Motorisierungsdichte in Deutschland bei 578 Fahrzeugen je 1.000 Einwohnern und in den USA sogar bei 808 Fahrzeugen je 1.000 Einwohnern liegt, sind es in China trotz des stürmischen Wachstums der letzten Jahre gerade mal 102 und in Indien 22 Fahrzeuge je 1.000 Einwohner (Abb. 4.3).

Da die Motorisierung in vielen Entwicklungs- und Schwellenländern mit technisch wenig anspruchsvollen Fahrzeugen beginnt – abgesehen von der Luxus-Nachfrage einer zumeist allerdings sehr kleinen Oberschicht – stellt sich die Frage,

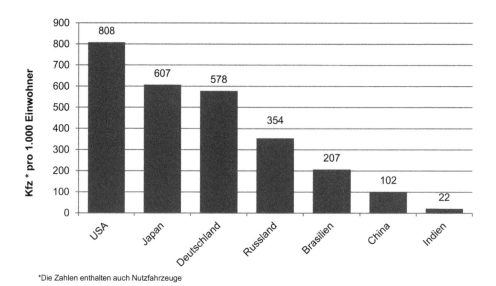

*Die Zahlen enthalten auch Nutzfahrzeuge

Abb. 4.3: Motorisierungsdichte in ausgewählten Ländern im Jahr 2014. Quelle: OICA 2016.

ob man in das Segment der Billigautos einsteigen soll. Die Entwicklung und Produktion von solchen Entry-Level-Cars erfordert eine angepasste Technologie und auch ein darauf ausgerichtetes Produktionssystem. Der Misserfolg des einst als Vorbild gepriesenen Tata-Nano zeigt, dass auch im Billig-Segment durchaus höhere Anforderungen an das Produkt gestellt werden als nur ein „fahrbarer Untersatz" zu sein. Außerdem entwickeln sich viele Märkte rasch nach oben und vollziehen einen Prozess des Uptradings, so dass es eventuell sinnvoller sein kann, sich beim Eintritt in einen neuen Markt sofort auf die höherwertigen Segmente zu konzentrieren.

Deutliche Unterschiede gibt es im Hinblick auf die *technischen Konzepte*, die in einzelnen Märkten gefordert werden. Sie reichen von der Motorisierung bis zum Design. Ein typisches Beispiel ist der Dieselantrieb, der in Europa über eine nach wie vor große Akzeptanz verfügt, während er in den USA und China im Pkw-Geschäft so gut wie keine Rolle spielt. Auch Sportwagen und Cabrios werden in den verschiedenen Märkten unterschiedlich nachgefragt. Weiterhin ist die Fahrzeuglänge vor allem in Märkten, in denen Chauffeurs-Fahrzeuge eine wichtige Rolle spielen, ein wichtiges Differenzierungselement. So müssen in solchen Märkten, wie etwa in China auch in Fahrzeugklassen, in denen in Europa der Besitzer in der Regel selbst fährt, Langversionen angeboten werden.

Ferner führen zahlreiche *weitere Faktoren* wie z. B. die Steuergesetzgebung, die Topographie und der Zustand des Straßennetzes sowie gesetzliche Vorgaben zur Fahrzeugtechnik dazu, dass die Nachfragestruktur global betrachtet zwischen einzelnen Regionen und Ländern deutliche Unterschiede aufweist. So spielen z. B. in einem stark urbanisierten Land wie Japan Kleinst- und Kleinfahrzeuge eine deutliche größere Rolle als in Nordamerika und auch in Europa. Umgekehrt sind in den USA Pick-Ups nach wie vor sehr wichtig im Automobilgeschäft, während dieses Segment in Europa lediglich eine kleine Nische darstellt. Aber auch in einer wirtschaftlich und kulturell relativ homogenen Region wie Europa gibt es länderspezifisch durchaus beträchtliche Unterschiede. So haben in der Schweiz Geländewagen und SUV aufgrund ihrer Wintertauglichkeit einen deutlichen höheren Marktanteil als in anderen europäischen Ländern. Andererseits ist der Dieselantrieb in der Schweiz als einem der wenigen europäischen Ländern aufgrund der hohen Besteuerung des Dieselkraftstoffs von deutlich geringerer Bedeutung. Eine Besonderheit des deutschen Marktes ist zweifellos der hohe Anteil leistungsstarker und höherwertiger Fahrzeuge, während Italien und Frankreich nach wie vor eher „Kleinwagen"-Märkte sind.

In der Konsequenz bedeuten diese Unterschiede für die Automobilhersteller eine Gratwanderung zwischen Vereinheitlichung und Differenzierung: Vereinheitlichung ist notwendig, um größenbedingte Kostenvorteile, also sogenannte Scale-Effekte erzielen zu können. Differenzierung ist andererseits die Voraussetzung für eine hohe Markt- und Kundenakzeptanz. Die Sicherstellung einer starken Wettbewerbsposition auf möglichst vielen Märkten spielt sich im Spannungsfeld dieser unterschiedlichen Anforderungen ab.

De-Konsolidierung und geringer Konzentrationsgrad
Für eine vergleichsweise „alte" Industrie weist die Automobilindustrie einen nach wie vor relativ geringen Konzentrationsgrad auf. Gemessen an den produzierten Stückzahlen (inklusiv Nutzfahrzeuge) entfielen im Jahr 2015 auf die drei größten Automobilhersteller der Welt (Toyota, VW und Hyundai) 31 Prozent aller weltweit hergestellten Fahrzeuge, auf die fünf größten 46,4 Prozent (Abb. 4.4). Tatsächlich hat sich – entgegen einem weitverbreiteten Eindruck – in den letzten Jahren ein Prozess der De-Konsolidierung vollzogen, das heißt die Verteilung von Produktion und Absatz verteilt sich heute auf mehr Unternehmen als in der Vergangenheit. So lag der Anteil der drei größten Automobilhersteller an der weltweiten Automobilproduktion im Jahr 2007, also vor der Finanzkrise bei 33,5 Prozent, der der größten Fünf bei 47,5 Prozent.

Auch im Vergleich mit anderen Branchen, ist der Konsolidierungsgrad in der Weltautomobilindustrie relativ niedrig. So entfiel z. B. auf die drei größten Hersteller von Smartphones (Samsung, Apple und Huawei) im 1. Quartal 2017 ein Marktanteil von 47,5 Prozent und auf die größten Fünf von 60,1 Prozent. Noch extremer sind die Konzentrationsgrade im Bereich der Internet- und Plattform-Ökonomie, wo nur sehr wenig Anbieter jeweils ihren Markt dominieren (wie etwas Google und Amazon).

Der relativ geringe Konzentrationsgrad in der Automobilindustrie ist vor allem auf drei Faktoren zurückzuführen:

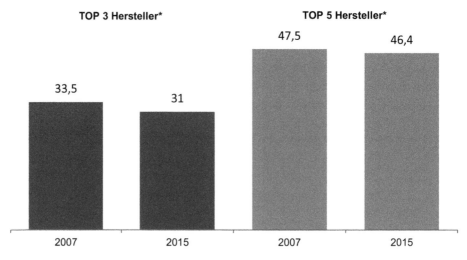

Abb. 4.4: Konzentrationsgrad auf dem Weltautomobilmarkt. Quelle: Eigene Berechnungen auf Basis von OICA-Daten.

- Die extrem hohe Wertschöpfung auch bei verhältnismäßig kleinen Produktionsvolumina erlaubt offensichtlich die Erzielung von ausreichend hohen Renditen im Vergleich zu Branchen mit geringerer Wertschöpfung. Insbesondere über die Gestaltung ihrer Fertigungstiefe können auch kleine Unternehmen durch den Rückgriff auf große, international tätige Zulieferer Economies-of-Scale-Effekte realisieren.
- Die Heterogenität der Märkte schafft regional teilweise sehr starke Marktpositionen, die genützt werden, um ein Unternehmen insgesamt zu stützen. So sind z. B. bei den US-amerikanischen Herstellern Pick-Ups eine wesentliche Ertragssäule, während südostasiatische Anbieter einer nur geringen Konkurrenz anderer Hersteller-Nationen bei Kleinstwagen ausgesetzt sind.
- Staatliche Markteingriffe erleichtern den Markteintritt bzw. verhindern den Marktaustritt von Unternehmen. So hat z. B. die Politik der chinesischen Regierung, dass ausländische Automobilhersteller Joint-Ventures mit heimischen Unternehmen eingehen müssen, dazu geführt, dass es in China zahlreiche, zumeist nur auf dem nationalen Markt tätige Automobilhersteller gibt. Umgekehrt hat die Rettungsaktion der US-amerikanischen Regierung dazu geführt, dass sowohl General Motors (GM) als auch Chrysler in der Finanzkrise überlebt haben.

Die Vorstellung eines gewissermaßen naturgesetzlich und kontinuierlich ablaufenden Konzentrationsprozesses in der Weltautomobilindustrie entspricht also nicht der Realität. Mit dem weiteren Wachstum in China und dem möglichen Aufstieg

Indiens zum international bedeutenden Automobilmarkt, ist es durchaus denkbar, dass neue oder bislang noch kleine Wettbewerber in Zukunft auch auf globaler Ebene an Bedeutung gewinnen. Eine Rolle könnte dabei auch der absehbare Technologiewandel in Richtung Elektromobilität spielen. Immerhin hat sich mit Tesla mittlerweile ein Technologiespezialist im Markt für Elektroautomobile positionieren können. Es ist aber auch nicht ausgeschlossen, dass die Elektrifizierung mittelfristig aufgrund des höheren Standardisierungsgrades von Elektrofahzeugen ein Beschleuniger der Branchenkonsolidierung sein wird.

4.2 Faktencheck: Indikatoren der internationalen Wettbewerbsfähigkeit

Um die Stärke der deutschen Automobilindustrie im internationalen Umfeld zu messen, sind Indikatoren notwendig, die zeigen, ob es den deutschen Automobilherstellern gelingt, ihre Produkte auf dem Weltmarkt mit einem als angemessen erachteten Gewinn zu verkaufen. Dazu eignen sich vor allem die erzielten Marktanteile und die Profitabilität als Maßstab. Aber auch die Entwicklung der Weltproduktion gibt Auskunft, über die Position einer Branche im globalen Wettbewerb. Die Indikatoren zeigen: Die deutsche Automobilindustrie verfügt über eine starke Position im Weltautomobilmarkt – vorrangig im Premium-Segment.

Internationale Wettbewerbsfähigkeit – Definitionen und theoretische Ansätze
Nahezu keine Diskussion um die Auswirkungen wirtschafts- und finanzpolitischer Entscheidungen kommt ohne den Begriff der „internationalen Wettbewerbsfähigkeit" aus und je nach politischer Couleur werden die gleichen Maßnahmen als Stärkung oder Schwächung der Wettbewerbsfähigkeit eines Standorts und der dort ansässigen Unternehmen interpretiert *(vgl. dazu: Müller/Kornmeier 2000, S. 1 ff.)*. Andererseits gibt es bislang keine allgemeine, wissenschaftlich anerkannte und verwendete Definition des Begriffs. Möglicherweise hängt das eine mit dem anderen zusammen: Die extreme politische Instrumentalisierung der Zielgröße „internationale Wettbewerbsfähigkeit" führt immer wieder zu Neu- und Umdefinitionen, die dann aber nicht von allen Beteiligten in der öffentlichen, wie auch wissenschaftlichen Diskussion geteilt werden.

Teilweise beginnt die babylonische Sprachverwirrung um den Begriff „internationale Wettbewerbsfähigkeit" damit, dass nicht klar festgelegt wird, was denn nun die jeweilige Bezugsebene der Betrachtung sein soll bzw. dass die verschiedenen Betrachtungsweisen ständig miteinander verwechselt und ausgetauscht werden.

Im Wesentlichen lassen sich im Hinblick auf die Reichweite des Begriffes „internationale Wettbewerbsfähigkeit" drei Bezugsebenen voneinander unterscheiden:

- die internationale Wettbewerbsfähigkeit von Volkswirtschaften,
- die internationale Wettbewerbsfähigkeit von Branchen sowie
- die internationale Wettbewerbsfähigkeit von Unternehmen.

Da zwischen diesen Bezugsebenen zahlreiche wechselseitige Beziehungen bestehen und sie dementsprechend von teilweise gleichen, teilweise aber auch wiederum unterschiedlichen Faktoren beeinflusst werden, ist es nicht überraschend, dass sowohl die Messung als auch die Erklärung und Interpretation von internationaler Wettbewerbsfähigkeit zu unterschiedlichen, mitunter sogar zu gegensätzlichen Ergebnissen führt. So kann es in einer nicht wettbewerbsfähigen Volkswirtschaft durchaus Branchen mit einer sehr hohen internationalen Wettbewerbsfähigkeit geben, wobei diese Branchen dann wiederum Unternehmen aufweisen können, die über eine nur geringe Wettbewerbsfähigkeit verfügen.

Eine Recherche zu den begrifflichen Abgrenzungen von Wettbewerbsfähigkeit zeigt, dass bei den Definitionen, die sich auf die Unternehmensebene beziehen die geringsten, bei denen, die sich auf die Wettbewerbsfähigkeit von Volkswirtschaften beziehen die größten Unterschiede bestehen. So spricht bspw. der Aldington Report aus dem Jahre 1985 davon, dass die internationale Wettbewerbsfähigkeit einer Volkswirtschaft „must similarly be tied to its ability to generate the resources required to meet its national needs" *(zit. nach Buckley et al. 1988, S. 176)*. Daran schließt der ebenfalls etwas nebulös klingende Definitionsversuch von Scott und Lodge an, die internationale Wettbewerbsfähigkeit als „a country's ability to create, produce, distribute and/or service products in international trade while earning rising returns on its resources" definieren *(Scott/Lodge 1985, S. 3)*. Beide Definitionen enthalten letztlich keine direkt operationalisierbaren Merkmale anhand derer die internationale Wettbewerbsfähigkeit eines Landes gemessen werden könnte.

Deutlich konkreter ist ein Definitionsvorschlag, den die OECD in ihrem „World Competitiveness Report" von 1997 macht. Wettbewerbsfähig ist nach dieser Definition ein Land, das in der Lage ist, „unter Freihandelsbedingungen und gerechten Marktbedingungen Güter und Dienstleistungen zu produzieren, die auf internationalen Märkten bestehen können, während gleichzeitig die Realeinkommen der Einwohner langfristig steigen" *(zit. nach Kušić/Grupe 2004, S. 805)*. Auf Basis dieser Definition wären Marktanteile in ausländischen Märkten oder Handelsbilanzsalden sowie die Realeinkommensentwicklung geeignete Indikatoren, um die Wettbewerbsfähigkeit einer Volkswirtschaft zu erfassen.

Stärker an den Determinanten der Wettbewerbsfähigkeit setzen die Definitionen von Institutionen an, die auf Basis von Globalindikatoren internationale Rankings zur Wettbewerbsfähigkeit erstellen. So definiert z. B. das World Economic Forum (WEF) in seinem „Global Competitiveness Report 2010–2011" Wettbewerbsfähigkeit „as the set of institutions, policies and factors that determine the level of productivity of a country" *(WEF 2010, S. 4)*. Auf Basis dieser Definition werden dann zur Bestimmung der Wettbewerbsfähigkeit 12 Indikatoren („pillars") herangezogen und zu einem Gesamtindikator zusammengeführt.

Tab. 4.1: Definitionen unternehmensbezogener Wettbewerbsfähigkeit – Übersicht.
Quelle: Erweiterte Darstellung in Anlehnung an Arzt 2007, S. 12.

Quelle	Definition
Ambastha/Momaya 2004, S. 46.	„Competitiveness comes through an integrated effort across different functions and hence has close linkage with strategy process".
Arzt 2007, S. 16.	„Wettbewerbsfähigkeit ist ein multidimensionales Konstrukt, welches aus wettbewerbsrelevanten Eigenschaften und Bereichen eines Unternehmens besteht, die es ihm ermöglichen, sich dauerhaft im Markt gegenüber seinen aktuellen und potenziellen Konkurrenten zu behaupten. Wettbewerbsfähigkeit verkörpert damit die relative Leistungsfähigkeit eines Unternehmens im Wettbewerb bezogen auf branchenrelevante Merkmale."
Baerlocher et al. 1982, S. 13.	„Nimmt man den Begriff der Wettbewerbsfähigkeit beim Wort, geht es um die Fähigkeit, im Wettbewerb zu bestehen, also eine Position zu wahren und Konkurrenz auszustechen. Wer oder was nicht wettbewerbsfähig ist, kommt auf dem Markt nicht zum Zuge, verliert an Position und wird in der Existenz gefährdet. So gesehen entscheidet Wettbewerbsfähigkeit über Bestehenbleiben oder Untergang im Konkurrenzkampf einer marktmäßig organisierten Wirtschaft."
Brockhoff 1987, S. 59.	„Ein Unternehmen ist wettbewerbsfähig, wenn es unter Aufrechthaltung des finanziellen Gleichgewichts einen positiven Barwert erwirtschaftet. Die mit einer zukunftsbezogenen Betrachtung unvermeidliche Berücksichtigung der Ungewissheit sei durch die Bildung geeigneter Risikoäquivalente möglich, in die auch die Risikoneigung des jeweils an der Feststellung der Wettbewerbsfähigkeit Interessierten eingehen kann."
D'Cruz/Rugman 1992, o. S.	„Firm level competitiveness can be defined as the ability of firms to design, produce and/or market products superior to those offered by competitors considering the price and non-price qualities."
Feurer/Chaharbaghi 1994, S. 58.	„Competitiveness is relative not absolute. It depends on shareholder and customer values, financial strength which determines the ability to act and react within the competitive environment and the potential of people and technology in implementing the necessary strategic changes. Competitiveness can only be sustained if an appropriate balance is maintained between these factors which can be of a conflicting nature".
Hitt et al. 1999, S. 4 f.	„Strategic competitiveness is achieved when a firm successfully formulates and implements a value creating strategy. When a firm implements a value creating strategy of which other companies are unable to duplicate the benefits or find it too costly to imitate this firm has a sustained or sustainable competitive advantage…"
Liebe 1982, S. 141.	„Wettbewerbsfähigkeit ist die zukunftsgerichtete Fähigkeit eines Unternehmens, seine Produkte im Markt gegen Mitanbieter erfolgreich, d. h. gewinnbringend zu verkaufen. Wettbewerbsfähigkeit ist nicht ein Zustand, sondern ein Prozess."
Nachum 1999, S. 95.	„Competitiveness refers to a dynamic process of acquiring assets and resources, transforming them into ownership advantages and managing them by the means of strategy to achieve superior competitive position".

Tab. 4.1 (fortgesetzt)

Quelle	Definition
Reckenfeldebäumer 2001, S. 197.	„…Wettbewerbsfähigkeit äußert sich letzten Endes darin, dass es gelingt, Wettbewerbsvorteile zu erzielen, die es der Unternehmung ermöglichen, sich gegenüber ihren Konkurrenten durchzusetzen."
Zahra 1999, S. 36.	„Competitiveness is viewed as a marathon to achieve and sustain excellence." „Successful competitiveness in the 21st century will demand the use of visionary and dedicated leadership, a balanced scorecard that enhances corporate accountability, and sustained investment in creating dynamic capabilities."

Im Rahmen einer vergleichenden Analyse unterschiedlicher Länderrankings zur Messung der internationalen Wettbewerbsfähigkeit unterscheidet das Institut für Wirtschaftsforschung in Halle (IWH) fünf Konzepte zur Erfassung der internationalen Wettbewerbsfähigkeit, nämlich Wettbewerbsfähigkeit als „ability to earn", „ability to sell", „ability to attract", „ability to innovate" sowie „ability to adjust". Damit wird der Kreis der Märkte, auf denen Unternehmen wettbewerbsfähig sein müssen, deutlich weiter gezogen als in den sonst üblichen, ausschließlich marktbezogenen Begriffsabgrenzungen. Angesichts der Heterogenität der möglichen Dimensionen kommen die Autoren zu der Schlussfolgerung, dass eine geschlossene modellmäßige Erklärung der internationalen Wettbewerbsfähigkeit von Volkswirtschaften gegenwärtig nicht zu leisten sei *(vgl. Lehmann 2006, S. 296 f.).*

Weniger konträr sind – wie bereits erwähnt – die Definitionen internationaler Wettbewerbsfähigkeit von Unternehmen. Sie knüpfen in der Regel an finanzielle Erfolgsgrößen und die sie bedingenden Faktoren an. So definiert wiederum der Aldington Report aus dem Jahr 1985 die Wettbewerbsfähigkeit von Unternehmen wie folgt: „A firm is competitive if it can produce products and services of superior quality and lower costs than its domestic and international competitors. Competitiveness is synonymous with a firm's long-run profit performance and its ability to compensate its employees and provide superior returns to its owners" *(zit. nach Buckley et al. 1988, S. 176).* Weitere Definitionen sind in folgendem Überblick dargestellt (Tab. 4.1).

Um die Wettbewerbsfähigkeit der deutschen Automobilindustrie messen und erklären zu können, wird im Folgenden eine Definition verwendet, die eng an die Definitionen zur Wettbewerbsfähigkeit von Unternehmen anknüpfen, da eine Branche („deutsche Automobilindustrie") ja letztlich eine Zusammenfassung von Unternehmen mit einem ähnlichen Tätigkeitsfeld und Geschäftszweck darstellt. Als international wettbewerbsfähig ist eine Branche nach dieser Definition dann zu beurteilen, wenn die ihr zugehörigen Unternehmen in der Summe in der Lage sind „ihre Produkte auf den Weltmärkten mit einem als angemessen erachteten Gewinn zu verkaufen" *(Diez 2001a, S. 101).* Oder, mit noch stärkerer Betonung des Nachhaltigkeits-Aspekts von Wettbewerbsfähigkeit: „We define a competitive industry as one that possesses the *sustained* ability to profitability gain and maintain market share in domestic and/or foreign markets" *(Martin et al. 1991, S. 1.456)*. Auf Basis dieses Definitionsansatzes können sowohl die relevanten Indikatoren wie auch Determinanten von Wettbewerbsfähigkeit bestimmt werden.

Deutsche Hersteller steigern Anteil an globaler Wertschöpfung

Ein erster Indikator für die Wettbewerbsfähigkeit der deutschen Automobilhersteller ist die Entwicklung ihres Anteils an der Weltautomobilproduktion. Er zeigt, ob es gelungen ist, die Position im Kampf um die internationale automobile Wertschöpfung zu erhalten oder sogar zu steigern. Dabei ist es notwendig, hier wie im Folgenden zwischen den am Standort Deutschland produzierenden und den originär deutschen Herstellern zu unterscheiden, da die in Deutschland tätigen Hersteller auch die nordamerikanischen Transplants von Ford und General Motors (GM) umfassen, wobei die Marke Opel im Jahr 2017 bekanntermaßen an den französischen PSA-Konzern verkauft wurde.

Die originär deutschen Automobilhersteller, also BMW, Daimler und der VW-Konzern haben im Jahr 2016 weltweit 14,70 Mio. Pkw produziert. Davon entfielen auf die Produktion am Standort Deutschland 9,89 Mio. Einheiten, was einem Anteil

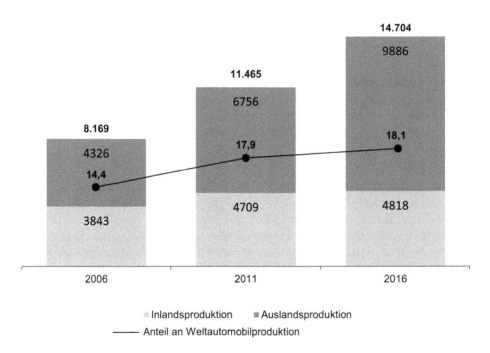

Abb. 4.5: Entwicklung der Weltautomobilproduktion der originär deutschen Automobilhersteller. Quelle: Eigene Berechnungen auf Basis von VDA-Daten.

von 32,8 Prozent an ihrer gesamten weltweiten Automobilproduktion entspricht (Abb. 4.5). Im Jahr 2006 lag dieser Anteil noch bei 47 Prozent. Faktisch ist also die Auslandsproduktion der deutschen Hersteller in den letzten 10 Jahren deutlich stärker gestiegen als die Inlandsproduktion: Erhöhte sich die Auslandsproduktion zwischen den Jahren 2006 und 2016 um 128,5 Prozent, so stieg die Inlandsproduktion im gleichen Zeitraum um lediglich 25,4 Prozent.

Der überdurchschnittliche Anstieg der Auslandsproduktion ist Ausdruck einer fortschreitenden Globalisierung zur Sicherstellung der Wettbewerbsfähigkeit. So erfolgt die Produktion zum einen zur Erschließung von Märkten, die nicht durch das klassische Exportgeschäft vom Standort Deutschland aus erreichbar sind. Dies gilt vor allem für den Aufbau von Produktionskapazitäten in China. Zum anderen spielt aber auch das Motiv der Kostensenkung eine Rolle. So zielt die verstärkte Produktion deutscher Hersteller in Mittel- und Osteuropa, insbesondere in der Slowakei, Polen und Ungarn vorrangig auf die Nutzung von Kostenvorteilen in diesen Ländern ab.

Der Weltmarktanteil der originär deutschen Hersteller an der Weltautomobilproduktion ist zwischen 2006 und 2016 von 14,4 auf 18,1 Prozent gestiegen, was zweifellos ein Ausdruck für die Begehrlichkeit ihrer Produkte und damit auch ihrer Wettbewerbsfähigkeit ist. Allerdings zeigt sich auch, dass der Produktionsanteil zwischen 2011 und 2016 nur noch leicht zugenommen hat, nämlich von 17,9 auf 18,1 Prozent. Bezogen auf die reinen Stückzahlen haben die deutschen Automobilhersteller ihre Position im Wettbewerb um die weltweite automobile Wertschöpfung also in den letzten Jahren kaum noch steigern können.

Entwicklung der Marktposition: Zwischen Expansion und Stagnation
Ein direkter Indikator für die Wettbewerbsstärke von Unternehmen ist der Marktanteil im jeweils relevanten Markt. Betrachtet man zunächst einmal den heimischen, also den deutschen Markt so zeigt sich hier in der längerfristigen Entwicklung seit dem Jahr 2006 ein Ausbau der Marktposition deutscher Hersteller (Abb. 4.6). Lag der Marktanteil der Konzernmarken unter deutscher Führung noch bei 52,6 Prozent, so erreichte er im Jahr 2016 57,1 Prozent. Allerdings ist gegenüber dem Jahr 2015 ein Rückgang um 2,3 Prozentpunkte zu verzeichnen, der im Wesentlichen auf den Marktanteilseinbruch bei VW zurückzuführen ist. Zweifellos handelt es sich dabei um eine Reaktion der Käufer auf den Dieselabgas-Skandal. Bemerkenswert ist auch, dass die beiden Konzernmarken Seat und Skoda ganz wesentlich zum Anstieg des Gesamtmarktanteils deutscher Konzernmarken beigetragen haben.

Die Entwicklung in Westeuropa verläuft ähnlich wie in Deutschland (Abb. 4.7). Insgesamt ist zwischen 2006 und 2016 ein deutlicher Marktanteilszuwachs für die deutschen Konzernmarken zu beobachten, und zwar von 31 auf 37,1 Prozent. Allerdings zeigt sich auch hier im Jahr 2016 ein – wenn auch nur leichter – Rückgang gegenüber dem Vorjahr. Auffällig ist auch, dass es in Westeuropa vor allem die deutschen Premiummarken (Audi, BMW, Daimler und Porsche) sind, die ihre

4.2 Faktencheck: Indikatoren der internationalen Wettbewerbsfähigkeit — 73

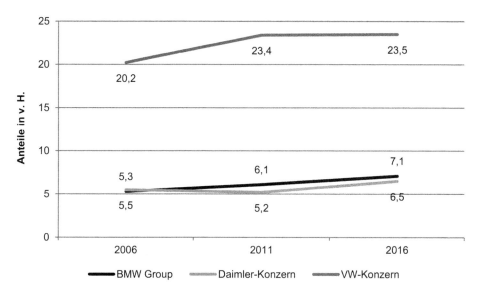

Abb. 4.7: Entwicklung der Marktposition deutscher Automobilhersteller in Westeuropa. Quelle: ACEA lfd. Jgg.

Marktanteile in der längerfristigen Betrachtung (2006–2016) deutlich ausbauen konnten, und zwar in der Summe von 15,4 Prozent auf knapp 20 Prozent.

Marktanteilsgewinne für die deutschen Konzernmarken, wenngleich auf einem deutlich niedrigeren Niveau als in Westeuropa, zeigen sich in der längerfristigen

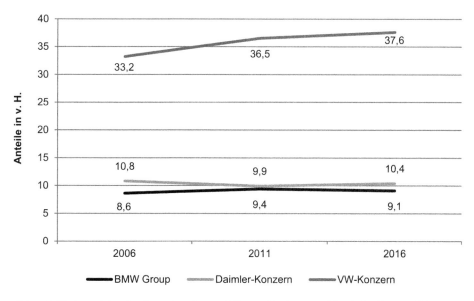

Abb. 4.6: Marktposition der deutschen Automobilhersteller in Deutschland. Quelle: KBA lfd. Jgg.

Tab. 4.2: Entwicklung der Marktposition deutscher Automobilhersteller in den USA.
Quelle: VDA lfd. Jgg.

(Anteile in v. H.)	2006	2011	2016
BMW Group	1,9	2,4	2,1
Daimler Konzern	1,5	2,1	2,2
VW-Konzern	2,1	3,6	3,3
Audi	0,5	0,9	1,2
Porsche	0,2	0,2	0,3
VW	1,4	2,5	1,8
insgesamt	**5,5**	**8,1**	**7,6**

Entwicklung auch in Nordamerika (Tab. 4.2). Hier konnten die deutschen Hersteller von 5,5 Prozent im Jahr 2006 auf 7,6 Prozent im Jahr 2016 zulegen. Allerdings zeigen sich zwischen 2011 und 2016 teilweise Rückgänge oder auch eine deutliche Verlangsamung des Marktanteilswachstums. Dabei hat im Jahr 2016 auch hier sicherlich der Diesel-Abgasskandal eine Rolle gespielt. Allerdings muss die insgesamt schwächere Entwicklung in der zweiten hier dargestellten Fünfjahres-Periode (2011 bis 2016) im Hinblick auf die Wettbewerbsfähigkeit deutscher Hersteller auf dem US-Markt ernst genommen werden.

Bei einer Darstellung der längerfristigen Marktanteilsentwicklung in China besteht das Problem der genauen statistischen Abgrenzung der Absatzzahlen deutscher Konzernmarken von denen ihrer chinesischen Joint-Venture-Partner. Teilweise liegen die Marktanteilsdaten zwischen verschiedenen Quellen deutlich auseinander, was auf unterschiedliche Abgrenzungen schließen lässt. Legt man die Daten des Verbandes der deutschen Automobilindustrie (VDA) zugrunde, so sind diese erst für die Zeit ab dem Jahr 2013 in einer konsistenten Zeitreihe verfügbar. Zu berücksichtigen ist bei der Interpretation der Marktanteilsentwicklung weiterhin, dass die Marken Volkswagen und Audi eine wichtige Rolle bei der Entstehung des chinesischen Marktes gespielt haben und – vor allem VW – eine zeitweise fast monopolartige Position auf dem chinesischen Markt hatte. Insofern spiegeln erst die jüngeren Daten, das tatsächliche Markt- und Wettbewerbsgeschehen wieder. Wie Tabelle 4.3 zeigt ist der Marktanteil der VW-Gruppe zwischen 2013 und 2016 gesunken. Offensichtlich ist es dem Konzern nicht gelungen, dem enormen Wettbewerbsdruck durch die ständig neu in den Markt strömenden Wettbewerber, aber auch dem Erstarken der chinesischen Hersteller Stand zu halten. Demgegenüber konnten die beiden Premiummarken BMW und Mercedes ihre Marktanteile seit dem Jahr 2013 ausbauen, wobei sich diese aufgrund der Fokussierung auf das Premiumsegment wenig überraschend jedoch auf einem niedrigen Niveau bewegen.

Zusammenfassend zeigt diese Darstellung der Marktanteilsentwicklung in den drei großen Absatzregionen Westeuropa, USA und China, dass die deutschen Hersteller in der längerfristigen Entwicklung ihre Marktposition haben tendenziell aus-

Tab. 4.3: Entwicklung der Marktposition deutscher Automobilhersteller in China. Quelle: VDA lfd. Jgg.

(Anteile in v. H.)	2013	2014	2015	2016
BMW Group	1,1	1,3	1,4	1,3
Daimler Konzern	0,8	0,8	1,3	1,4
VW-Konzern	18,6	19,1	17,2	16,3
insgesamt	**20,5**	**21,2**	**19,9**	**19,0**

bauen können. Das gilt vor allem für die deutschen Premiummarken. Allerdings zeigt sich auch, dass in den beiden letzten Jahren der Vormarsch teilweise zum Stillstand gekommen ist bzw. auch Rückgänge hingenommen werden mussten. In Deutschland und Westeuropa profitiert VW von seinen beiden ausländischen Konzerntöchtern Seat und vor allem Skoda. Die eigentliche Domäne der deutschen Hersteller ist aber – wie folgende Darstellung zeigt – nicht das Volumengeschäft, sondern das Premiumsegment.

Dominanz im Premiumsegment
Eine exakte statistische Erfassung dessen, was man im Branchenjargon das „Premiumsegment" nennt, ist aus naheliegenden Gründen nur schwer möglich. Ganz allgemein kann unter einem Premiumautomobil ein Fahrzeug verstanden werden, das bei vergleichbaren tangiblen Funktionen einen im Vergleich mit anderen Fahrzeugen höheren Marktpreis zu erzielen *(in Anlehnung an Kapferer 2000, S. 320)*. Quellen der überdurchschnittlichen Preisbereitschaft von Kunden können der Prime Value (Technologie und Material), der Labor Value (Herstellungsprozess) sowie der Symbolic Value (psychografischer Markenwert) sein *(vgl. Karmasin 1998, S. 253 ff.)*. Bei Automobilen spielen vor allem der Prime Value und der Symbolic Value eine wichtige Rolle bei der Begründung der Premiumeigenschaft eines Produktes *(vgl. Diez 2001, S. 6 ff.)*.

So exakt die Definition sein mag, so enthält sie doch kein eindeutiges, operables Zugehörigkeits- oder Ausschlusskriterium für die Abgrenzung des Premiumsegmentes. Früher wurde die Premiumeigenschaft daher vereinfachend an der absoluten Preishöhe eines Fahrzeuges oder seiner Größe festgemacht. Spätestens seit der Herausbildung des „modernen Premiumsegmentes", das hochwertige Klein- und Kompaktfahrzeuge umfasst ist dies jedoch nicht mehr möglich *(vgl. ebenda, S. 47 f.)*. Letztlich wird man die Größe des Premiumsegmentes und damit auch den Anteil, den die deutschen Automobilhersteller daran haben, nur näherungsweise messen können.

Grenzt man das Premiumsegment vereinfachend über die Absatzzahlen der Marken ab, die üblicherweise als „Premiummarken" gelten, so lag der Anteil des Premiumsegmentes am gesamten Weltautomobilmarkt im Jahr 2016 bei 12 Prozent, was einem Volumen von 6,33 Mio. Fahrzeugen entspricht (Tab. 4.4).

Tab. 4.4: Die Marktposition der deutschen Automobilhersteller im Premiumsegment.
Quelle: Eigene Berechnungen.

	Gesamt-markt	Premium-markt ges.	Premium-absatz dt. Hersteller	Anteil Premium am Gesamtmarkt	Anteil dt. Marken am Premium-segment
Westeuropa	13.972	2.980	2.679	21,3	89,9
dar. Deutschland	3.352	1.015	936	30,3	92,2
USA	17.487	2.025	1.009	11,6	49,8
China	23.669	1.460	1.236	6,2	84,7
Welt	**78.096**	**9.409**	**6.330**	**12,0**	**67,3**

Der Premiumanteil schwankt natürlich von Land zu Land sehr stark. Unter den größeren Automobilmärkten liegt Deutschland mit einem Anteil des Premiumsegmentes am Gesamtmarkt von 30,3 Prozent an der Spitze. Die starke Durchdringung des deutschen Marktes mit Premiumfahrzeugen zeigt Abbildung 4.8. So sind in Deutschland immerhin gut ein Fünftel der Neuwagenverkäufe in der Kompaktklasse den deutschen Premiummarken zurechenbar. Im besonders wachstumsträchtigen Geländewagen- bzw. SUV-Segment beträgt der Marktanteil der deutschen Premiummarken 48 Prozent, bei den Fahrzeugen der oberen Mittelklasse und der Oberklasse liegt er sogar bei über 90 Prozent. Der Marktanteil der deutschen Premiummarken am gesamten deutschen Markt lag im Jahr 2016 bei 27,9 Prozent. Am Premiumsegment hatten die deutschen Hersteller einen Anteil von 92,2 Prozent.

In Westeuropa insgesamt lag der Anteil des Premiumsegmentes im Jahr 2016 bei 21,3 Prozent, wozu neben Deutschland vor allem der britische sowie einige kleinere Märkte wie die Schweiz und Belgien beigetragen haben. Der Segment-Anteil der deutschen Hersteller lag hier ebenfalls bei beachtlichen 89,9 Prozent.

In den USA beträgt der Marktanteil von Premiumfahrzeugen am Gesamtmarkt 11,6 Prozent und liegt damit auf dem Niveau des globalen Durchschnitts. Die deutschen Hersteller haben in den USA einen Anteil von fast 50 Prozent. Hier gilt es die starke Konkurrenz durch die traditionellen amerikanischen Premiummarken (Cadillac, Lincoln) vor allem aber auch die Marktpräsenz der japanischen Premium-Konzernmarken Lexus (Toyota), Acura (Honda) und Infinity (Nissan) zu berücksichtigen.

Über eine herausragende Position verfügen die deutschen Hersteller auch im besonders wachstumsträchtigen chinesischen Markt für Premiumautomobile. Zwar ist das Premiumsegment in China mit einem Anteil von 6,2 Prozent noch immer relativ klein, doch wird China bis zum Jahr 2020 wahrscheinlich der größte Premiummarkt der Welt werden *(vgl. McKinsey 2012, S. 4)*. Der Anteil der deutschen Hersteller am chinesischen Premiummarkt lag im Jahr 2016 bei etwa 84,7 Prozent.

Absolut dominant sind die deutschen Automobilhersteller mit ihren Konzernmarken im Luxussegment und zwar sowohl bei den Limousinen wie auch Sportwa-

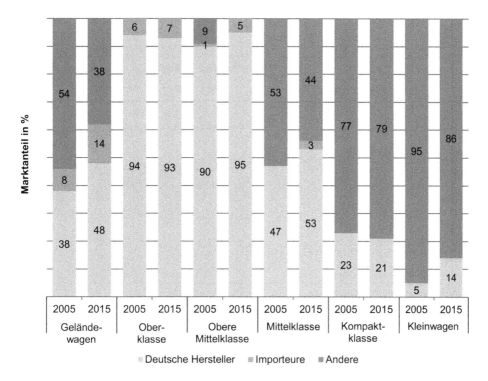

Abb. 4.8: Entwicklung der Marktanteile im deutschen Premiummarkt nach Segmenten. Quelle: Kraftfahrt-Bundesamt KBA.

gen. Bis auf wenige Ausnahmen (Ferrari, Aston Martin) gehören alle weltweit agierenden automobilen Luxusmarken zu den Markenportfolios deutscher Hersteller (Rolls Royce, Bentley, Bugatti, Lamborghini).

Wettbewerbsstärke verteilt sich auf viele Märkte
Neben der Höhe der Marktanteile zeichnen sich die deutschen Automobilhersteller auch durch die breite und relativ gleichmäßige globale Verteilung des Absatzes aus. Während die Automobilhersteller aus anderen traditionellen Produktionsländern in verschiedenen Absatzregionen gar nicht oder nur sehr schwach vertreten sind, verfügen die deutschen Premiumhersteller sowohl in Europa, Nordamerika und China über eine gute bis sehr gute Marktposition (Tab. 4.5). So liegt der Anteil der Heimatregion – Europa – am gesamten Absatz der deutschen Automobilhersteller bei unter 50 Prozent. Demgegenüber ist der Anteil Asiens zwischen den Jahren 2002 und 2016 bei allen Herstellern erheblich gestiegen und erreicht mittlerweile über 30 Prozent.

Natürlich steht die gleichmäßige Absatzverteilung der deutschen Hersteller auch im Zusammenhang mit ihrer starken Position im Premiumsegment. Sie profi-

Tab. 4.5: Globalisierung der deutschen Automobilmarken. Quelle: BMW AG, Daimler AG, Volkswagen AG.

	Audi		BMW		Mercedes Benz		Porsche		Volkswagen	
	2002	2016	2002	2016	2002	2016	2002	2016	2002	2016
Europa	71,0	45,9	60,6	46,1	67,9	44,6	50,4	33,2	50,9	28,4
Nordamerika	11,6	13,7	25,8	15,5	18,8	18,5	40,5	25,8	17,2	9,7
Asien	6,6	36,4[3]	8,4	31,6	8,8	32,5	4,4	34,0[3]	18,1[3]	53,0[3]
dar. China	5,0	31,7	1,5	21,8	0,4	22,2	1,2	27,4	15,5	50,1
ROW	10,9	4,0	5,1	6,8	4,5	4,4	4,7	7,0	13,8	8,9
Gesamt	100,0	100,0	100,0	100,0	100,0	100,0	100,0	100,0	100,0	100,0

[1] BMW inkl. Mini und Rolls-Royce
[2] Mercedes-Benz Cars inkl. Smart und Maybach
[3] Asien-Pazifik

tieren damit von den heute weltweit übereinstimmenden Konsumpräferenzen einkommensstarker Käufergruppen für bestimmte Marken – sei es im Bekleidungsbereich, bei Uhren und Schmuck oder eben auch bei Automobilen. Durch die breite regionale Streuung des Absatzes reduziert sich die Risikoposition gegenüber Einbrüchen in einzelnen Märkten, wenngleich die starke Abhängigkeit vom chinesischen Markt nicht zu übersehen ist. Gleichzeitig erklärt die starke Position im Premiumsegment auch die relativ kontinuierliche, ohne große Einbrüche gekennzeichnete Absatz- und Produktionsentwicklung der deutschen Hersteller in den letzten Jahren. Sie hat sich auch in der schwersten Automobilkrise der Nachkriegszeit in den Jahren 2008 und 2009 bewährt und dafür gesorgt, dass die deutschen Hersteller diese schwierige Phase besser überstanden haben als viele ihrer Wettbewerber.

Profitabilität: Premium als Ertragssäule
Die insgesamt positive Performance der deutschen Automobilindustrie auf den Weltautomobilmärkten spiegelt sich in der Umsatzentwicklung der Konzerne wieder. Betrachtet man die Umsatzentwicklung der wichtigsten Automobilhersteller weltweit, so bewegen sich die Zuwachsraten der deutschen Automobilhersteller im oberen Drittel und werden nur von zwei chinesischen Herstellern übertroffen (Tab. 4.6).

Die eigentliche „harte Währung" von Wettbewerbsfähigkeit ist aber letztlich die Profitabilität. Sie ist sowohl Ursache wie auch Folge von Wettbewerbsfähigkeit, denn Unternehmen sind nur dann wettbewerbsfähig, wenn sie nachhaltig profita-

Tab. 4.6: Die umsatzstärksten Automobilhersteller. Quelle: Fortune 2016.

(in Mio. USD)		2015	2010	Ver. in v. H.
1	Volkswagen	236.600	168.041	40,8
2	Toyota Motor	236.592	221.760	6,7
3	Daimler	165.800	129.481	28,0
4	General Motors	152.356	135.592	12,4
5	Renault-Nissan	151.816*	154.046	-1,4
6	Ford Motor	149.558	128.954	16,0
7	Honda Motor	121.624	104.342	16,6
8	SAIC Motor	106.684	54.257	96,6
9	BMW	102.248	80.099	27,7
10	Dongfeng Motor Group	82.817	55.748	48,6
11	Hyundai Motor	81.320	97.408	-16,5
12	China FAW Group	62.852	43.434	44,7
13	Peugeot	60.651	74.251	-18,3
14	Mitsubishi	57.689	21.349	170,2
15	Kia Motors	43.792	n. a.	n. a.
16	Tata Motors	42.092	27.046	55,6
17	Volvo	37.061	n. a.	n. a.
18	Mazda Motor	28.376	27.154	4,5
19	Fuji Heavy Industries	26.924	15.280	76,2
20	Suzuki Motor	26.494	30.452	-13,0

bel sind. Ein dauerhaft nicht-profitables Wachstum ist Ausdruck mangelnder Wettbewerbsfähigkeit und führt letztlich zum Ausscheiden aus dem Markt. Aufgrund der starken Zyklizität der Märkte einerseits sowie der branchenbedingt hohen Fixkostenintensität andererseits unterliegt die Profitabilität der Automobilhersteller zwangsläufig starken Schwankungen. Von daher empfiehlt sich eine etwas längerfristige Betrachtungsweise.

Wie Abbildung 4.9 zeigt, konnten die deutschen Automobilhersteller ihre Brutto-Umsatzrendite seit dem Jahr 2006 leicht erhöhen. Lag sie im gewogenen Durchschnitt im Jahr 2006 bei 4,5 Prozent, so erreichte sie im Jahr 2016 etwas mehr als 6 Prozent. Hinter dieser Gesamtentwicklung stehen aber unterschiedliche Verläufe. Betracht man die Entwicklung der Brutto-Umsatzrendite des VW-Konzern, so ist diese seit dem Jahr 2013 deutlich rückläufig. Dies ist umso bemerkenswerter als der Konzern in diesem Zeitraum Produktion, Absatz und Umsatz erhöhen konnte. Offensichtlich ist es aber nicht gelungen, dies in eine höhere Profitabilität umzusetzen. Auch zeigt sich, dass der VW-Konzern und hier vor allem die Kernmarke VW nicht allein aufgrund des Diesel-Abgasskandals ein Ertragsproblem hat. Relativ stabil haben sich die Umsatzrenditen bei Daimler und BMW entwickelt, wobei bei Daimler der Einfluss des Nutzfahrzeuggeschäfts auf die Entwicklung der Rendite zu berücksichtigen ist. Obwohl dieser zuletzt negativ war, lag die Brutto-Umsatzrendite im Jahr 2016 bei über 8 Prozent.

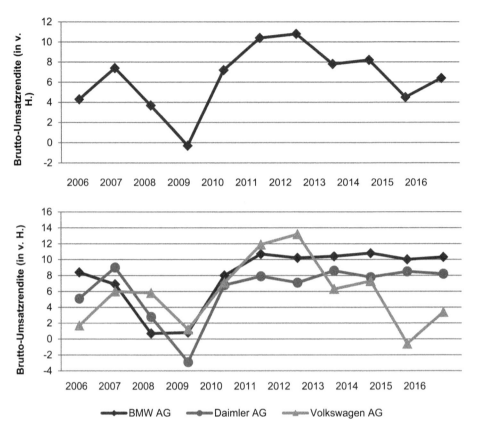

Abb. 4.9: Entwicklung der Umsatzrenditen der deutschen Automobilhersteller.
Quelle: Geschäftsberichte; eigene Berechnungen.

Betrachtet man die Profitabilität auf der Ebene der einzelnen Marken, so zeigt sich auch hier die starke Position der deutschen Automobilhersteller im Premiumsegment (Tabelle 4.7). So verfügen alle deutschen Premiummarken über eine – auch im internationalen Vergleich – hohe Profitabilität, was zweifellos ein Indikator für eine hohe Wettbewerbsfähigkeit ist.

Tab. 4.7: Profitabilität der deutschen Premiummarken. Quelle: Geschäftsberichte.

EBIT in v. H.	2015	2016
Audi	8,3	5,1*
BMW Automobile	9,2	8,9
Mercedes-Benz Cars	9,5	9,1
Porsche	15,8	17,4

*ohne Sondereinflüsse: 8,2 %

4.3 Erfolgsfaktoren: Determinanten der internationalen Wettbewerbsfähigkeit

Die deutsche Automobilindustrie verfügt über eine weltweit gute, im Premiumsegment dominierende Marktposition. Sie basiert im Wesentlichen auf sechs Faktoren: 1. einer starken Innovations- und Technologieorientierung, 2. einem ganzheitlichen Produkt- und Dienstleistungsmanagement, 3. einem starken Markenimage, 4. einem effizienten Supply-Chain-Management und Produktionssystem, 5. einer langfristig angelegten Unternehmensstrategie und qualifizierten Mitarbeitern sowie 6. einer vorausschauenden Internationalisierungs- und Globalisierungsstrategie. Diese Erfolgsfaktoren haben sich aus dem historisch gewachsenen Arrangement von standortbedingten, branchenspezifischen und unternehmensbezogen Faktoren entwickelt. Dies bedeutet, dass das „deutsche Modell" von Wettbewerbsfähigkeit nicht einfach kopierbar ist. Andererseits ist dieses Arrangement ausschließlich auf einen Driver-Owner-Markt ausgerichtet, der sich aber in den nächsten Jahren dramatisch verändern wird.

Die Wettbewerbsfähigkeit von Branchen und Unternehmen lässt sich in der Regel nicht auf einen oder mehrere Einzelfaktoren zurückführen. Letztlich ist sie das Ergebnis eines strategiegeleiteten und langfristigen Arrangements von markt- und ressourcenbezogenen Gestaltungsfaktoren in einem bestimmten situativ-strukturellen Kontext.

Ein einfaches Beispiel mag dies verdeutlichen: Hohe Standortkosten oder eine starke Währung sind für sich genommen der internationalen Wettbewerbsfähigkeit einer Branche abträglich. Kommt noch der Schutz des heimischen Marktes durch tarifäre oder nicht-tarifäre Handelshemmnisse hinzu oder stützt der Staat angeschlagene Unternehmen direkt oder indirekt, ist die Wahrscheinlichkeit groß, dass eine Branche ihre Wettbewerbsfähigkeit verliert, weil sie keinem Anpassungsdruck ausgesetzt ist.

Anders ist die Situation, wenn hohe Standortkosten mit einem offenen Markt und damit geringen Markteintrittsbarrieren für ausländische Anbieter verbunden sind und der Staat eine nicht-interventionistische Industriepolitik betreibt. In diesem Fall sind die Unternehmen zur Anpassung gezwungen. Entweder sie erhöhen ihre Produktivität, um die Standortkostennachteile zu kompensieren oder sie versuchen, sich über technologisch und qualitativ überlegene Produkte dem Preis- und Kostenwettbewerb zu entziehen oder sie tun beides. In diesem Fall ist die Chance groß, dass eine Branche international eine starke Wettbewerbsposition aufbauen kann.

Zwar wird man deshalb hohe Standortkosten nicht als förderlich für die internationale Wettbewerbsfähigkeit von Branchen bezeichnen können. Der vermeintliche Nachteil kann aber durch eine konsequente und nachhaltige Anpassungsstrategie an die jeweiligen Rahmenbedingungen in einen Wettbewerbsvorteil umgewandelt werden. Dies ist bei der deutschen Automobilindustrie der Fall.

Die spezifische Prägung der deutschen Automobilhersteller, die sich von der von Herstellern aus anderen Ursprungsländern unterscheidet ist nur aus dem historisch entstandenen Arrangement von Standort- und Gestaltungsfaktoren sowie wichtigen situativen Einflüssen verstehbar. Dies bedeutet auch, dass das deutsche Modell von Wettbewerbsfähigkeit nicht einfach kopierbar ist, was auch einen gewissen Schutz gegen simple Nachahmer bedeutet.

Strategische Positionierungen in der Weltautomobilindustrie
Da jedes Unternehmen ein letztlich individuelles, aus der Historie gewachsenes Profil hat, stoßen Unternehmens-Typologien immer an Grenzen, die nur durch gewisse Vereinfachungen und Verallgemeinerungen überwunden werden können. Dies gilt auch für eine Charakterisierung der strategischen Positionierungen in der Weltautomobilindustrie. Jeder Automobilhersteller hat sein eigenes Profil, das zwar häufig seine Wurzeln in gewissen nationalen, industriellen Traditionen hat, das aber immer stärker durch die strategischen Herausforderungen, denen sich heute alle Unternehmen gegenübersehen geprägt wird. Gleichwohl sehen auch die Antworten auf diese Herausforderungen unterschiedlich aus.

Den Versuch strategische Positionierungen in der Weltautomobilindustrie in Unternehmenstypen zu clustern, zeigt Abbildung 4.10. Anhand der beiden erfolgs- und damit strategierelevanten Dimensionen der geografischen und segmentbezogenen Marktabdeckung können vier Herstellertypen identifiziert und voneinander abgegrenzt werden. Dabei zeigen drei Typen eine relativ starke Nähe, da sie alle eine starke Ausrichtung auf das Value-for-Money-Segment verbindet. Es sind dies die Multibrand Professionals, die Fokussierten Volumenhersteller sowie die Global-Locals. Sie können übergreifend als Ausprägungen des Branchentypus „Massenhersteller" angesehen werden.

Multibrand Professionals sind Hersteller, die über ein breites und relativ gleichgewichtiges Markenportfolio eine breite Marktabdeckung erreichen. Im Vordergrund steht das Volumengeschäft. Gleichzeitig wird das Premiumsegment stärker gewichtet als das Billigsegment. Beispiele dafür sind insbesondere Toyota und VW. *Fokussierte Volumenhersteller* sind demgegenüber Unternehmen, die im Wesentlichen mit einer dominierenden Masterbrand im Markt vertreten sind und das Nischengeschäft mit weiteren Marken betreiben, deren Bedeutung aber bei weitem nicht an die der Masterbrand heranreichen. Als Beispiele hierfür dürfen vor allem Ford, aber auch Honda, Suzuki und Mazda gelten. Mit *„Global-Locals"* werden Hersteller bezeichnet, die den Markt zwar global besetzen, jedoch dies aus starken regionalen Schwerpunkten heraus tun. Beispiele dafür sind Renault-Nissan und Fiat-Chrysler.

Neben diesem Standardtypus spielen die Premium-Spezialisten und die Billiganbieter eine Rolle. Eigenständige *Premiumhersteller* gibt es im Grunde weltweit nur noch zwei: BMW und Daimler. Regional oder mitunter auch nur national agierende *Billiganbieter* gibt es hingegen viele, wobei hier vor allem die nach wie vor sehr zersplitterte Angebotslandschaft in China eine wichtige Rolle spielt. Allerdings zeigen einige dieser Hersteller mittlerweile eine Tendenz, sich an den Standard-

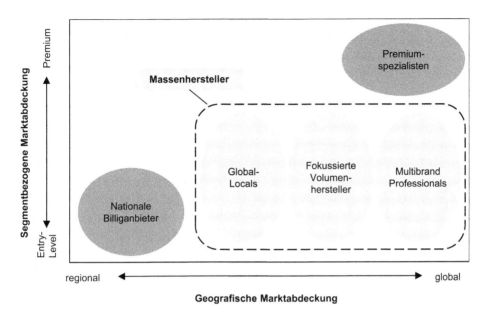

Abb. 4.10: Strategische Positionierung in der Weltautomobilindustrie. Quelle: Eigene Darstellung.

typus des global agierenden Massenherstellers heranzuarbeiten. Dies gilt z. B. für Geely, das mit der Übernahme von Volvo eine weltweit starke Premiummarke in sein Portfolio aufgenommen hat. Oder auch für Tata, das mit der Übernahme von Jaguar und Land Rover sich ebenfalls ein starkes Standbein im Premiumsegment geschaffen hat.

Kennzeichnend für die strategische Positionierung der deutschen Automobilhersteller ist zweifellos die klare Ausrichtung auf das Premiumsegment, die auch im Volkswagen-Konzern nicht zu übersehen ist. So verfügt der VW-Konzern mit Audi über eine ungleich stärkere Marktposition im Premiumsegment als Toyota mit Lexus. Dies lässt sich auch anhand der jeweiligen Absatzzahlen festmachen: Während Audi im Jahr 2016 weltweit 1,87 Mio. Fahrzeuge verkauft hat, lag das Absatzvolumen von Lexus weltweit bei 677.615 Einheiten. Auch die Premiummarke von Nissan, Infinity hat mit 230.000 verkauften Fahrzeugen nicht annähernd die Bedeutung von Audi. Wie lässt sich die auffallende und für die deutsche Automobilindustrie charakteristische Orientierung in Richtung „Premium" erklären?

Die Premium-Strategie und der situativ-strukturelle Kontext

Auch wenn im Zeitalter sich immer stärker globalisierender Entwicklungs-, Produktions- und Managementstrukturen nationale Prägungen von Unternehmen an Bedeutung verlieren, sind die strategischen Positionierungen von Industrien häufig nur vor dem Hintergrund ihres jeweiligen nationalen Kontextes zu verstehen. Dies gilt auch für die große Bedeutung des Premiumsegmentes für die deutsche Auto-

mobilindustrie, die sich aus zwei historisch relevanten Strukturfaktoren des Automobilstandorts Deutschland erklären lässt:
- den hohen standortbedingten Produktionskosten sowie
- der Offenheit des deutschen Marktes für Importkonkurrenz.

Deutschland gilt im internationalen Vergleich branchenübergreifend als ein Hochkostenstandort. Als wichtige Kostenfaktoren werden dabei die Arbeits- und Energiekosten, teilweise auch die Steuerbelastung genannt *(vgl. BDI 2015, S. 6f.)*. Vor allem die Arbeitskosten liegen in Deutschland um ein Vielfaches über denen ausländischer Wettbewerber. Gleichzeitig hat es in Deutschland im Gegensatz zu einer Reihe von anderen traditionellen Automobilstandorten nie Einfuhrbeschränkungen oder die zeitweise weitverbreiteten „Selbstbeschränkungsabkommen" zum Schutz der heimischen Industrie gegeben.

Die Kombination aus Kostennachteilen und einem intensiven internationalen Wettbewerb hat die deutschen Hersteller gezwungen, ihre Wettbewerbsfähigkeit über eine technisch-qualitative Aufwertung ihrer Produkte zu behaupten. Anders hätte sie im Wettbewerb mit den preislich zumeist günstigeren ausländischen Anbietern im Markt nicht überleben können. Am Ende haben die technisch und qualitativ hochwertigen Produkte auch zu einem starken Markenimage beigetragen, das heute zu den wichtigsten Assets der deutschen Automobilmarken gehört und das erlaubt, im Markt höhere Preise als der Wettbewerb durchzusetzen.

Im Prinzip ist die Positionierung der deutschen Automobilindustrie als Premium-Champion also das Ergebnis eines Anpassungsprozesses an einen bestimmten situativ-strukturellen Kontext: Die Entwicklung zum Hochkostenstandort und die gleichzeitig zunehmende Konkurrenz durch Billiganbieter, erforderte ein Ausweichen in höhere Marktsegmente, in denen die Kunden weniger preissensibel und gleichzeitig markenaffiner sind. Hier haben die deutschen Hersteller angesetzt und ihre Strategie konsequent auf Kunden mit hohen Ansprüchen, aber auch einer höheren Preisbereitschaft ausgerichtet. Diese Strategie ist bislang aufgegangen, wie die Indikatoren zur Wettbewerbsfähigkeit der deutschen Automobilindustrie gezeigt haben.

Erfolgsfaktoren der deutschen Automobilhersteller
Eine nicht nur vorübergehende, sondern nachhaltig starke Position im Premiumsegment und oberen Volumensegment erfordert eine strategiegeleitete Kombination der erfolgskritischen unternehmenspolitischen Gestaltungsfaktoren. Im Wesentlichen lassen sich dabei für die deutsche Automobilindustrie die folgenden sechs Erfolgsfaktoren identifizieren:
- eine starke Innovations- und Technologieorientierung,
- ein ganzheitliches Produkt- und Dienstleistungsmanagement,
- die aktive Pflege und Stärkung des Markenimages,
- der Aufbau eines effizienten Supply-Chain-Managements,

- eine langfristig angelegte Unternehmensstrategie und qualifizierte Mitarbeiter sowie
- die frühzeitige Internationalisierung und Globalisierung

Diese sollen im Folgenden näher erläutert werden. Dabei gilt es jedoch stets zu beachten, dass diese Einzelfaktoren erst im Zusammenspiel ihre Wirkung entfalten.

Erfolgsfaktor I: Innovations- und Technologieorientierung
Die deutsche Automobilindustrie war und ist seit ihren Anfängen von einer starken Werk-Ethik gekennzeichnet. Anders etwa als Henry Ford in den USA oder André Citroën in Frankreich, denen es vor allem darum ging, das Auto auch für den Durchschnittsbürger bezahlbar zu machen und die sich daher auf die Optimierung der Produktionsabläufe und Steigerung der Produktivität zur Senkung der Produktionskosten konzentrierten, lag der Fokus der deutscher Automobilpioniere eher auf der technischen Vervollkommnung des Produktes *(vgl. Eckermann 1984, S. 68 ff.)*. Legendär hat dieses Streben in einer apodiktischen Feststellung eines der Erfinder des Automobils, Gottlieb Daimler, Ausdruck gefunden: Mit seinem Grundsatz „Das Beste oder Nichts" hat er einen hohen Anspruch an sich und seine Mitarbeiter formuliert, der die Branchenkultur über den Kreis seines Unternehmens hinaus geprägt hat. Selbst als der Siegeszug der in Massenfertigung hergestellten Fahrzeuge in den USA sichtbar wurde, hatten deutsche Ingenieure noch große Vorbehalte gegen derart „seelenlose" Produkte: „Carl Benz kritisierte im Jahr 1929 den

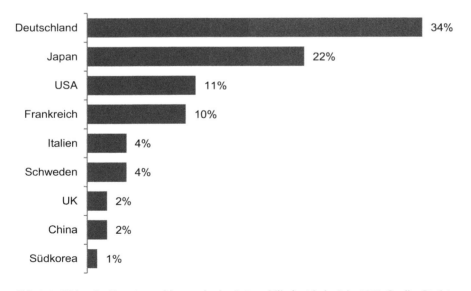

Abb. 4.11: Weltweite Patentanmeldungen in der Automobilindustrie im Jahr 2015. Quelle: Statista.

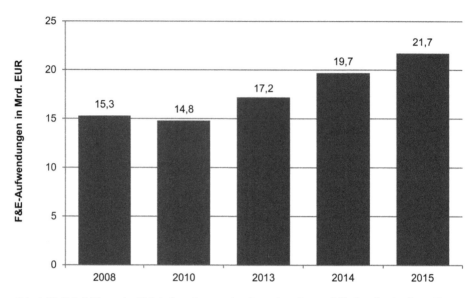

Abb. 4.12: Entwicklung der F&E-Aufwendungen der deutschen Automobilindustrie. Quelle: Stifterverband lfd. Jgg.

amerikanischen Autobau und war sich mit vielen deutschen Herstellern einig im Beharren auf ingenieurmäßig ‚durchkonstruierte Fahrmaschinen' ohne Rücksicht auf massenhafte Vermarktung oder wirtschaftliche Fertigung" *(Möser 2002, S. 166).*

Ursache wie auch Folge dieser historischen Entwicklung ist eine sehr starke Technikorientierung, die die deutsche Automobilindustrie bis heute geprägt hat. Das Renommee des „Made in Germany" oder „German Engineering" beruht ganz wesentlich auf dieser Technikdominanz.

Die Innovationsorientierung der deutschen Automobilhersteller und ihrer Zulieferer zeigt ein Blick in die Patentstatistik. Der Anteil Deutschlands an den weltweiten Patentanmeldungen in der Automobilindustrie liegt mit nur geringen Schwankungen seit Mitte der 1990er Jahre bei gut 30 Prozent. Im Jahr 2015 betrug er 34 Prozent. Die anderen traditionellen Automobilnationen folgen mit deutlichem Abstand. China trägt bislang nur mit 2 Prozent zu den weltweiten Patentanmeldungen im Automobilbereich bei (Abb. 4.11).

Basis dieser starken Innovationskraft sind die hohen und im Zeitablauf noch gestiegenen Aufwendungen der deutschen Automobilindustrie für Forschung und Entwicklung. Sie sind zwischen 2008 und 2015 im Inland um ein Drittel auf 20,6 Mrd. Euro gestiegen (Abb. 4.12). Zuzüglich der extern vergebenen Forschungs- und Entwicklungsaufträge lag der gesamte FuE-Aufwand der deutschen Automobilindustrie im Jahr 2015 bei knapp 32 Mrd. Euro *(vgl. Stifterverband 2016, S. 5).*

Erfolgsfaktor II: Ganzheitliches Produkt- und Dienstleistungsmanagement
Kennzeichnend für die deutschen Hersteller sind ein ganzheitliches Produktverständnis, eine aktive Modellpolitik und ein qualitativ hochwertiges Dienstleistungsangebot. Das *ganzheitliche Produktverständnis* trägt den deutschen Automobilherstellern zuweilen den Vorwurf ein, in dem einen oder anderen Technologiefeld nicht auf der Höhe des Wettbewerbs zu sein. Diese Sichtweise entspricht nicht der Kundenperspektive. An Automobile werden vielfältige und teilweise auch gegensätzliche Anforderungen gestellt, wie z. B. Sportlichkeit bei hoher Alltagstauglichkeit, ansprechende Fahrleistungen bei niedrigem Verbrauch und hoher Komfort bei niedrigen Preisen und innovativer Technik, die aber gleichzeitig zuverlässig sein muss. Beta-Versionen, die in der Alltagspraxis möglicherweise punktuell versagen, wären gerade für die deutschen Automobilhersteller mit hohen Image-Risiken verbunden. Letztlich erwarten die Kunden ein attraktives Gesamtpackage aus Qualität, Ausstattung, Design, geringem Kraftstoffverbrauch und einem angemessenen Preis-Leistungsverhältnis.

Die Produktstärke der deutschen Automobilhersteller spiegelt sich in der von dem amerikanischen Marktforschungsunternehmen J. D. Power jährlich durchgeführten „Automotive Performance, Execution and Layout (APEAL) Study" wieder. Dabei wird neben der Leistung und dem Komfort auch das Design bewertet. Im Jahre 2016 konnten sich alle deutschen Premiummarken unter den Top Ten platzieren, wobei Porsche, BMW und Mercedes-Benz (zusammen mit Jaguar) die ersten drei Plätze belegten (Tab. 4.8) Die relativ gleichmäßig guten Bewertungen über die verschiedenen Features hinweg, zeigen das ganzheitliche Produktverständnis, das die deutschen Hersteller kennzeichnet. Bemerkenswert ist auch, dass die Marke Volkswagen im Jahr 2016 unter den Volumenmarken den ersten Platz belegen konnte.

Tab. 4.8: Marken-Ranking im Hinblick auf Produktstärke. Quelle: J. D. Power 2016.

Marke	Overall Performance and Design	Performance	Comfort	Features and Instrument Panel	Style	Score
Porsche	●●●●●	●●●●●	●●●●●	●●●●●	●●●●●	877
BMW	●●●●○	●●●●○	●●●●●	●●●●●	●●●●○	859
Jaguar	●●●●○	●●●●○	●●●○○	●●●●○	●●●●○	852
Mercedes-Benz	●●●●○	●●●●○	●●●●●	●●●●○	●●●●○	852
Land Rover	●●●●○	●●●●○	●●●●●	●●●●○	●●●●○	843
Lexus	●●●●○	●●●●○	●●●●●	●●●●○	●●●●○	843
Lincoln	●●●●○	●●●●○	●●●●●	●●●●○	●●●●○	843
Audi	●●●●○	●●●●○	●●●●○	●●●●○	●●●●○	842
Volvo	●●●●○	●●●●○	●●●●●	●●●●○	●●●●○	839
Cadillac	●●●●○	●●●●○	●●●●○	●●●●○	●●●●○	839

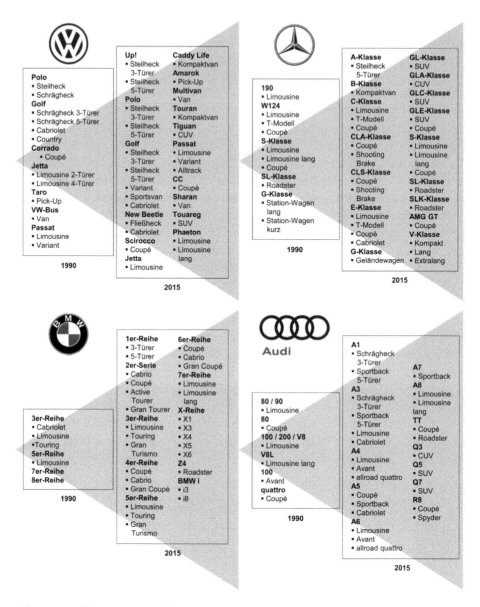

Abb. 4.13: Ausdehnung der Modellprogramme ausgewählter deutscher Automobilhersteller. Quelle: Eigene Darstellung.

Ein wesentlicher Treiber für die Wettbewerbsfähigkeit der deutschen Automobilhersteller ist die *aktive Modellpolitik*. Sie war in den letzten Jahren durch eine deutliche Ausweitung der Modellprogramme (Produktproliferation) und die Besetzung nahezu aller Marktnischen gekennzeichnet (Abb 4.13). Der Umfang der durch die deutschen Automobilhersteller abgedeckten Marktsegmente hat sich seit der zwei-

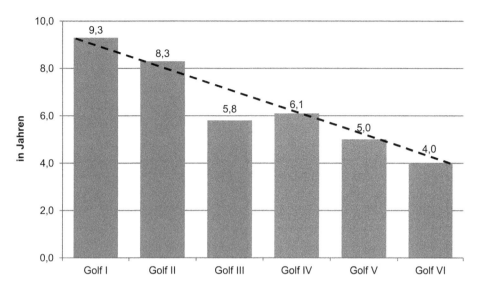

Abb. 4.14: Modelllaufzeiten des VW Golf. Quelle: Fuchs 2013.

ten Hälfte der 1990er Jahre erheblich vergrößert. Signifikante Defizite sind nicht mehr erkennbar. Im Gegenteil: In einigen Marktsegmenten besteht eher die Gefahr einer „Über-Segmentierung", das heißt einer zu großen Anzahl technisch-konzeptionell ähnlicher Modelle, die zu ungewollten Kannibalisierungen, aber auch zur Verwirrung der Konsumenten führen können.

Ein in der Vergangenheit häufig kritisiertes Kennzeichen der Modellpolitik deutscher Hersteller sind die vergleichsweise langen Modellzyklen und eine eher evolutionär angelegte Modellabfolgenpolitik. Während die japanischen Hersteller in den 1980er und 1990er Jahren Modelllaufzeiten von 4, maximal 5 Jahren hatten, lagen die Modellzyklen der deutschen Hersteller damals häufig noch bei 7 bis 9 Jahren, teilweise auch noch darüber. Zwar sind kurze Modellzyklen nicht uneingeschränkt positiv zu werten, sondern haben auch zahlreiche Nachteile wie etwa die Verunsicherung der Kunden, die Gefahr einer technischen Ausdünnung der Produktsubstanz und niedrigerer Restwerte. Andererseits sichern kurze Modelllaufzeiten eine hohe technische Aktualität der Produktpalette und ermöglichen eine aktive Marktgestaltung *(vgl. Diez 2015, S. 428 ff.)*.

Bei wichtigen Volumenmodellen deutscher Hersteller ist in den letzten Jahren eine deutliche Reduktion der teilweise extrem langen Modelllaufzeiten erkennbar. Mit Modelllaufzeiten von 4 bis 6 Jahren wird der generellen Beschleunigung des Innovationstempos in der Automobilbranche Rechnung getragen. Gleichzeitig wird die Wertstabilität der im Markt befindlichen Fahrzeuge, die ein wichtiges Kaufentscheidungskriterium gerade für deutsche Modelle ist, dadurch nicht gefährdet. Beispielhaft zeigen die Modelllaufzeiten des Golf I bis VI den Trend zu kürzeren Modellzyklen in der deutschen Automobilindustrie (Abb. 4.14).

Schließlich legen die deutschen Automobilhersteller großen Wert auf ein qualitativ hochwertiges Angebot an automobilnahen Dienstleistungen. Dies betrifft vor allem den Bereich der Finanzdienstleistungen sowie des technischen Kundendienstes. Dabei spielt nicht nur das Ziel eine Rolle, mit einem attraktiven Dienstleistungsangebot eine hohe Kundenzufriedenheit und Kundenbindung zu erreichen. Finanzdienstleistungen und der After-Sales-Bereich sind überdies wichtige Ertragssäulen im Automobilgeschäft *(vgl. Häcker/Stenner 2015, S. 80f.).*

Erfolgsfaktor III: Starkes Markenimage
Angesichts einer anhaltend großen und tendenziell noch steigenden Zahl von Automobilmarken stellt eine starke Marke ein wichtiger Faktor der Wettbewerbsfähigkeit dar. Unter einer Marke ist dabei ein in der Psyche des Konsumenten verankertes, unverwechselbares Vorstellungsbild von einem Produkt (oder einer Dienstleistung) zu verstehen *(vgl. Meffert et al. 2005, S. 6).*

Deutsche Automobilmarken verfügen in vielen Teilen der Welt über eine anhaltend große Strahlkraft. Das gilt vor allem für die deutschen Premiummarken. Hier verbindet sich das Image des Automobilstandorts Deutschland mit dem spezifischen Markenimage des jeweiligen Herstellers. Deutsche Automobilmarken belegen vor allem in vier Bereichen Spitzenplätze im Hinblick auf das Markenimage,

Deutschland			Frankreich			Italien			Spanien		
1	2	3	1	2	3	1	2	3	1	2	3
Gute Verarbeitung											
88% Audi	81% Mercedes	68% BMW	85% Audi	72% Mercedes	69% BMW	75% Audi	62% Mercedes	57% BMW	78% Mercedes	74% Audi	63% BMW
Hohe Sicherheitsstandards											
85% Mercedes	75% Volvo	68% Audi	87% Volvo	58% Mercedes	45% Audi	86% Volvo	48% Audi	47% Mercedes	88% Volvo	64% Mercedes	58% Audi
Fortschrittliche Technik											
77% BMW	71% Audi	48% Porsche	63% BMW	62% Audi	59% Mercedes	67% Audi	56% BMW	54% Toyota	66% Audi	65% Mercedes	64% BMW
Baut sportliche Autos											
92% Porsche	77% BMW	61% Audi	90% Porsche	62% BMW	53% Audi	81% Porsche	66% BMW	63% Alfa Romeo	87% Porsche	55% BMW	55% Alfa Romeo

Abb. 4.15: Imagesieger bei ausgewählten Markenwerten. Quelle: Motor Presse Stuttgart 2017, S. 65.

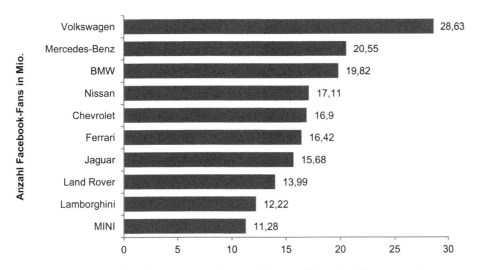

Abb. 4.16: Ranking der beliebtesten Automarken nach der Anzahl Facebook-Fans weltweit im Januar 2017 (in Mio.). Quelle: Statista.

nämlich gute Verarbeitung, Erfüllung hoher Sicherheitsstandards, fortschrittliche Technik sowie Sportlichkeit (*vgl.* Abb. 4.15).

Die hohe Strahlkraft deutscher Automobilmarkten zeigt auch eine Facebook-Auswertung: So belegten im Januar 2017 deutsche Marken die ersten drei Plätze bei einem Ranking der beliebtesten Automarken nach der Anzahl der Facebook-Fans (Abb. 4.16). Das Ergebnis ist umso bemerkenswerter als die Auswertung weltweit durchgeführt wurde.

Das international starke Markenimage deutscher Hersteller hat viele Gründe. Dazu zählen:
- technologisch fortschrittliche und qualitativ hochwertige Produkte,
- Tradition und Geschichte,
- klare Markenpositionierung und eine
- aktive, aber gleichzeitig auch kontinuierliche Markenkommunikation.

Der letzte Aspekt betrifft sowohl die klassische Mediawerbung als auch Kommunikationsaktivitäten im Bereich der neuen Medien sowie des Product Placements, des Event Marketings und des Sponsorings. Insbesondere der Motorsport hatte und hat einen großen Einfluss auf die Wahrnehmung der deutschen Automobilmarken. Ein wichtiger und in den letzten Jahren von den deutschen Herstellern verstärkt genutzter USP in der Markenpflege ist der Faktor „Tradition". Alle deutschen Hersteller verfügen über eine lange Tradition, die sich mit dem Status des „Erfinderlandes" verbinden lässt. Vor allem hinsichtlich der Glaubwürdigkeit und Authentizität von Marken ist der Rückgriff auf die Markenhistorie von zentraler Bedeutung *(vgl. Diez 2002, S. 18f.).* Mit dem Auf- und Ausbau ihrer Museen und der Traditionspfle-

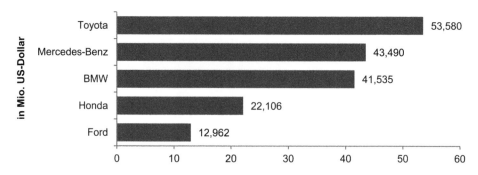

Abb. 4.17: Die wertvollsten Automobilmarken (in Mio. US-Dollar). Quelle: Interbrand 2016.

ge insgesamt haben die deutschen Hersteller in den letzten Jahren ihr Markenprofil schärfen und weiterentwickeln können.

Die Stärke des Markenimages schlägt sich letztlich auch in einem hohen monetären Markenwert nieder. Dabei ist zu berücksichtigen, dass in die Berechnung des Markenwertes bei Interbrand auch die Verbreitung und ihre Absatzvolumen einer Marke mit einfließt. Trotz eines ungleich kleineren Absatzvolumens rangieren Mercedes-Benz und BMW in diesem Ranking direkt hinter Toyota (Abb. 4.17).

Erfolgsfaktor IV: Leistungsorientiertes Supply-Chain-Management
Angesichts eines Wertschöpfungsanteils von rund 75 Prozent am gesamten Fahrzeugwert ist die Leistungsfähigkeit der Automobilzulieferer ganz wesentlich für die Wettbewerbsfähigkeit der Automobilhersteller, denn ein derart komplexes Produkt wie das Automobil erfordert die Zusammenführung unterschiedlicher Technologien im Entwicklungs- und Wertschöpfungsprozess. Das Supply-Chain-Management beginnt daher bei der Auswahl der Lieferanten. Dabei ist neben Qualität, logistischer Kompetenz und dem Preis zunehmend auch die Innovationskraft des Zulieferers von Bedeutung. Lieferanten sind heute nicht mehr die verlängerte Werkbank der Hersteller, sondern es wird erwartet, dass sie eine aktive Rolle im Entwicklungsprozess übernehmen. Deshalb greifen die Automobilhersteller auch immer häufiger auf Entwicklungsdienstleister zurück, die in bestimmten Technologiebereichen über ein großes Know-how verfügen.

Anders als in Japan und Südkorea, wo es eine starke, auch kapitalmäßige Verflechtung zwischen den Automobilherstellern und ihren Zulieferern gibt („Keiretsu"), basierte die Zusammenarbeit der deutschen Automobilhersteller mit ihren Lieferanten immer auf einer klaren unternehmerischen Selbständigkeit beider Partner. Dieses „deutsche Modell" mag aufgrund des geringeren vertikalen Integrationsgrades zu höheren Transaktionskosten in der Zusammenarbeit führen. Andererseits fördert es den vertikalen wie auch horizontalen Wettbewerb in der Branche. So werden z. B. „Make or Buy"-Entscheidungen im „deutschen Modell" allein nach betriebswirtschaftlichen Kriterien getroffen. Auch bei Bezugsquellenentscheidungen spielen ausschließlich Aspekte der qualitativen, technologischen und preislichen Wettbewerbsfähigkeit eine Rolle und nicht etwa Überlegungen hinsichtlich der kapitalmäßigen Verbindung mit einzelnen Zulieferern, die dann zur Privilegierung dieser Lieferanten führen könnten. Umgekehrt zwingt ein solches Modell der Zusammenarbeit die Zulieferer dazu, ihre Wettbewerbsfähigkeit ständig zu steigern, um für die Automobilhersteller ein attraktiver Partner zu bleiben.

Um sich das Know-How von Zulieferern zu sichern, spielt die Lieferantenintegration durch eine spezifische Projektarbeit und Lieferantenforen eine zunehmend wichtige Rolle *(vgl. Garcia Sanz 2007, S. 19 f.)*. Ein Instrument, um mit Lieferanten, die über eine große technische Kompetenz verfügen, „auf Augenhöhe" zusammenzuarbeiten, sind sogenannte Partnerschaftsabkommen *(vgl. Semmler/Mahler 2007, S. 43)*. Wichtige Punkte solcher Partnerschaftsabkommen sind:
– Vereinbarung von Mehrjahresverträgen,
– Integration des Lieferanten in den Entwicklungsprozess sowie
– Generierung von Kosteneinsparungen durch gemeinsame Erschließung von Sourcing-Märkten.

Da damit die Abhängigkeit der Hersteller von ihren Lieferanten tendenziell zunimmt, ist im Sinne eines präventiven Risikomanagements eine umfassende Lieferantenbewertung notwendig. Dazu werden heute umfassende Systeme wie etwa die Balanced-Scorecard eingesetzt *(vgl. Garcia Sanz 2007, S. 16)*. Damit soll eine Zusammenarbeit mit technisch und qualitativ überforderten oder wirtschaftlich gefährdeten Lieferanten, die ein Risiko für den Automobilhersteller darstellen, vermieden werden.

Neben der Nutzung des Know-Hows von Lieferanten, spielen für die deutschen Automobilhersteller auch sogenannte strategische Allianzen eine wichtige Rolle. Unter einer strategischen Allianz ist dabei ein Netzwerkarrangement zwischen verschiedenen Unternehmen zu verstehen, das darauf abzielt durch eine Zusammenarbeit Wettbewerbsvorteile zu realisieren *(vgl. Schäfer 1994, S. 687)*. Ziele strategischer Allianzen sind vor allem die Erzielung von Scale-Effekten, die Markterschließung sowie die Realisierung von Synergie-Effekten. Der Beitrag, den diese strategischen Allianzen zur Steigerung der internationalen Wettbewerbsfähigkeit der deutschen Automobilhersteller geleistet haben, ist nur schwer einzuschätzen. Generalisierende Aussagen sind aufgrund der Heterogenität der Engagements und der unterschiedlichen Dauer der Zusammenarbeit nicht möglich. Vor allem für die deutschen Premiumhersteller mit relativ kleinen Stückzahlen sind und bleiben solche Kooperationen von einer großen strategischen Relevanz. Vor dem Hintergrund der zunehmenden Digitalisierung verschieben sich die strategischen Allianzen stark in Richtung der IT-Industrie. So ist z. B. BMW im Jahr 2016 im Hinblick auf das autonome Fahren eine langfristig angelegte Partnerschaft mit Intel und Mobileye eingegangen.

Die gleichzeitige Erzielung von hoher Produktivität, hoher Qualität und hoher Flexibilität stellt das Supply-Chain-Management und die Produktionssysteme vor große Herausforderungen. Durchgesetzt hat sich in der deutschen Automobilindustrie das Konzept der sogenannten Perlenkette. Es soll eine effiziente Fertigung von Produkten mit einer hohen Varianz sicherstellen. Voraussetzung für die Umsetzung ist, dass zu einem definierten Zeitpunkt vor Produktionsstart eine Auftragsreihenfolge für den Montagprozess festgelegt und bis zur Fertigstellung des Fahrzeuges eingehalten wird. Auf dieser Basis erfolgt eine Sequenzierung des gesamten Ablaufs, in den auch die Zulieferteile eingebunden werden. Die Anlieferung dieser Teile erfolgt dann Just-in-Sequence, so dass Lagerbestände vermieden werden. Die Umsetzung eines solchen Konzeptes stellt hohe Anforderungen an die Produktionssteuerung und die Gestaltung der Logistikprozesse *(vgl. Schindler/Anderlitschka 2008)*.

Insgesamt ist es den deutschen Automobilherstellern in den beiden letzten Jahrzehnten gelungen, trotz einer großen Variantenvielfalt Anschluss an die hohe Produktivität der japanischen Automobilhersteller zu finden. So können die im internationalen Vergleich hohen Produktionskosten am Standort Deutschland zumindest teilweise durch eine überdurchschnittlich hohe Produktivität kompensiert werden *(vgl. Fuß 2015, S. 43)*.

Erfolgsfaktor V: Langfristige Unternehmensstrategie und qualifizierte Mitarbeiter
Die Unternehmensführung der deutschen Automobilhersteller ist durch eine langfristige, strategische Ausrichtung gekennzeichnet. In einer Branche, die durch relative lange Technologie- und Modellzyklen gekennzeichnet ist, darf dies eher als Stärke denn als Schwäche angesehen werden. Eine Stärke ist die langfristige Ausrichtung der Unternehmenspolitik nicht nur im Bereich der Produktpolitik, sondern auch in der Markenpolitik und der Erschließung neuer Märkte, die in der Regel einen langen Atem erfordert.

Die langfristig angelegte Unternehmenspolitik hat ihre Gründe sicher in der bereits erwähnten starken Innovations- und Technologieorientierung der deutschen Automobilhersteller. Darüber hinaus dürfte aber auch die Tatsache, dass es sich bei zwei der drei deutschen Automobilkonzerne faktisch um Familienunternehmen handelt (bei VW noch in Verbindung mit einem starken Staatseinfluss) dabei eine Rolle spielen. Hat eine Familie einen starken Einfluss auf ein Unternehmen, dominiert in der Regel die langfristige Bestandssicherung als Ziel vor der kurzfristigen Gewinnmaximierung. Allerdings darf eine langfristige Ausrichtung der Unternehmenspolitik nicht dazu führen, dass die Umsetzungszeiträume immer länger werden. Gerade in Zeiten eines raschen Wandels wird die Time-to-Market immer wichtiger.

Der Aufbau einer starken Position im Premiumsegment und die Ausrichtung auf qualitativ hochwertige Produkte erfordert nicht nur qualifizierte Führungskräfte, sondern auch qualifizierte Mitarbeiter auf allen Ebenen und in allen Unterneh-

Tab. 4.9: Die attraktivsten Arbeitgeber deutscher Studierender. Quelle: Universum 2017.

Wirtschaftswissenschaften	Ingenieurwissenschaften
1. BMW Group	1. Audi
2. Audi	2. Porsche
3. Porsche	3. BMW Group
4. Daimler/Mercedes-Benz	4. Daimler/Mercedes-Benz
5. Google	5. Bosch
6. Lufthansa Group	6. Volkswagen
7. Volkswagen	7. Siemens
8. McKinsey & Company	8. Lufthansa Technik
9. Adidas Group	9. Airbus Group
10. Bosch	10. Google

mensbereichen. In der Produktion hat die deutsche Automobilindustrie zweifellos von der qualifizierten Berufsausbildung im Rahmen des dualen Ausbildungssystems profitiert. Vielfache versuchen die Automobilhersteller dieses System auch in ihren ausländischen Produktionsstandorten zu adaptieren.

Den Automobilherstellern kommt bei der Rekrutierung qualifizierter Mitarbeiter ihr fast durchgängig positives Arbeitgeberimage zugute. Dieses ist nicht nur das Ergebnis ihrer attraktiven Produkte und Markterfolge, sondern auch eines gezielten Employer Brandings. Nach einer Erhebung der Unternehmensberatung Universum an deutschen Hochschulen belegen die deutschen Automobilhersteller sowohl bei Studierenden der Wirtschaftswissenschaften wie auch bei den Studierenden ingenieurwissenschaftlicher Studiengänge Spitzenplätze (Tab. 4.9). So belegen die Hersteller BMW, Audi, Porsche und Daimler bei Wirtschaftsstudenten die vier ersten Plätze. VW folgt auf Platz 7 und mit Bosch auf Platz 10 ist der größte deutsche Automobilzulieferer ebenfalls unter den aus Sicht der Studierenden attraktivsten Arbeitgebern. Noch stärker ist die Dominanz der Automobilbranche bei den Ingenieuren, wo die ersten sechs Plätze des Rankings von Automobilunternehmen belegt werden. Auf Basis dieser hohen Beliebtheit ist es den Automobilherstellern möglich aus einer großen Zahl von Bewerbungen die besten Absolventen auszuwählen.

Erfolgsfaktor VI: Internationalisierung und Globalisierung
Die Internationalisierung von Branchen vollzieht sich im Spannungsfeld von Globalisierungsvorteilen und Lokalisierungsnotwendigkeiten. Globalisierungsvorteile können insbesondere die Realisierung von Scale-Effekten bei einer technischen Vereinheitlichung der Produkte sein. Lokalisierungsnotwendigkeiten ergeben sich in der Regel aus international unterschiedlichen Kundenanforderungen oder auch institutionellen Besonderheiten eines Marktes (z. B. große Bedeutung der öffentlichen Hand als Nachfrager). Grundsätzlich stehen Unternehmen vier Internationalisierungsstrategien zur Verfügung:

- die Strategie der internationalen Differenzierung,
- die Strategie des Multidomestic,
- die multinationale Globalisierungsstrategie sowie
- die Strategie der internationalen Standardisierung.

Welche dieser Strategien für die Erschließung von Märkten eingeschlagen wird, hängt von einer Reihe von Faktoren ab, die nicht nur für die Erreichung einer hohen marktbezogenen Wettbewerbsfähigkeit wichtig sind:
- Größe, Entwicklungspotenzial und Entwicklungsdynamik des Zielmarktes
- Marktbesonderheiten im Hinblick auf Produktansprüche, Vertriebssysteme und Marketing
- Bedeutung des „buy-local" im jeweiligen Zielmarkt
- tarifäre und nicht-tarifäre Einfuhrbeschränkungen (z. B. Zölle, Local-Content-Vorschriften)
- Notwendigkeit zum Ausgleich von Währungsschwankungen („Natural Hedging")
- Vorhandensein internationaler Faktorkostendifferentiale
- Existenz und Technologieniveau einer nationalen Zulieferindustrie.

Die deutschen Automobilhersteller haben schon früh den Weg in den Export gesucht, um Produktion und Absatz zu steigern. Zwar ist der deutsche Automobilmarkt der größte in Europa, andererseits aber doch erheblich kleiner als etwa der nordamerikanische Markt. Eine Expansion war daher nur über ein aktives Exportgeschäft möglich. Außerdem reichte die Größe des deutschen Marktes nicht aus, um die im internationalen Wettbewerb notwendigen Skalen-Effekte zu erreichen.

Die Erschließung der stark wachsenden Emerging Markets war aufgrund von bestehenden Einfuhrbeschränkungen nur begrenzt über das klassische Exportgeschäft möglich. Neben der Exportstrategie hat daher die Globalisierung der Produktion eine wachsende Bedeutung für die deutschen Automobilhersteller bekommen. So ist die Auslandsproduktion der deutschen Automobilhersteller – wie weiter oben schon dargestellt wurde – in den letzten Jahren deutlich stärker als die Inlandsproduktion gestiegen.

Ein wichtiger Grund für den Erfolg ihrer Globalisierungsstrategien ist die gestiegene Bereitschaft der deutschen Hersteller, ihre Produkte an die nationalen Besonderheiten der Märkte anzupassen. So bieten die deutschen Hersteller z. B. für einzelne Premiummodelle spezielle Langversionen in China an. Sie tragen damit der Tatsache Rechnung, dass es sich bei solchen Fahrzeugen in China um Chauffeurs-Fahrzeuge handelt, so dass das Raumangebot im Fond von großer Bedeutung für die Kundenakzeptanz ist.

Insgesamt ist festzustellen, dass sich in der deutschen Automobilindustrie im Laufe des letzten Jahrzehnts ein beschleunigter Übergang von einer Strategie der internationalen Standardisierung hin zu einer multinationalen Globalisierungsstra-

Abb. 4.18: Internationale Produktionsnetzwerke in der deutschen Automobilindustrie am Beispiel der BMW Group. Quelle: BMW Group 2017.

tegie bzw. zu einer Strategie des Multidomestic vollzogen hat. Dies hängt zweifellos mit der wachsenden Bedeutung des asiatischen und hier vor allem des chinesischen Marktes zusammen, dessen Erschließung nicht nur eine Produktion vor Ort zwingend vorschreibt, sondern aufgrund der Besonderheiten des Marktes und mittlerweile auch wirtschaftlich sinnvoll ist. Der Grad der Globalisierung zeigt sich eindrucksvoll an den internationalen Produktionsnetzwerken, die die deutschen Automobilhersteller in den letzten Jahrzehnten aufgebaut haben und die für eine globale Marktabdeckung von essentieller Bedeutung sind. Ein Beispiel, das internationale Produktionsnetzwerk der BMW Group, zeigt Abbildung 4.18.

Nicht nur bei Absatz und Produktion, sondern auch in der Beschaffung hat sich in den letzten Jahren eine deutliche Globalisierung vollzogen, die einen wichtigen Beitrag zur Steigerung der internationalen Wettbewerbsfähigkeit der deutschen Automobilindustrie geleistet hat. Global Sourcing ist eine für die deutsche

Automobilindustrie wichtige strategische Option *(vgl. Wildemann 2006, S. 259 ff.)*. Dabei stand zunächst das Ziel im Vordergrund, durch die Ausnutzung internationaler Faktorpreisdifferentiale und eine verstärkte Beschaffung in Low-Cost-Ländern die standortbedingten Kostennachteile am Automobilstandort Deutschland zu kompensieren. Dementsprechend waren die Beschaffungsmärkte in Osteuropa besonders attraktiv, „weil sich hier ein Optimum aus günstigen Lohnkosten, Transportkosten, Kosten für die Lieferantenbefähigung und wirtschaftlicher Stabilität" erreichen ließ *(Richter/Hartig 2007, S. 255)*.

In den letzten Jahren hat das Global Sourcing aber auch im Zusammenhang mit dem Risikomanagement der Unternehmen, insbesondere der Absicherung von Währungsschwankungen („Natural Hedging") sowie dem Aufbau von eigenen Produktionsanlagen im Ausland an Bedeutung gewonnen. Mit der Erhöhung der Wertschöpfungstiefe in Ländern mit eigener Montage oder Produktion wurde auch die Lieferantenstruktur entwickelt, so dass heute lokale Lieferanten in Auslandsmärkten auch die deutschen Werke der Automobilhersteller beliefern *(vgl. Garcia Sanz 2007, S. 17)*.

Gefährdungspotenziale – Schwächen der deutschen Automobilindustrie
Es wäre blauäugig würde man der deutschen Automobilindustrie nur Stärken attestieren. Schon allein die dominante strategische Ausrichtung auf das Premiumsegment ist nicht allein als Stärke, sondern durchaus auch als Schwäche zu sehen. Wenn man davon ausgeht, dass der Motorisierungsprozess in den Emerging Markets sich sehr stark über Billigfahrzeuge vollziehen wird, dann muss die Frage gestellt werden, ob und in welcher Weise man an diesem Wachstumssegment partizipieren kann. Während Renault mit der Marke Dacia darauf eine überzeugende Antwort gefunden hat, fehlt diese bislang noch von der deutschen Automobilindustrie. Problematisch ist dabei sicher das Hochpreis-Image, das die deutsche Automobilindustrie – nicht zuletzt bedingt durch den hohen Premiumanteil – international hat. Der Aufbau einer stärkeren Marktposition im Entry-Level-Bereich setzt daher zwangsläufig den Aufbau einer neuen Marke voraus, was aber entsprechende finanzielle Vorleistungen erfordert.

Auch die mangelnde Präsenz im nordamerikanischen Volumengeschäft ist ein anhaltendes Problem der deutschen Automobilindustrie. Denn gerade im Volumengeschäft ist die deutsche Automobilindustrie heute schon extrem abhängig vom chinesischen Markt. Ein globales Gegengewicht – wie es heute Toyota hat – würde die „risk exposure" deutlich reduzieren.

Eine weitere Schwäche der deutschen Automobilhersteller ist die Neigung zum Over-Engineering, die sich fast zwangsläufig aus der starken Technikorientierung der Branche ergibt. Ein Over-Engineering liegt dann vor, wenn Fahrzeuge mit technischen Komponenten ausgestattet werden, die für den Kunden keinen erkennbaren Zusatznutzen haben, aber Kosten verursachen und damit zu einer Verteuerung der Produkte führen. Zum Over-Engineering gehört auch der Hang zum Aufbau einer kaum noch überschaubaren und letztlich kontraproduktiven Varianten- und Teilevielfalt, mit negativen Auswirkungen sowohl auf die Produktivität wie auch die Qualität.

Als eine Schwäche der deutschen Automobilhersteller muss zweifellos auch die Tatsache angesehen werden, dass sie bis dato kein wirkliches Umweltimage aufbauen konnten. Obwohl die Fahrzeuge deutscher Hersteller sowohl im Hinblick auf das Emissionsverhalten wie auch im Hinblick auf ihre Produktion nicht hinter denen anderer Hersteller zurückliegen, wird den deutschen Herstellern bei nahezu allen Umfragen ein eher unterdurchschnittliches Öko-Image bescheinigt. Offensichtlich wirkt auch hier der Abstrahl-Effekt der Premiumdominanz eher negativ.

Weitere immer wieder genannte Schwächen wie das „Verschlafen" wichtiger Trends, die Neigung zu langen Entscheidungswegen, die Konfliktanfälligkeit der Beziehungen zu den Automobilzulieferern und einige mehr sind sicher nicht von der Hand zu weisen, haben aber eher unternehmensindividuellen Charakter und sind daher kaum generalisierbar. Soweit sie Einfluss auf die Bewältigung der künftigen Herausforderungen haben, werden sie in Kapitel 5 behandelt.

4.4 Wettbewerbsfähigkeit als dynamischer Prozess

Wettbewerbsfähigkeit muss durch die ständige Weiterentwicklung der unternehmerischen Gestaltungsfaktoren sowie eine zielführende und schnelle Anpassung an sich verändernder Umfeldbedingungen sichergestellt werden. Analysiert man Branchen über einen längeren Zeitraum, so zeigt sich, dass Entwicklungen nicht kontinuierlich verlaufen, sondern häufig auf einen bestimmten Kulminationspunkt zusteuern. Unternehmen müssen diese „kritische Entwicklungsschwellen" meistern, wenn sie im Markt verbleiben wollen. Kommt es zu einer „Market Disruption" im Sinne einer Abspaltung und Neuformierung eines Marktes, kann Wettbewerbsfähigkeit nicht adaptiert, sondern muss auf diese neuen Marktstrukturen ausgerichtet werden.

Das Konzept der „kritischen Entwicklungsschwellen"

Wettbewerbsfähigkeit ist ein dynamischer Prozess – zum einen, weil der Wettbewerb selber dynamisch ist, Wettbewerber auf- und möglicherweise auch überholen, zum anderen, weil sich die Rahmenbedingungen, also der situativ-strukturelle Kontext, in dem sich Unternehmen bewegen, ständig verändert. Unternehmen, die diese Veränderungen nicht wahrnehmen und meistern, verlieren ihre Wettbewerbsfähigkeit und scheiden über kurz oder lang aus dem Markt aus.

Das Konzept der „kritischen Entwicklungsschwellen" stellt den Versuch dar, diesen Prozess zu strukturieren (Abb. 4.19). Ausgangspunkt sind endogene Treiber, die sich aus der Eigenlogik, die in jedem Markt wirksam ist, ergeben. Dies können angebotsgetriebene Faktoren sein, wie neue Technologien und Produkte oder auch nachfragegetriebene wie z. B. die Veränderungen der Kundenstruktur und des Kun-

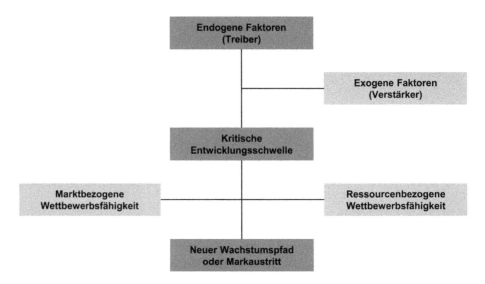

Abb. 4.19: Das Konzept der „kritischen Entwicklungsschwellen". Quelle: Eigene Darstellung.

denverhaltens. Daneben gibt es exogene Faktoren, die in der Regel als Verstärker wirken. Häufig handelt es sich dabei um gesamtwirtschaftliche oder politische Entwicklungen, die Einfluss auf die Branchenentwicklung nehmen. Beispiele sind die Verschärfung von Grenzwerten für Schadstoffemissionen oder währungs- und handelspolitische Eingriffe in den Markt.

Die Kombination aus diesen beiden Faktoren führt zu einem wachsenden Druck auf die Unternehmen, der sich zumeist in einer Veränderung wichtiger Branchen- und Unternehmenskennzahlen andeutet: Es kommt zu einer „kritischen Entwicklungsschwelle", die die Unternehmen durch einer Veränderung ihrer Strategie überschreiten müssen, wenn sie im Markt bleiben wollen. Kritische Entwicklungsschwellen sind Phasen, in denen es häufig zu einer Beschleunigung des Konsolidierungsprozesses einer Branche kommt, weil viele Unternehmen diese überhaupt nicht erkannt oder zu spät oder falsch reagiert haben.

Ob ein Unternehmen eine „kritische Entwicklungsschwelle" überschreitet hängt zum einen von seiner marktbezogenen, zum anderen aber auch von seiner ressourcenbezogenen Wettbewerbsfähigkeit ab. Bei der marktbezogenen Sichtweise geht es um die Weiterentwicklung, zumeist aber die komplette Neuausrichtung der Marktbearbeitung, also z. B. um die Veränderung des Technologieportfolios, des Produktprogrammes oder des Markenimages.

Um solche Veränderungen durchführen zu können, müssen Unternehmen Ressourcen einsetzen. Die Neuausrichtung des Produktprogramms gelingt bspw. nur, wenn ein Unternehmen Zugang zu neuen Technologien hat oder sich über den Kapitalmarkt zusätzliche finanzielle Mittel besorgen kann, um neue Produkte zu entwickeln oder sein Produktprogramm zu verbreitern. Auch IT-Kompetenz und qualifizierte Mitarbeiter sind Ressourcen, die in solchen Veränderungsprozessen von großer Bedeutung sind.

In der wissenschaftlichen Management-Literatur wurde lange und intensiv darüber diskutiert, ob die marktbezogene Wettbewerbsfähigkeit („market based view") oder die ressourcenbezogene Wettbewerbsfähigkeit („ressourced based view") wichtiger für den Unternehmenserfolg sei (*vgl. Porter 2000, S. 61ff.* als Vertreter des „market based view" und *Wernefelt 1984, S. 171ff.* als Vertreter des „ressource based view"). Folgt man dem Konzept der „kritischen Entwicklungsschwellen" ist die Frage des Vorrangs der einen oder anderen Sichtweise hinfällig: Unternehmen können eine kritische Entwicklungsschwelle nur dann erfolgreich überschreiten, wenn sie sowohl markt- wie auch ressourcenbezogen wettbewerbsfähig sind oder eine solche Wettbewerbsfähigkeit in einer schwierigen Situation herstellen können. Der Erfolg einer Neuausrichtung hängt dabei nicht nur von der Richtigkeit der getroffenen Maßnahmen ab, sondern ganz wesentlich auch von der Geschwindigkeit, mit der die Neuausrichtung vollzogen wird.

Das Ergebnis dieses Prozesses ist ein neues Arrangement der strategierelevanten Gestaltungsfaktoren und das Einschwenken des Unternehmens auf einen neuen Wachstumspfad. Gelingt dies nicht, ist der Marktaustritt die Folge.

Zur Dynamik der Wettbewerbsfähigkeit der deutschen Automobilindustrie: Phasen der Branchenentwicklung

Zur Illustration des Konzepts der „kritischen Entwicklungsschwellen" soll im Folgenden die Entwicklung der Wettbewerbsfähigkeit der deutschen Automobilindustrie seit dem Ende des Zweiten Weltkriegs dargestellt werden. Dieser Zeitraum lässt sich relativ überschneidungsfrei in fünf Phasen einteilen, wobei die zeitliche Abgrenzung natürlich gewisse Unschärfen beinhaltet. Die Abgrenzung erfolgt anhand der dominanten strategischen Ausrichtung in der jeweiligen Phase, was nicht heißt, dass die genannten Strategien in anderen Phase keine Bedeutung gehabt hätten oder haben:
- die Phase des Wiederaufbaus (1950 bis 1975)
- die Phase der Neuorientierung (1975–1995)
  die Phase der Produktoffensiven (1995 bis 2005)
- die Phase der Globalisierung (2005 bis 2015)
- die Phase der Elektrifizierung und Digitalisierung (seit 2015).

Tabelle 4.10 gibt einen Überblick über die genannten Entwicklungsphasen und die jeweils relevanten endogenen und exogenen Treiber, die kritischen Entwicklungsschwellen sowie die jeweils relevanten Faktoren der marktbezogenen und ressourcenbezogenen Wettbewerbsfähigkeit. Die Darstellung erfolgt aus der Sichtweise der deutschen Automobilhersteller.

Tab. 4.10: Die Entwicklung der deutschen Automobilindustrie und das Konzept der kritischen Entwicklungsschwellen. Quelle: Eigene Darstellung.

Entwicklungs-schwellen	Phase des Wiederaufbaus (1950–1975) → Phase der Neuorientierung (1975–1995)	Phase der Neuorientierung (1975–1995) → Phase der Produktoffensiven (1995–2005)	Phasen der Produktoffensiven (1995–2005) → Phase der Globalisierung (2005–2015)	Phase der Globalisierung (2005–2015) → Phase der Elektrifizierung u. Digitalisierung (seit 2015)
Endogene Treiber	– Marktsättigung – Steigende Kundenanforderungen – Neue Wettbewerber	– Individualisierung – Neue Märkte und Standorte – Konsolidierung	– Globalisierung Produkte und Produktion – Volatilität der Märkte	– Digitaler Konsument – Neue Branchenfremde Akteure – Vernetzung
Exogene Treiber	– Aufwertung D-Mark – Ölpreiskrise	– EU-Binnenmarkt – Öffnung Osteuropa	– Emerging Makets, insb. China – Finanzkrise	– Digitale Revolution – Klimawandel – Urbanisierung
Kritische Entwicklungsschwelle	– Übergang vom quantitativen zum qualitativen Wachstum	– Erweiterung Modellpalletten bei gleichzeitiger Steigerung Kosteneffizienz	– Erschließung neuer Märkte mit hohen Risiken	– Vom Automobilhersteller zum Mobility-Provider
Faktoren der marktbezogenen Wettbewerbsfähigkeit	– Erweiterung Ausstattungsumfänge – Optimierung Kraftstoffverbrauch – Dienstleistungen	– Ausdehnung Modellprogramme – Mehrmarkenstrategie – Aktive Imagepflege	– Ausrichtung Modellprogramm auf Wachstumsmärkte – Aufbau Vertiebsnetze – Globale Markenführung	– Advanced Driver Assistence Systems (ADAS) – Elektrifizierung Antriebsstrang – Digitale Markenkompetenz
Faktoren der ressourcenbezogenen Wettbewerbsfähigkeit	– Steigerung FUE-Ausgaben – Aufbau IT-Kompetenz – Aktives Qualitätsmanagment	– Plattform- und Modulstrategie – Lean Production – Lieferanten als Entwicklungspartner	– Aufbau neuer Produktionsstätten – Globale Produktions und Logistiknetzwerke – Internationalisierung Management und Mitarbeiter	– Aufbau neuer Kernkompetenzen – Schaffung digitales ECO-System – Aktive Kapitalmarktpolitik

Market Disruption: Was passiert, wenn sich Märkte verändern?
Auf einem Markt treffen Nachfrage und Angebot zusammen. Sie sind Orte des Austauschs. Hinter jeder Nachfrage steht ein bestimmter Bedarf, der wiederum durch bestimmte Produkte (oder Dienstleistungen oder einer Symbiose aus beidem) befriedigt wird. Ändert sich der Bedarf, müssen auch die Produkte geändert und an den neuen Bedarf angepasst werden. Solche Veränderungen haben Auswirkungen auf den Wettbewerb und die Wettbewerbsfähigkeit von Unternehmen. Folgt ein Unternehmen nicht oder zu langsam einer Bedarfsänderung verliert es seine Wettbewerbsfähigkeit und damit auch seine Kunden. Andererseits eröffnen Bedarfsänderungen neuen Unternehmen die Chance, in einen Markt einzutreten und dort mit ihren Kompetenzen erfolgreich zu agieren.

Der Automobilmarkt ist seit seinen Anfängen ein Driver-Owner-Markt, will sagen: Kunden kaufen ein Auto und fahren es in der Regel selbst. Auf diesen Bedarf hin haben sich alle Automobilhersteller ausgerichtet – die deutschen Automobilhersteller ganz besonders intensiv. Die „Freude am Fahren" könnte – wäre es nicht der Slogan eines bestimmten deutschen Herstellers – auch das Credo der gesamten deutschen Automobilindustrie sein. Fahrfreude ist so etwas wie der genetische Code der deutschen Automobilhersteller. Um diesem Anspruch gerecht zu werden, will man das technisch perfekte Produkt für den aktiven Autofahrer anbieten, was in der Vergangenheit auch gut gelungen ist.

Das hohe Leistungsniveau der Fahrzeuge und das Fahrprestige, das sie vermitteln, sind die Basis der Wettbewerbsfähigkeit der deutschen Automobilindustrie und die Grundlage ihres nachhaltigen Erfolges. Auf dieses Ziel hin wurden sowohl die markt- wie auch die ressourcenbezogenen Gestaltungsfaktoren ausgerichtet und über einen langen Zeitraum hinweg optimiert. Die deutschen Automobilhersteller besetzen das traditionelle Marktmodell, den Driver-Owner-Markt mit einer kaum zu übertreffenden Kompetenz, wie ihre dominante Stellung im Premiumsegment belegt.

Was aber wenn sich dieses Marktmodell verändert? Wenn an die Stelle des aktiven Fahrens das immer stärker assistierte und schließlich automatisierte Fahren tritt? Wenn die Fahrfreude vor allem darin besteht, nicht mehr selber fahren zu müssen und stattdessen während der Fahrt die Landschaft zu genießen, im Internet zu surfen oder ganz einfach mit seinen Kindern zu spielen?

Die Wettbewerbsfähigkeit der deutschen Automobilindustrie ist extrem eng an das heutige Marktmodell geknüpft. Wenn es sich ändert verliert das heute so perfekte Arrangement der markt- und ressourcenbezogenen Gestaltungsfaktoren an Bedeutung. Vorhandene Kompetenzen werden entwertet, neue müssen aufgebaut werden. Werden die deutschen Automobilhersteller mit ihrer starken Verankerung in der Welt des Driver-Owner dazu die Kraft haben?

5 Strategische Herausforderungen und Handlungsfelder für die deutsche Automobilindustrie

5.1 Elektrifizierung – Vom Verbrenner zum Elektroauto

Vieles spricht dafür, dass der Elektroantrieb den Verbrennungsmotor als Standardtechnologie im Automobilbau ablösen wird. Mit einem beschleunigten Markthochlauf kann im Zeitraum 2020 bis 2025 gerechnet werden, wenn die Batteriepreise deutlich niedriger und die Reichweiten deutlich höher als heute sein werden. Die deutschen Hersteller werden ihr Angebot an Elektrofahrzeugen in den nächsten Jahren weiter ausbauen. Noch fehlt aber eine überzeugende Strategie, wie man in diesem Technologiefeld eine führende Position erreichen möchte.

Technologische Optionen für mehr Umweltverträglichkeit
Vor allem durch die zunehmende politische Regulierung, aber auch durch das weiter steigende Umweltbewusstsein der Autokäufer wird das Angebot an umweltverträglichen und gleichzeitig bezahlbaren Antriebskonzepten in den nächsten Jahren zu einem der entscheidenden Faktoren für die Wettbewerbsfähigkeit von Automobilherstellern werden. Dazu verfügt die Branche heute über ein breites Spektrum an technologischen Optionen. Neben der weiteren Optimierung des Verbrennungsmotors sind dies traditionelle Hybride (Mild Hybrid, Vollhybrid), gasbetriebene Fahrzeuge, Brennstoffzellenautos (Fuel Cell) sowie batterieelektrische Elektrofahrzeuge (Battery-Electric-Vehicles – BEV) und Plug-in-Hybride (PHEV) bzw. Range Extender Fahrzeuge (REEV). Hinzu kommt das Angebot an umweltverträglichen Kraftstoffen wie Wasserstoff und synthetischen Kraftstoffen.

Welche Technologie sich langfristig im Markt durchsetzen wird, ist noch nicht entschieden. Eine vergleichende Bewertung der verschiedenen alternativen Antriebstechnologien und Kraftstoffe zeigt Tabelle 5.1. Wie die Darstellung deutlich macht, erfüllt keine der genannten Alternativen alle für eine rasche Diffusion notwendigen Voraussetzungen in vollem Umfang. Vielfach besteht ein Zielkonflikt (trade-off) zwischen Alltagstauglichkeit, Umweltverträglichkeit und/oder Kosten.

Klar ist, dass kein Automobilhersteller schon allein aus Kostengründen in der Lage sein wird, alle Technologien bis zur Serienreife zu entwickeln und ständig zu optimieren. Andererseits ist angesichts der unterschiedlichen Leistungsprofile, vor allem aber aufgrund der nur schwer abschätzbaren künftigen technologischen Potenziale der verschiedenen Antriebstechnologien und Kraftstoffe eine frühzeitige Festlegung auf eine Technologie mit hohen Risiken behaftet. Entscheidet sich ein Hersteller für die „falsche" Alternative könnte dies existenzgefährdend sein. Dementsprechend werden sich alle Hersteller noch für eine gewisse Zeit verschiedene Optionen offenhalten.

https://doi.org/10.1515/9783110483567-005

Tab. 5.1: Technologie- und Kostenprofile alternativer Antriebstechnologien und Kraftstoffe im Überblick Quelle: eigene Darstellung.

	Alltagstauglichkeit	Ökologie	Kosten
Voll-Hybrid	Sehr hoch	Hoch, abhängig von Fahrzyklen	Anschaffungskosten höher als Verbrennungsmotor, Kraftstoffkosten identisch
Plug-in-Hybrid (PHEV)	Sehr hoch	Hoch, abhängig von Fahrzyklen	Anschaffungskosten deutlich höher als Verbrennungsmotor, Verbrauchskosten niedriger
Plug-in-Hybrid mit Range Extender (REEV)	Sehr hoch	Sehr hoch, abhängig von Fahrzyklen	Anschaffungskosten deutlich höher als Verbrennungsmotor, Verbrauchskosten niedriger
Batterieelektrisches Auto Elektroauto (BEV)	Eingeschränkt (Reichweite)	Sehr hoch, abhängig vom Strom-Mix	Anschaffungskosten deutlich höher als Verbrennungsmotor, Verbrauchskosten erheblich niedriger (Strom)
Brennstoffzelle (Fuel Cell)	Abhängig von Ausbau Wasserstoffinfrastruktur	Sehr hoch, abhängig von Wasserstofferzeugung	Anschaffungskosten sehr hoch im Vergleich zum Verbrenungsmotor, hohe Kraftstoffkosten (Wasserstoff)
Autogas	Sehr hoch	Besser als konventioneller Verbrennungsmotor	Anschaffungskosten höher, Kraftstoffkosten niedriger als konventioneller Verbrennungsmotor
Erdgas	Hoch, Betankungsinfrastruktur ausbaufähig	Besser als konventioneller Verbrennungsmotor	Anschaffungskosten höher, Kraftstoffkosten niedriger als konventioneller Verbrennungsmotor
Synthetische Kraftstoffe	Abhängig vom Aufbau einer Betankungsinfrastruktur	Sehr hoch, abhängig von Herstellung	Hohe Anschaffungskosten, extrem hohe Kraftstoffkosten

Die Elektrifizierung des Antriebsstranges ist als technologische Option in den letzten Jahren immer stärker in den Vordergrund gerückt, da ihr sowohl unter ökologischen wie auch ökonomischen Gesichtspunkten ein großes Entwicklungspotenzial zugeschrieben wird *(vgl. Peters et al. 2012, S. 16)*. Neben der Reduktion der klimaschädlichen CO_2-Emissionen kann sie auch einen wichtigen Beitrag zur Minimierung der Schadstoffbelastungen in Ballungszentren leisten. Sie wirkt also gewissermaßen global wie auch lokal. Gleichzeitig kann sie auf einer vorhandenen Energieinfrastruktur aufbauen (Strom) und ist auch im Hinblick auf die für die Kundenakzeptanz wichtigen Anschaffungs- und Unterhaltskosten in absehbarer Zukunft attraktiv.

Eine Sonderrolle unter den Elektroantrieben nehmen Brennstoffzellen-Fahrzeuge ein, die den Aufbau einer anderen Energiebasis und Versorgungsinfrastruktur erfordern als strombetriebene Fahrzeuge, nämlich Wasserstoff. Dementsprechend müssen Brennstoffzellen-Fahrzeuge als ein eigenständiges Technologiekonzept gesehen werden, auch wenn der Antrieb bei diesen Fahrzeugen letztlich elektrisch erfolgt. Größtes Problem bei der Brennstoffzellen-Technologie ist nach wie vor der hohe Energieeinsatz bei der Herstellung von Wasserstoff und die damit verbundenen hohen Kosten *(vgl. Fraunhofer IAO, S. 29)*.

Aus Sicht der Automobilhersteller ist die batterieelektrische Elektromobilität nicht zuletzt deshalb interessant, weil das Konzept durch die verschiedenen Varianten, die möglich sind (batterieelektrische Fahrzeuge, Plug-in-Hybride, Range-Extender-Fahrzeuge) an verschiedene Einsatzfelder angepasst werden kann. So eignen sich batterieelektrische Fahrzeuge heute noch vor allem für den Verkehr in Ballungszentren und auf Kurzstrecken, während mit Plug-in-Hybriden und Range Extender Fahrzeugen auch das Langstrecken und Vielfahrer-Segment abgedeckt werden kann. Da zwischen den verschiedenen Konzepten Synergie-Effekte bestehen, ist auf Basis einer gemeinsamen Fahrzeugarchitektur ein breites Spektrum an Fahrzeugmodellen und -derivaten darstellbar.

Ökologische Nachhaltigkeit der Elektromobilität
Im Hinblick auf die ökologische Bewertung der Elektromobilität liegt mittlerweile eine kaum noch überschaubare Zahl von Untersuchungen vor, die aufgrund unterschiedlicher Annahmen und Methoden zu teilweise widersprüchlichen Ergebnissen kommen. So schwanken z. B. die Aussagen zum CO_2-Emissionsreduktionspotenzial von Elektrofahrzeugen gegenüber konventionell angetriebenen Fahrzeugen nach einer Meta-Studie des Bremer Energie Instituts aus dem Jahre 2011 zwischen –3 und –52 Prozent *(vgl. Wellbrock et al. 2011, S. 26)*. Darüber hinaus ist eine ausschließlich auf die Nutzungsphase beschränkte Bewertung wenig aussagekräftig, da die ökologische Gesamtbilanz des Elektromobils sehr stark von der Art der Stromerzeugung und der Fahrzeugherstellung mit beeinflusst wird. Ökologisch problematisch ist bei Elektrofahrzeugen vor allem die Produktion der Batteriezellen, die deutlich energieintensiver ist als die eines herkömmlichen Benzin- oder Dieselmotors *(vgl. Frischknecht 2012, S. 16)*.

In einer im Auftrag des Umweltbundesamtes (UBA) durchgeführten Studie des Instituts für Energie- und Umweltforschung (ifeu) in Heidelberg wurde eine ganzheitliche Ökobilanzierung der Elektromobilität durchgeführt *(vgl. Helms et al. 2016)*. Neben einer Umweltbewertung im engeren Sinne umfasste diese auch eine Bewertung des Ressourceneinsatzes und der damit verbundenen Umweltbelastungen und Versorgungsrisiken.

Im Hinblick auf die klimarelevanten Treibhausgasemissionen kommt die Studie zu folgenden Ergebnissen: Auf Basis einer Well-to-Wheel-Betrachtung und unter Zugrundelegung des heutigen Strommixes in Deutschland sowie unter Be-

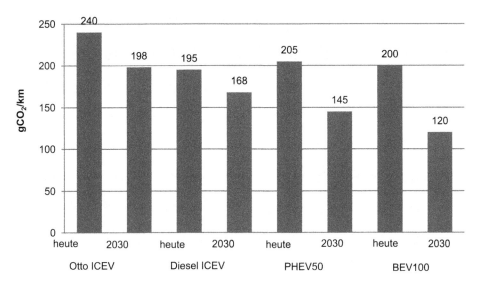

Abb. 5.1: Treibhausgasemissionen von Verbrennungs- und Elektrofahrzeugen.
Quelle: ifeu/UBA 2016, S. 19.

rücksichtigung der Fahrzeugherstellung (inkl. Batteriezellen) liegen die klimarelevanten CO_2-Emissionen von batterieelektrischen Fahrzeugen um 20 Prozent unter denen eines Fahrzeugs mit Otto-Motor. Keinen CO_2-Vorteil hat das Elektroauto jedoch gegenüber dem Diesel. Erst mit einem steigenden Anteil regenerativ erzeugten Stroms sind die Treibhausgasemissionen von Elektrofahrzeugen auch niedriger als die von Diesel-Fahrzeugen. Bei einem konsequenten Ausbau erneuerbarer Energien dürfte der CO_2-Vorteil des Elektroautos gegenüber einem Benziner bei 41 Prozent und gegenüber einem Diesel bei 30 Prozent liegen (Abb. 5.1). Allerdings gilt es zu berücksichtigen, dass Elektroautos den „ökologischen Rucksack" aus der Herstellung erst bei hohen elektrischen Fahrleistungen ausgleichen können. Die Schwelle liegt bei rund 170.000 km *(vgl. Helms et al. 2016, S. 20)*.

Positiv stellt sich die Energiebilanz von Elektrofahrzeugen dar, was vor allem auf den hohen energetischen Wirkungsgrad von Elektromotoren in einer Größenordnung von 80 bis 95 Prozent gegenüber 20 bis 30 Prozent bei Verbrennungsmotoren zurückzuführen ist *(vgl. Fraunhofer IAO 2015, S. 11)*. Weiterhin kann die Elektromobilität auch einen signifikanten Beitrag zur Reduktion der Stickoxidemissionen leisten *(vgl. Helms 2016, S. 109)*. Negativ ist die Ökobilanz von Elektrofahrzeugen hingegen im Hinblick auf die erhöhten Feinstaubemissionen und den höheren Rohstoffaufwand, die beide vor allem aus der Batterieherstellung resultieren *(vgl. ebenda, S. 21)*. Es wird erwartet, dass die Nachteile des BEV auf dem Gebiet der Feinstaubemissionen und des Rohstoffaufwandes minimiert werden können. Dabei kommt dem Batterierecycling eine große strategische Bedeutung zu *(vgl. ebenda, S. 135ff.)*.

Insgesamt zeigt die ganzheitliche ökologische Bilanzierung, dass Elektroautos beim heutigen Stand der Technik konventionell angetriebenen Fahrzeugen nicht in allen Bereichen überlegen sind. Vor allem der Diesel-Motor weist nach wie vor eine sehr gute CO_2-Bilanz auf. Das technologische Entwicklungspotenzial von Elektrofahrzeugen ist jedoch hoch, so dass die Prognose, dass sich der elektrische Antrieb längerfristig als Standardantrieb im Automobil durchsetzen wird, eine hohe Eintrittswahrscheinlichkeit hat.

Marktentwicklung für Elektroautos: Wachstum auf niedrigem Niveau
Betrachtet man die Entwicklung des Weltmarktes für Elektroautomobile in den letzten Jahren so zeichnet sich ein deutliches Wachstums auf einem allerdings nach wie vor niedrigen Niveau ab. So sind die Zulassungen von batterieelektrischen Elektroautos (BEV) von 39.190 Einheiten im Jahr 2011 auf 466.430 Fahrzeuge im Jahr 2016 gestiegen. Der Absatz von Plug-in-Hybriden (PHEV) erhöhte sich im gleichen Zeitraum von 8.970 Einheiten auf 286.750 Einheiten. Insgesamt lag der der Anteil von Elektrofahrzeugen am gesamten Weltautomobilabsatz im Jahr 2016 aber dennoch bei lediglich 1,1 Prozent (Tab. 5.2).

Auch im Hinblick auf den Bestand zeigt sich eine dynamische Entwicklung auf einem allerdings auch hier niedrigen Niveau (Tab. 5.3). So gab es im Jahr 2016 weltweit 2,014 Mio. Elektrofahrzeuge bei einem Gesamtbestand von rund 1 Mrd. Fahrzeuge weltweit. Vom gesamten Elektrofahrzeugbestand entfielen 1,209 Mio. Einheiten auf BEV, was einem Anteil von 60 Prozent entspricht und 0,805 Mio. Einheiten auf PHEV.

Nur in Ländern, in denen die Anschaffung von Elektroautomobilen massiv staatlich unterstützt wird, haben Elektroautos bislang schon eine gewisse Marktbedeutung erlangt. Spitzenreiter ist Norwegen mit einem Marktanteil von 28,8 Prozent im Jahr 2016. Vor allem die Kombination aus staatlicher Förderung und der Einräumung von Benutzervorteilen scheint – wie dieses Beispiel zeigt – die Kaufbereitschaft für Elektroautos zu fördern *(vgl. OECD/IEA 2016, S. 11ff.)*.

Tab. 5.2: Neuzulassungen von Elektroautos in ausgewählten Ländern. Quelle: OECD/IEA 2017, S. 49.

(in Tsd.)	BEV		PHEV		insgesamt		Anteil
	2011	2016	2011	2016	2011	2016	in v. H.
China	4,75	257,00	0,32	79,00	5,07	336,00	1,37
USA	9,75	86,73	7,98	72,89	17,73	159,62	0,91
Japan	12,61	15,46	0,02	9,39	12,63	24,85	0,59
Deutschland	1,83	11,32	0,27	13,29	2,10	24,61	0,73
Frankreich	2,63	21,75	0,67*	7,75	3,30	29,51	1,45
Insgesamt	**39,19**	**466,43**	**8,97**	**286,75**	**48,16**	**753,17**	**1,10**

* Jahr 2012

Tab 5.3: Bestand an Elektroautos in ausgewählten Ländern. Quelle: OECD/IEA 2017, S. 50.

(in Tsd.)	BEV		PHEV		insgesamt	
	2011	2016	2011	2016	2011	2016
China	5,84	483,19	0,66	165,58	6,50	648,77
USA	13,52	297,06	7,98	266,65	21,50	563,71
Japan	16,13	86,39	0,02	64,86	16,15	151,25
Deutschland	2,07	40,92	0,27	31,81	2,34	72,73
Frankreich	2,93	66,97	0,00	17,03	2,93	84,00
Insgesamt	51,33	1.208,90	9,32	805,32	60,65	2.014,22

Eine positive Tendenz weisen die Verkäufe von Elektrofahrzeugen in Deutschland auf. Hier zeigt die im Jahr 2016 eingeführte Kaufprämie Wirkung. Treiber dieser Entwicklung sind vor allem gewerbliche Kunden, die im ersten Quartal 2017 einen Anteil von 44 Prozent an den gesamten Neuzulassungen von Elektrofahrzeugen (BEV und PHEV) hatten (Abb. 5.2). Das ursprüngliche politische Ziel von einer Million Elektrofahrzeugen auf Deutschlands Straßen bis zum Jahr 2020 wird jedoch nicht erreicht und ist zwischenzeitlich auch aufgegeben worden.

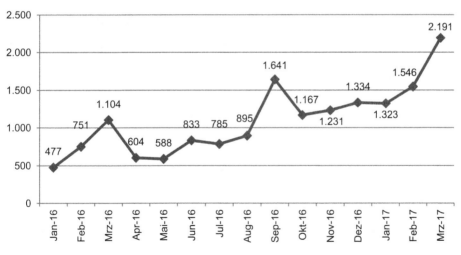

Abb. 5.2: Entwicklung der Neuzulassungen und Haltergruppen bei Elektroautos. Quelle: KBA/VDA 2017.

Potenziale und Fortschritte – auf dem Weg in die Elektromobilität

Im Hinblick auf die Akzeptanz und Ausbreitung von batterieelektrischen Fahrzeugen lassen sich im Wesentlichen die folgenden vier Barrieren identifizieren:

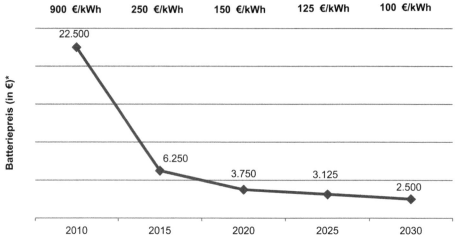

Abb. 5.3: Entwicklung der Batteriepreise für Elektroautos (BEV). Quelle: Eigene Darstellung.

- hohe Anschaffungspreise,
- geringe Reichweiten,
- die mangelhafte Infrastruktur sowie
- das sehr beschränkte Modellangebot.

In allen drei, für die Kundenakzeptanz relevanten Bereichen zeichnen sich mittlerweile deutliche Fortschritte ab.

Reduktion der Anschaffungspreise und Unterhaltskosten: Die deutlich über den Anschaffungspreisen von konventionell angetriebenen Fahrzeugen liegenden Preise für Elektroautos waren und sind vor allem durch die hohen Batteriepreise bedingt. Im Jahr 2010 lag der Preis einer Traktionsbatterie bei rund 900 Euro je kWh. Bei einer Batteriekapazität von 25 kWh kostete damit eine Batterie 22.500 Euro. Seither ist ein deutlicher Rückgang der Batteriepreise festzustellen (Abb. 5.3). Mittlerweile liegen die Batteriekosten bei 250 Euro/kWh und damit ist der Batteriepreis (bei einer angenommen konstanten Kapazität von 25 kWh) auf 6.250 Euro gefallen. Bis zum Jahr 2020 dürfte der Preis auf 150 Euro/kWh und die Kosten für eine Batterie auf 3.750 Euro zurückgehen. Bis zum Jahr 2025 zeichnet sich dann ein weiterer Rückgang auf 3.125 Euro und bis zum Jahr 2030 auf 2.500 Euro für eine Traktionsbatterie ab.

Diese Entwicklung hat signifikante Auswirkungen auf den Anschaffungspreis eines Elektrofahrzeugs. Liegt der Preis für Elektrofahrzeugs in der Kompaktklasse heute noch um etwa 30 Prozent über dem eines vergleichbaren Fahrzeugs mit Verbrennungsmotor, so wird ein Elektroauto spätestens im Jahr 2025 aufgrund des Rückgang des Batteriepreises auf dem gleichen Preisniveau wie ein Verbrenner an-

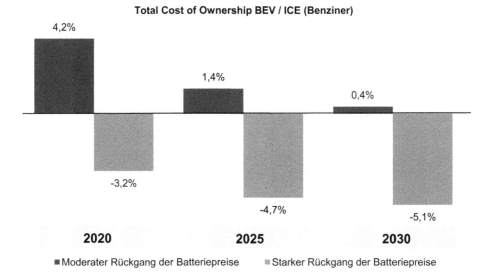

Abb. 5.4: Entwicklung der gesamten Kosten (TCO) für Elektrofahrzeuge gegenüber Benzin-Fahrzeugen. Quelle: Element Energy/BEUC 2016, S. 32 ff.

geboten werden können Dabei gilt es zu berücksichtigen, dass der Preis für ein Fahrzeug mit Verbrennungsmotor aufgrund der zunehmend aufwändigeren Nachbehandlungstechnologien zur Erfüllung der gesetzlichen Grenzwerte tendenziell steigen wird *(vgl. Fraunhofer IAO 2015, S. 52 f.)*.

Berücksichtigt man überdies die niedrigeren Betriebskosten für Elektroautos (Stromkosten, geringerer Wartungs- und Reparaturbedarf), so werden sich die Total-Cost-of-Ownership (TCO) für Elektroautos auch ohne zusätzliche staatliche Subventionen sukzessive denen von Fahrzeugen mit Verbrennungsmotoren annähern. Nach einer von der Unternehmensberatung Element Energy im Auftrag der europäischen Konsumentenorganisation BEUC durchgeführten Analyse werden batterieelektrische Elektroautos im Segment der unteren Mittelklasse („Golf-Segment") spätestens im Jahr 2030 die gleichen TCO's aufweisen wie Benzin-Fahrzeuge. Dabei wurde allerdings nur ein relativ moderater Rückgang der Batteriepreise unterstellt. Geht man von den aktuell deutlich niedrigeren Prognosen für die Batteriepreise in den Jahren 2020 bis 2030 aus, so könnten die TCO's für Elektroautos bereits im Jahr 2020 um 3,2 Prozent unter denen von Fahrzeugen mit Verbrennungsmotoren (Benziner) liegen. Im Jahr 2030 läge der Kostenvorteil eines BEV bei 5,1 Prozent (Abb. 5.4).

Erhöhung der Reichweiten: Die Lithium-Ionen-Batterie dürfte auf absehbare Zeit die technische Standardlösung für Elektroautos bleiben. Zwar versprechen andere Batteriekonzepte wie etwa Lithium-Schwefel-Batterien und Lithium-Luft-Batterien höhere Energiedichten und damit größere Reichweiten, doch muss deren Tauglichkeit für eine Großserienproduktion im Hinblick auf Sicherheit, Zyklenfestigkeit, Lebensdauer und Recycling noch verbessert werden *(vgl. Fraunhofer IAO 2015, S. 14 f.).*

Die gravimetrische Energiedichte von Lithium-Ionen-Batterien in Elektrofahrzeugen liegt heute zwischen 100 und 150 Wh/kg. Zum Vergleich: Die theoretische Energiedichte von Lithium-Schwefel-Batterien beträgt 2.600 Wh/kg, die von Lithium-Luft-Zellen sogar 5.200 Wh/kg *(vgl. ebenda, S. 14)*. Durch weitere Optimierungen zeichnet sich bei den Lithium-Batterien in den nächsten Jahren eine Erhöhung der Energiedichten (bei gegebener Größe und Gewicht) auf 200 Wh/kg ab *(vgl. Fraunhofer ISI 2012, S. 7)*. Dementsprechend könnten die Reichweiten für Elektroautos unter Beibehaltung des heutigen Batteriegewichtsniveaus in Größenordnungen von bis zu 400 km steigen.

Ausbau und Optimierung der Ladeinfrastruktur: Die Zahl der öffentlich zugänglichen Ladepunkte für Elektroautos ist in den letzten Jahren deutlich angestiegen. Gab es im Jahr 2010 weltweit lediglich 4.055 öffentlich zugängliche Ladesäulen, so waren es im Jahr 2016 322.265, wobei 34,1 Prozent davon Schnell-Ladepunkte („fast charger") waren. Bemerkenswert ist, dass sich 80,5 Prozent aller Schnellladepunkte in China befanden *(vgl. OECD/IEA 2017, S. 52)*. Zählt man zu den genannten knapp 190.000 öffentlich zugänglichen Elektrotankstellen noch die privaten Ladepunkte dazu gab es im Jahr 2016 weltweit über 2 Mio. Lademöglichkeiten für Elektroautos *(vgl. ebenda, S. 31)*. Weltweit kamen im Jahr 2015 auf einen öffentlich zugänglichen „slow charger" durchschnittlich 7,8 Elektroautos. Bei den „fast chargern" waren es 45 Elektroautos, wobei diese Relation in China und in Japan mit 25 bzw. 21 Elektroautos jedoch deutlich besser war *(vgl. OECD/IEA 2016, S. 27)*.

In allen Ländern und Regionen gibt es Planungen und Programme, um das Netz an öffentlich zugänglichen Ladesäulen auszubauen. Akteure sind dabei nicht nur die öffentliche Hand und die Energieversorger, sondern auch die Automobilhersteller selbst. So möchte ein Konsortium aus BMW, Daimler, Ford, Volkswagen, Porsche und Audi in den nächsten Jahren ein Netz mit 400 ultraschnellen Ladestationen in Europa aufbauen. Darüber hinaus werden auch Unternehmen für ihre Mitarbeiter sowie Einkaufszentren, Kaufhäuser und Veranstaltungs- und Kongresszentren für eine zusätzliche Zahl an öffentlich zugänglichen Lademöglichkeiten sorgen. Schließlich dürften auch im Bereich des privaten Wohnungsbaus die Investitionen in Ladepunkte zunehmen.

Von besonderer Bedeutung werden dabei Schnell-Ladestützpunkte sein, die eine Beladung der Batterien in maximal 20 Minuten erlauben. So erklärten in einer von der Universität Newcastle (UK) im Auftrag des Rapid Charge Network (RCN) durchgeführten Befragung, 76,4 Prozent der Befragten, dass die Verfügbarkeit von Schnellladepunkten definitiv einen Einfluss auf die mögliche Anschaffung eines Elektroautos haben würde *(vgl. Blythe 2015, S. 34)*. Auf Basis der bekannten Ausbauprogramme wird die Zahl der öffentlich zugänglichen Lademöglichkeiten in den nächsten Jahren weiter deutlich zunehmen. Im Jahr 2030 dürfte es weltweit

14 Mio. öffentlich zugängliche Ladepunkte für Elektrofahrzeuge geben *(vgl. OECD/ IEA 2017, S. 39)*.

Als Zielsetzung für Deutschland hat die Nationale Entwicklungsplattform Elektromobilität (NEP) für das Jahr 2020 77.100 Ladepunkte ausgegeben, wovon 7.100 Schnellladepunkte sein sollten *(vgl. NEP 2016, S. 17)*. Heute gibt es in Deutschland 6.800 öffentliche Ladepunkte, wovon allerdings nur 150 Schnellladepunkte sind. Zu berücksichtigen ist bei diesen Zahlen immer, dass ein Elektroauto auch an jeder Haushaltssteckdose (z. B. in der eigenen Garage) aufgeladen werden kann.

Durch die induktive Beladung könnte die Akzeptanz von Elektroautos weiter gesteigert werden, da diese den Beladungsvorgang deutlich erleichtert. Im Gegensatz zu den konduktiven Ladesystemen, erfolgt die Beladung bei einem induktiven Ladesystem kontaktlos über einen Luftspalt mittels eines elektromagnetischen Wechselfeldes *(vgl. Fraunhofer IAO 2015, S. 34)*. Entsprechende Ladeflächen könnten auf Parkplätzen und in Parkhäusern zur Verfügung gestellt werden. Langfristig erscheint auch eine Beladung während der Fahrt über in der Straße eingelassene Induktionsschleifen denkbar. Damit würde der Tankvorgang praktisch automatisiert und keine Fahrtunterbrechung mehr notwendig machen.

Erweiterung des Modellangebotes: Nach der klassischen ökonomischen Theorie bestimmt die Nachfrage das Angebot. Gerade bei der Ausbreitung neuer Technologien – man denke etwa an das Smartphone – besteht häufig ein umgekehrter Zusammenhang: Das Angebot bestimmt die Nachfrage. Dabei spielt im Automobilmarkt der sogenannte „Brand-Push-Effekt" eine wichtige Rolle. Damit ist gemeint, dass ein wachsendes Angebot, vor allem dann, wenn es von „starken" Marken kommt, auch eine zusätzliche Nachfrage generieren kann. In Umkehrung des klassischen Paradigmas, ist es in diesem Fall also nicht die steigende Nachfrage, die ein zusätzliches Angebot induziert, sondern umgekehrt, das steigende Angebot löst einen Nachfrage-Sog aus. Für die Relevanz dieses Effektes bei der Diffusion von Elektrofahrzeugen sprechen Befragungsergebnisse, die zeigen, dass Autofahrer auch bei Elektrofahrzeugen etablierten Marken einen Vertrauensvorschuss geben. So zeigt eine von McKinsey&Company im Jahr 2016 durchgeführte Erhebung, dass fast 80 Prozent der Autokäufer in den USA und Deutschland etablierten Marken beim Kauf eines Elektroautos mehr vertrauen als neuen Automobilmarken oder Anbietern, die keinen genuin automobilen Hintergrund haben *(vgl. McKinsey&Company 2017, S. 16 f.)*.

Belegt wird dieser Effekt auch durch die tatsächliche Marktentwicklung in den letzten Jahren. So hat sich das Angebot an Elektrofahrzeugen in den letzten Jahren sprunghaft erhöht (Tab. 5.4). Parallel dazu ist auch der Absatz von Elektrofahrzeugen stark gestiegen und entgegen einer verzerrten öffentlichen Wahrnehmung sind es die etablierten Marken, die im Bereich der Elektromobilität die höchsten Absatzzahlen und Marktanteile aufweisen. Lediglich Tesla hat es mit einer auf Elektroautos fokussierten Unternehmensstrategie, überzeugenden Produkten und einem professionellen Marketing- und Vertriebskonzept geschafft, sich erfolgreich inter-

Tab. 5.4: Entwicklung des Angebots an Elektrofahrzeugen in Deutschland.
Quelle: Eigene Darstellung/Automobilwoche Edition 2017.

2009	2014	2017
		– Audi A3 e-tron
		– Audi Q7 e-tron
		– BMW 225xe
		– BMW 330e
		– BMW 530e
		– BMW 740e
		– BMW i3
		– BMW i8
		– BMW X5 xDrive
		– Citroën Berlingo Electric
		– Citroën E-Méhari
		– Citroën C-Zero
		– Ford Focus Electric
		– Hyundai Ioniq Elektro
		– Hyundai ix35 Fuel Cell
		– Kia Optima
		– Kia Soul EV
		– Mercedes B 250 E
		– Mercedes C 350 E
		– Mercedes E 350 E
		– Mercedes GLC 350 E
		– Mercedes GLE 500 E
		– Mercedes S 500 E
		– Mini Cooper S E
		– Mitsubishi Outlander
		– Nissan e-NV200
		– Nissan Leaf 24
		– Opel Ampera-e
		– Peugeot iOn
	– BMW i3	– Peugeot Partner Electric
	– Citroën C-Zero	– Porsche Cayenne S E-Hybrid
	– Ford Focus Electric (PHEV)	– Porsche Panamera S E-Hybrid
	– Mercedes S-Klasse S500	– Renault Twizy 45
	– Mitsubishi i-MiEV	– Renault Zoe
	– Mitsubishi Outlander (PHEV)	– Renault Kangoo
	– Nissan Leaf	– Smart fortwo coupé
	– Peugeot iOn	– Smart forfour
	– Renault Twissy Z. E.	– Streetscooter Work
	– Renault Zoe Z. E.	– Tesla Model S
	– Renault Fluence Z. E.	– Tesla Model X
	– Renault Kangoo Z. E.	– Toyota Mirai
	– Porsche Panamera S (PHEV)	– Toyota Prius Plug-in
	– smart electric drive	– Volvo V60
	– Tesla Model S	– Volvo XC90
	– Toyota Prius (PHEV)	– VW e-up!
	– Volvo C30 Electric Drive	– VW e-Golf
– Tesla	– Volvo V60 Plug-in-Hybrid	– VW Golf GTE
– + Spezialanbieter	– VW Golf Blue E-Motion	– VW Passat GTE

national im Markt zu positionieren. Mit dem absehbaren weiteren Ausbau des Modellangebotes von Elektrofahrzeugen der etablierten Player dürften in den nächsten Jahren das Interesse und die Kaufbereitschaft für Elektroautos einen deutlichen Schub bekommen.

Elektromobilität 2030 – eine Prognose
Aufgrund der genannten Entwicklungen werden die bisherigen Diffusionsbarrieren in den nächsten Jahren erheblich an Bedeutung verlieren. Damit verbessern sich die Voraussetzungen für einen schnellen Markthochlauf von Elektrofahrzeugen. Angesichts der zahlreichen Einflussfaktoren auf den Absatz von Elektrofahrzeugen ist eine Prognose der künftigen Marktpenetration dennoch mit hohen Unsicherheiten verbunden. Neben den politischen Rahmenbedingungen, den technologischen Fortschritten im Bereich der Elektromobilität muss auch die technische Weiterentwicklung konventionell angetriebenen Fahrzeugen, die sicher nicht stehen bleiben wird, mit berücksichtigt werden. Dieser, als Sailing-Ship-Effekt bezeichnete Einflussfaktor, hat im Diffusionsprozess bei allen disruptiven Innovationen eine wichtige Rolle gespielt *(vgl. Hinderer/Schwarzer/Walenczak 2016, S. 11f.)*. So könnte etwa ein Durchbruch bei den synthetischen Kraftstoffen zu einer Renaissance des Verbrennungsmotors führen. Auch die Entwicklung der Rohöl- und damit Kraftstoffpreise hat einen wesentlichen Einfluss auf den Absatz von Fahrzeugen mit alternativen Antriebskonzepten. Ein starker Anstieg der Kraftstoffpreise und eine aufkommende Versorgungsunsicherheit mit Rohöl, würde den Absatz von Elektroautos wahrscheinlich stärker fördern als die heute gewährten Kaufprämien.

Vor diesem Hintergrund ist es wenig überraschend, dass die Vorausschätzungen für den weltweiten Absatz von Elektrofahrzeugen teilweise erhebliche Abweichungen aufweisen. Gemeinsam ist einigen Studien immerhin die Erwartung, dass es ab dem Jahr 2020 zu einem beschleunigten Nachfragewachstum kommen wird. So zeigen Meta-Studien, bei denen verschiedene Einzelstudien ausgewertet und vergleichbar gemacht wurden eine verstärkte Marktdurchdringung mit Elektroautos im Zeitraum 2020 bis 2025 *(vgl. Fraunhofer IAO 2015, S. 47; Hinderer/Schwarzer/Walenczak 2016, S. 17)*. Auch eine Prognose des Fraunhofer-Institutes ISI weist ab dem Jahr 2020 einen beschleunigten Anstieg des Absatzes und der Marktdurchdringung mit Elektroautos auf *(vgl. Fraunhofer ISI 2016, S. 12ff.)*. Folgt man dem mittleren dieser Szenarien („frühe Diffusion"), so könnte der weltweite Marktanteil von Elektroautos im Jahr 2030 bei rund 30 Prozent liegen.

Eine in mehrfacher Hinsicht wichtige Frage ist dabei, wie sich der künftige Absatz von Elektroautomobilen auf rein batterieelektrische Fahrzeuge und Plug-in-Hybride verteilen wird. Im Jahr 2016 betrug die Verteilung weltweit 60 Prozent BEV, 40 Prozent PHEV (inkl. REEV). Geht man davon aus, dass gerade in der Anfangsphase die Reichweiten-Angst eine große Rolle bei der Entscheidung für oder gegen ein Elektroauto spielen wird, so würde dies dafür sprechen, dass der Anteil von Plug-in-Hybriden bis zum Jahr 2030 hoch sein wird. Mit der Gewöhnung an

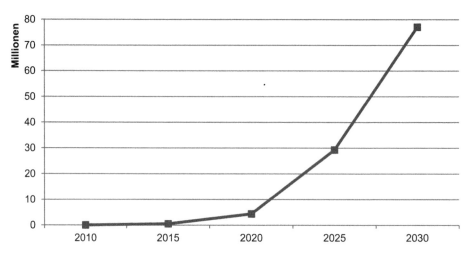

Abb. 5.5: Prognose zur Entwicklung des Weltautomobilmarktes für Elektroautos.
Quelle: Eigene Darstellung.

den elektrischen Antrieb, der Ausweitung der Ladeinfrastruktur und der Optimierung der Ladetechnik dürfte dieser Faktor jedoch an Bedeutung verlieren.

Da Plug-in-Hybride konstruktionsbedingt aufwändiger und teurer sind, wird dieses Antriebskonzept wahrscheinlich im Premiumsegment eine wichtigere Rolle spielen als im Volumensegment. Dort dürften konventionelle Fahrzeuge eine zunächst noch große Verbreitung haben. Mit den sinkenden Batteriekosten und den günstigeren Unterhalts- und Betriebskosten werden BEV aufgrund der niedrigeren Total-Cost-of-Ownership nach dem Jahr 2025 jedoch auch in den preissensibleren Marktsegmenten an Bedeutung gewinnen, so dass sich bis zum Jahr 2040 der batterieelektrische Antrieb als Standardkonzept unter den elektrifizierten Antriebskonzepten durchsetzen dürfte.

Auf Basis dieser Überlegungen und der Berücksichtigung der zahlreichen vorliegenden Prognosen könnte der Weltmarkt für Elektroautomobile bis zum Jahr 2030 auf 77 Mio. Fahrzeuge ansteigen. Dabei wird unterstellt, dass der Weltautomobilmarkt bis zum Jahr 2030 mit einer durchschnittlichen jährlichen Wachstumsrate von 2,5 Prozent auf dann 110,1 Mio. Einheiten ansteigen wird. Der Anteil an Elektrofahrzeugen könnte dann bei 70 Prozent liegen, wobei eine Verteilung von 50 Prozent BEV und 20 Prozent PHEV unterstellt wird (Abb. 5.5).

Marktposition und Strategien der deutschen Hersteller
Die Produktion von Elektroautomobilen der deutschen Automobilhersteller lag im Jahr 2016 bei 140.508 Einheiten. Davon waren 43.975 Fahrzeuge BEV, was einem Anteil von 31,3 Prozent entspricht. Bei einer Gesamtproduktion von 5,749 Mio. Pkw betrug der Anteil von Elektrofahrzeugen an der Gesamtproduktion also knapp 2,5 Prozent.

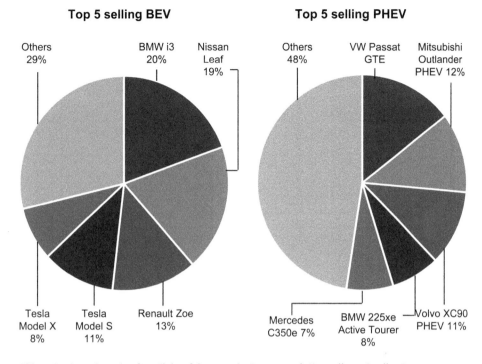

Abb. 5.6: Die meistverkauften Elektrofahrzeuge in Europa nach Herstellern. Quelle: European Alternative Fuels Observatory (EAFO) 2017.

Betrachtet man die Marktposition der deutschen Hersteller, so ist zunächst bemerkenswert, dass im Jahr 2016 sowohl bei den BEV wie auch den PHEV deutsche Modelle an der Spitze der europäischen Verkaufsstatistik lagen (Abb. 5.6). Bei den BEV war es mit einem Marktanteil von 19,5 Prozent der BMW i3 vor dem Nissan Leaf (19,1 Prozent) und dem Renault Zoe (13,2 Prozent), die aber deutlich billiger als der BMW i3 sind. Bei den PHEV belegte der VW Passat GTE mit einem Marktanteil von 14,4 Prozent den Spitzenplatz vor dem Mitsubishi Outlander (12,0 Prozent) und dem Volvo XC 90 (11,4 Prozent).

Die volumenbezogene Positionierung der verschiedenen Hersteller im Markt für Elektroautomobile in Europa und gleichzeitig deren relative Bedeutung am Gesamtabsatz des jeweiligen Herstellers, wiederum bezogen auf den europäischen Markt, zeigt Abbildung 5.7. VW belegt nach Mitsubishi einen Spitzenplatz bei den verkauften Einheiten, der Anteil am Gesamtabsatz ist aber nach wie vor – wie auch bei den anderen Herstellern – verschwindend gering. Lediglich bei Porsche lag der Anteil von Elektrofahrzeugen am europäischen Gesamtabsatz bei über 5 Prozent, wobei es sich hier ausschließlich um PHEV handelt.

Da sich die Situation bei den verschiedenen Automobilherstellern durchaus unterschiedlich darstellt, soll im Folgenden kurz die aktuelle Wettbewerbsposition der einzelnen Marken und deren Zukunftsstrategien aufgezeigt werden.

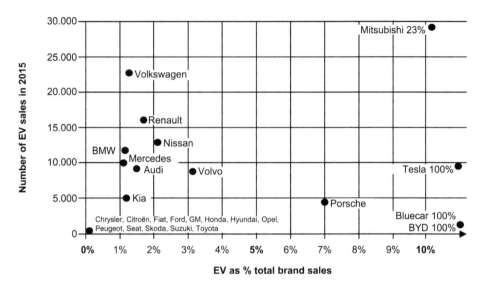

Abb. 5.7: Marktposition ausgewählter Automobilhersteller bei Elektroautos in Europa im Jahr 2015. Quelle: Transport & Environment 2016, S. 3.

Die *Marke Volkswagen* hat im Jahr 2016 drei BEV-Modelle (VW e-up, VW e-load up, VW e-Golf) und drei PHEV-Modelle (VW Golf GTE, VW Passat GTE, VW Passat GTE - Variant) im Angebot. Im Rahmen der Unternehmensstrategie „Transform 2025+" spielt die Elektromobilität eine zentrale Rolle. So plant Volkswagen ab 2020 eine deutliche Ausweitung des Modellangebotes von BEV und PHEV. Grundlage dafür bildet der Modulare Elektrifizierungsbaukasten (MEB) der konzernweit eingesetzt werden soll. Damit verbunden ist das Ziel, ab dem Jahr 2025 Weltmarktführer im Bereich der e-Mobility zu sein und dabei einen Return-on-Sales (RoS) von 6 Prozent zu erzielen. Zentraler Bestandteil der Elektrifizierungsstrategie ist eine Optimierung der Traktionsbatterie, deren Weiterentwicklung Volkswagen künftig als eine Kernkompetenz ansieht. So soll die Energiedichte der Volkswagen Traktionsbatterie bis zum Jahr 2025 von heute 230 Wh/l auf 800 Wh/l gesteigert werden. Damit wären Reichweiten von bis zu 500 km möglich. Gleichzeitig soll der Batteriepreis auf unter 100 Euro/kWh reduziert werden. Außerdem wird sich Volkswagen beim Aufbau eines High-Power-Charging (HPC) Netzwerkes engagieren. Einen Ausblick auf die künftige Modellstrategie hat Volkswagen mit der Vorstellung des Konzeptfahrzeugs I. D. auf dem Pariser Automobilsalon im Oktober 2016 gegeben.

Daimler bot unter der Marke „Mercedes" im Jahr 2016 nur ein BEV-Modell, den B 250e Sports Tourer Electric Drive an. Daneben gibt es sieben PHEV-Modelle. Darüber hinaus werden seit Anfang des Jahres 2017 die Smart Modelle fortwo coupe und cabrio sowie der Smart forfour als BEV angeboten. Mit der Einführung des Smart „electric drive" im Jahr 2007 war die Marke im Daimler-Konzern Pionier in Sachen Elektromobilität. Mit der Gründung der Sub-Brand „EQ" hat Daimler eine

Neuausrichtung seiner Elektrifizierungsstrategie vorgenommen: An die Stelle des „conversions design", bei dem in vorhandene Fahrzeugkonzepte Elektrifizierungskomponenten eingebaut wurden, tritt das „purpose design", das fokussiert auf Elektrofahrzeuge ausgerichtet ist. So sollen auf Basis eines modularen Baukastensystems, das sowohl die Fahrzeugkonzepte („Modular eDrive Concept") als auch die Traktionsbatterie („Modular Battery Concept") umfasst, eine Vielzahl von neuen Modellen und Derivaten entstehen. Die neue Fahrzeugarchitektur für den elektrischen Antrieb soll global einsetzbar und skalierbar sein. Bis zum Jahr 2025 will Daimler mehr als zehn Elektro-PKW auf den Markt bringen und erwartet bis dahin einen Anteil der Elektromodelle am Gesamtabsatz von 15 bis 25 Prozent. Obwohl Daimler einer der Pioniere der Brennstoffzellen-Technologie ist, gibt es aktuell kein entsprechendes Modell im Angebot. Auch für die nähere Zukunft gibt es keine Ankündigungen, diese Technologie in Fahrzeugkonzepten umzusetzen. Der auf dem Pariser Automobilsalon im Oktober 2016 vorgestellt EQ-SUV wird eine Traktionsbatterie mit einer Kapazität von über 70 kWh haben und damit eine Reichweite von bis zu 500 km erreichen. Er wird im Werk Bremen gebaut werden. Gleichzeitig wurde das Werk Sindelfingen als Lead-Werk für Elektromodelle in der Ober- und Luxusklasse bestimmt. Mit dem Bau der elektrifizierten B-Klasse sind alle deutschen Montagewerke von Daimler (Sindelfingen, Bremen und Rastatt) in die Elektrifizierungsstrategie bei Daimler eingebunden. Als einziger deutscher Hersteller ist Daimler mit seiner Tochtergesellschaft Deutsche Accumotive in Kamenz in der Herstellung von Lithium-Ionen-Batterien engagiert und betreibt aktiv das Recycling von Batterien („2nd-use battery storage"). Darüber hinaus produziert und vertreibt das Unternehmen auch stationäre Energiespeicher.

Die *BMW Group* hat bereits im Jahr 2007 die Entscheidung getroffen, das „Project i" ins Leben zu rufen. Im Rahmen dieses Projektes sollten im Sinne eines Greenfield-Ansatzes nicht nur neue Fahrzeugkonzepte, sondern auch innovative Materialien, Technologien, Produktionsprozesse und Vertriebskonzepte entwickelt werden. Mit der Einführung der Sub-Brand „BMW i" konkretisierte sich das Projekt. BMW bietet einen BEV, nämlich den BMW i3 an, der aber auch mit einem Range Extender erhältlich ist. Darüber hinaus gibt es weitere sieben PHEV-Modelle über die gesamte Angebotspalette hinweg. Als Kennzeichnung dieser Fahrzeuge wird das Label iPerformance verwendet. Außerdem wird unter der Sub-Brand „i" der BMW i3 und der BMW i8 als PHEV und sowie der Mini Cooper S E Countryman angeboten. Bereits angekündigt sind als weitere Modelle der BMW i8 als Roadster sowie ein elektrifizierter BMW X3. Insgesamt hat BMW im Jahr 2016 rund 60.000 Elektrofahrzeuge verkauft. Wie Daimler plant auch BMW bis zum Jahr 2025 einen Anteil von 15 bis 25 Prozent Elektroautos am Gesamtabsatz. Bemerkenswert ist, dass BMW parallel zur batterieelektrischen Elektrifizierung auch die Wasserstoff-Brennstoffzellen-Technologie weiterentwickeln will, da damit höhere Reichweiten erzielt werden können.

Die *Marke Audi* bietet derzeit kein BEV-Modell, aber zwei PHEV-Modelle an, nämlich den Audi A3 e-tron sowie den Q7 e-tron. Wichtiger Meilenstein in der

Elektrifizierungsstrategie wird der für das Jahr 2018 angekündigte batterieelektrische SUV sein. Das Fahrzeug soll drei Elektromotoren mit einer Leistung von 370 KW und eine Traktionsbatterie mit einer Kapazität von 95 kWh haben, so dass eine Reichweite von 500 km möglich ist. Eine Besonderheit in der Nachhaltigkeitsstrategie von Audi ist die intensive Beschäftigung mit alternativen synthetischen Kraftstoffen. So werden in mehreren Anlagen sogenannte e-fuels hergestellt (e-gas, e-diesel, e-benzin, e-ethanol). Das Grundprinzip der power-to-gas-Anlagen ist es, bei der Herstellung des Kraftstoffs der Atmosphäre so viel CO_2 zu entziehen, wie bei der Verbrennung der Kraftstoffe freigesetzt wird. Das Verfahren ist allerdings aufwändig und teuer. Audi ist innerhalb des VW Konzerns das Kompetenzzentrum für Brennstoffzellen-Antriebe. Im Jahr 2016 wurde der Audi A7 Sportback h-tron quattro als Konzeptfahrzeug vorgestellt. Um sein Commitment zum Thema „Elektroautos" zu unterstreichen, wird sich Audi an der Formula E als Werksteam beteiligen.

Porsche war der erste deutsche Hersteller der ein Serienfahrzeug mit Plug-in-Hybrid angeboten hat. Es handelte sich dabei um den Porsche Panamera 4S-E Hybrid, der im Jahr 2010 in den Markt eingeführt wurde. Aktuell bietet Porsche neben dem neuen Panamera 4S-E Hybrid, den Cayenne als PHEV-Modell an. Porsche hat von Anfang an versucht, das Thema „Elektromobilität" mit dem Thema „Sportlichkeit" zu verbinden. Die Elektrifizierungsaktivitäten werden daher auch als „Porsche E Performance" bezeichnet. Ein in dieser Hinsicht sehr wichtiges Fahrzeug war der 918 Spider, der von Anfang an als PHEV-Modell entwickelt wurde. Mit dem Gesamtsieg in Le Mans und der schnellsten Rundenzeit für ein straßenzugelassenes Fahrzeug auf der Nürburgring-Nordschleife konnte die Sportlichkeit des Antriebskonzeptes demonstriert werden. Mit dem Porsche Mission E, der im Jahr 2019/20 in den Markt eingeführt werden soll, wird Porsche sein erstes rein elektrisches Fahrzeug im Markt anbieten.

Wo stehen die Deutschen – Benchmark Tesla?
Bei einer ganzheitliche Bewertung der Wettbewerbsfähigkeit der deutschen Automobilhersteller im Bereich der Elektromobilität müssen neben Technologie, Modellprogramm und Preis-Leistungsverhältnis zwingend auch „weiche" Faktoren wie das Angebot an spezifischen Dienstleistungsangeboten, das Kundenmanagement und die Markenkompetenz berücksichtigt werden. Eine Reihe von Ansätzen zur Beurteilung der Wettbewerbsfähigkeit verschiedener Länder und deren Industrien im Bereich der Elektromobilität wie etwa der Electric Vehicle Index (EVI) von McKinsey *(vgl. McKinsey 2016)* oder der „Index Elektromobilität" von Roland Berger und der Forschungsgesellschaft Kraftfahrwesen in Aachen (fka) *(vgl. fka/ Roland Berger 2017)* blenden diese Faktoren nahezu vollständig aus und heben sehr stark auf den Faktor „Technologie" ab. Damit wird ihre Aussagekraft sehr stark eingeschränkt.

Dies umso mehr als eine Analyse der Entwicklung der Marke Tesla deutlich macht, dass gerade „weiche" Faktoren einen wesentlichen Einfluss auf deren Erfolg hatten und haben. So bietet Tesla z. B. für den Kunden überraschende und begeisternde Dienstleistungen wie Over-the-Air-Updates an, setzt im Vertrieb auf digitalisierte, auf die Zielgruppen ausgerichtete Showrooms und hat sich mit seiner klaren Fokussierung auf reine Elektroautos eine starke Wahrnehmung als kompetente Marke in Sachen Elektromobilität erarbeitet. Auch die markenspezifische Ladeinfrastruktur („Super Charger") und die Herstellung von Batterypacks („Gigafactory") werden bewusst als Differenzierungsfaktoren und Imageträger eingesetzt. Tatsache ist aber auch, dass Tesla bislang nicht profitabel arbeitet, was jedoch angesichts der enormen Zukunftsaufwendungen, die das Unternehmen in den letzten Jahren zu stemmen hatte, wenig überraschend ist. Immerhin hat Tesla damit einen enormen Firmenwert von 61,8 Mrd. US-Dollar (Juni 2017) aufgebaut und liegt damit auf einem Niveau mit General Motors und Ford. Insofern darf Tesla im Hinblick auf die Marktbearbeitung durchaus als Benchmark gelten.

Die deutschen Automobilhersteller verfügen im Bereich der Elektromobilität weder technologisch noch vom Modellangebot her über eine ähnlich starke Stellung wie im Markt für Verbrenner. Zwar ist kein technologischer Rückstand auszumachen, aber eben auch kein Vorsprung. Die größte Schwachstelle ist aktuell zweifellos das nach wie vor zu geringe Angebot an rein elektrischen Fahrzeugen. Außerdem ist es den deutschen Herstellern bislang noch nicht gelungen ein Eco-System im Bereich der Elektromobilität vergleichbar dem von Tesla aufzubauen. Es fehlen spezifische Dienstleistungsangebote und ein zielgruppengerechtes Kundenmanagement. Außerdem gibt es bislang noch keine ganzheitlichen Konzepte für das Lademanagement.

Handlungsfelder zur Stärkung der Wettbewerbsfähigkeit bei Elektroautomobilen
Im Hinblick auf die dringend notwendige Steigerung der Wettbewerbsfähigkeit im Bereich der Elektromobilität lassen sich für die deutsche Automobilindustrie die folgenden Handlungsfelder identifizieren:
- Im Bereich der **Technologie** stehen die Erhöhung der Reichweiten und die Beladung der Fahrzeuge im Vordergrund. Der Aufbau von Kompetenz im Bereich der Batteriezellen sowie bei der Erforschung alternativer Batterietypen ist daher zwingend notwendig. Statt einzuholen müssen die deutschen Automobilhersteller auf eine Strategie des Überholens setzen. Daher sollte vorrangig in neue Batterietypen mit überlegener Energiedichte investiert werden. Ein ebenfalls wettbewerbskritischer Faktor ist die Ladetechnik. Die heutige Ladetechnik ist nicht nur zeitaufwendig, sondern auch wenig komfortabel. Einen Quantensprung könnte hier – wie bereits weiter oben erwähnt – der Übergang zur induktiven Beladung bringen. Allerdings werden die Automobilhersteller auch hier infrastrukturell in Vorleistung gehen müssen und in induktive Beladeflächen mit Kooperationspartner investieren müssen. Weiterhin sollte auch

im Design die Eigenständigkeit der Elektrofahrzeuge im Modellprogramm erkennbar sein. Dies betrifft das Exterieur wie auch das Interieur gleichermaßen.
- Im Hinblick auf das **Modellprogramm** ist eine schnelle Ausdehnung von elektrifizierten Angeboten notwendig. Dabei müssen die spezifischen Zielgruppen für elektrifizierte Antriebskonzepte, und zwar insbesondere die Early Adopter und Fast Followers und deren bevorzugte Fahrzeugwünsche ins Blickfeld gerückt werden. In der Tendenz bedeutet dies, dass vor allem volumenstarke und wachstumsträchtige Crossover-Segmente von Interesse sein dürften, insbesondere natürlich das SUV-Segment. Aber auch im Van-Segment sowie generell im Premiumsegment können Elektrofahrzeuge eine schnelle Marktdurchdringung erreichen.
- Im Bereich der **Dienstleistungen** eröffnet die Elektromobilität ein weites Feld. Dabei kommt zunächst dem Fahrzeugleasing angesichts der schwer einschätzbaren Restwertverläufe von Elektrofahrzeugen eine große Bedeutung zu. Zweifellos können unsichere Kunden mit klar kalkulierbaren Leasingraten besser angesprochen werden als mit den vergleichsweise hohen Anschaffungspreisen. Aber auch Dienstleistungsangebote im Bereich der Beladung eröffnen Möglichkeiten für eine effektive Wettbewerbsdifferenzierung. Die Möglichkeiten für Over-the-Air-Dienste wurden bereits angesprochen.
- Das **Kundenmanagement** muss auf Zielgruppen ausgerichtet werden, die grundsätzlich einen anderen Zugang zum Thema Automobilität haben als klassische Autokunden. Während letztere sehr stark auf den Antrieb fokussiert sind, haben Interessenten für Elektroautos eher einen Zugang über Hightech-Komponenten, also vor allem digitale Medien und Devices. Darüber hinaus dürfen aber auch Life-Style-Aspekte nicht vernachlässigt werden. Digitale Showrooms sind ein „Muss". Neu organisiert werden müssen auch Wartung und Reparatur, die von den Kunden heute häufig als lästig angesehen werden.
- Der Erfolg im Markt für Elektroautomobile ist – wie das Beispiel Tesla nachdrücklich zeigt – auch vom Aufbau einer starken **Marke** abhängig. Die deutschen Automobilhersteller verfügen zwar im Weltmarkt durchgängig über ein gutes Markenimage. Doch ist dieses sehr stark mit dem Verbrennungsmotor und damit traditioneller Automobiltechnik verbunden. Dementsprechend ist der Aufbau einer eigenen Markenkompetenz im Bereich der Elektromobilität notwendig. Die Strategie des Sub-Brandings scheint dabei sinnvoll. Eine Sub-Brand muss aber über ein eigenständiges Leistungsmodell und eine hohe Organisationstiefe verfügen, um glaubwürdig zu sein und Kompetenz auszustrahlen.

Salopp formuliert schwimmt die deutsche Automobilindustrie bislang im Bereich der Elektromobilität eher mit als dass sie eine herausragende Marktposition und ein spezifisches Profil hätte. Die vergleichsweise starke Marktposition im Markt für Elektroautos verdankt sie vorrangig ihrer hohen Marktpräsenz und dem Vertrauen, das man deutschen Marken entgegenbringt. Um eine führende Position in diesem Markt zu erreichen, muss die deutsche Automobilindustrie eine Strategie des Überholens verfolgen und sich gezielt auf jene Felder fokussieren, die heute noch Schwachstellen im „System Elektromobilität" sind. Das sind die mangelhaften Reichweiten, die umständliche Beladungstechnik sowie das Batterierecycling. Die von den deutschen Herstellern eingeleiteten Aktivitäten sind vielversprechend, müssen jetzt aber schnell und konsequent umgesetzt werden. Andernfalls droht dem „German Engineering" weltweit ein großer Vertrauensverlust.

5.2 Vernetzung – Connected Car und Autonomes Fahren

Vernetzung und Connected Car bieten den Automobilherstellern Chancen, neue Ertragsquellen zu erschließen, sich im Wettbewerb zu differenzieren und die Kundenbindung zu erhöhen. Allerdings führt die Digitalisierung auch dazu, dass verstärkt sogenannte Third Player, also vor allem IT-Unternehmen in das Auto hineindrängen und versuchen, Wertschöpfung an sich zu ziehen. Auf mittlere Sicht werden die Automobilhersteller ihre proprietären Systeme nicht gegen die Übermacht dieser digitalen Player verteidigen können, sondern das Fahrzeug für deren Systeme und Dienste öffnen müssen. Der wirkliche „Game Changer" im Automobilgeschäft der nächsten Jahre wird aber das autonome Fahren sein. Es verändert nicht nur die Fahrzeugnutzung, sondern auch den Zugang der Kunden zum Auto: Die Kultur des Selberfahrens wird zunehmend durch die Kultur des automatisierten Fahrens verdrängt werden.

Von der Vernetzung zum Connected Car
Die Vernetzung von Systemen bietet ein großes Potenzial, die Sicherheit, den Komfort und die Effizienz von Automobilen zu erhöhen *(vgl. VDA 2012, S. 6 ff.)*. Sie erfolgt dabei in zwei Richtungen:
- die interne Vernetzung sowie
- die externe Vernetzung.

Unter *interner Vernetzung* ist die Verknüpfung der im Fahrzeug eingesetzten Systeme zu verstehen. Typische Beispiele dafür sind die Verknüpfung von Motor, Getriebe und Achsen zum Antriebsstrang, das Start-Stop-System oder automatisierte Wartungs- und Reparaturanzeigen. Weit bedeutsamer im Hinblick auf das Nutzenpotenzial ist die *externe Vernetzung*. Sie besteht in der Vernetzung des Autos mit der Infrastruktur, mit anderen Autos und Verkehrsträgern sowie mit allen Personen und Lebensbereichen, die über die entsprechenden Informations- und Kommunikationssysteme sowie stationären und mobilen Devices verfügen. Ergebnis der Vernetzung ist das Connected Car.

Unter einem Connected Car ist ein Fahrzeug zu verstehen, dass über Technologien, Systeme und Dienste verfügt, die IT-basiert den Fahrer bei der Erfüllung sei-

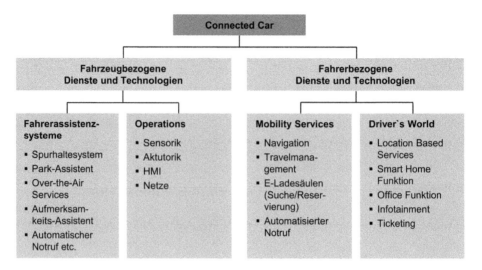

Abb. 5.8: Connected Car: Dienste und Technologien. Quelle: Eigene Darstellung.

ner Fahraufgabe unterstützen, eine Verbindung zwischen dem Fahrzeug bzw. Fahrer und seinem Umfeld herstellen sowie eine Plattform für innovative On-Board-Dienste bilden. Gegenstand der Connectivity sind alle Informationsflüsse, die in das Fahrzeug hinein, im Fahrzeug und aus dem Fahrzeug heraus fließen *(vgl. Diez/ Eickhoff 2012, S. 2)*.

Die Ideen für eine zunehmende Vernetzung von Fahrer, Fahrzeug und Infrastruktur reichen bis in die 1980er Jahre zurück. Dabei ist insbesondere auf das europäische Projekt „PROMETHEUS" hinzuweisen, in dem unter einer starken deutschen Beteiligung, Konzepte und Technologien für einen „systemgesteuerten" Automobilverkehr entwickelt wurden *(vgl. Diekmann 1986, S. 232)*. Stand damals das Ziel, die Verkehrssicherheit zu erhöhen sehr stark im Vordergrund der Überlegungen, so sind mit der zunehmenden Digitalisierung Themen wie die Erhöhung des Komforts und ein besseres Angebot an vernetzten Infotainment-Diensten stärker in den Vordergrund der technischen Entwicklung gerückt.

Im Einzelnen umfasst das Connected Car fahrzeug- und fahrerbezogene Dienste und Technologien (Abb. 5.8):

– Unter den *fahrzeugbezogenen Diensten und Technologien* werden alle Systeme verstanden, die direkt im Fahrzeug verbaut sind. Dazu gehören die schon heute weitverbreiteten Fahrerassistenzsysteme, die den Fahrer bei der Erfüllung seiner Fahraufgabe unterstützen und entlasten. Da diese Systeme zunehmend „intelligenter" werden und vorausschauend in den Fahrbetrieb eingreifen, werden sie häufig auch als „Advanced-Driver-Assistant-Systems" (ADAS) bezeichnet. Demgegenüber umfasst der Bereich „Operations" alle Technologien und Systeme, die notwendig sind, um die anwenderbezogenen Dienste einset-

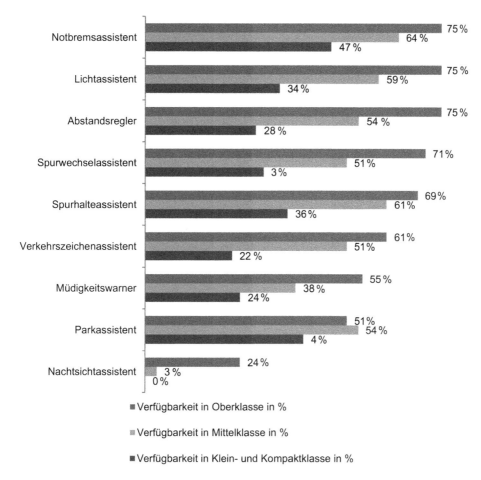

Abb. 5.9: Verfügbarkeit von Fahrerassistenzsystemen in Neuwagen nach Segmenten.
Quelle: DVR 2017.

zen und nutzen zu können (z. B. Sensoren, Aktuatoren, Human Machine Interface, Netze).
– Als *fahrerbezogen* werden alle Dienste und Technologien bezeichnet, die auch unabhängig vom Fahrzeug und vom Fahren genutzt werden. Dazu zählen zunächst alle Mobilitätsdienstleistungen wie Navigation, Travelmanagement oder die Reservierung eines Tankplatzes an einer Ladesäule für ein Elektroauto. In der Regel können diese Dienstleistungen App-basiert genutzt werden. Darüber hinaus umfassen die fahrerbezogenen Dienste und Technologien alle Systeme, die die gesamte Lebenswelt des Fahrers betreffen und die daher als „Driver's-World-Services" bezeichnet werden können. Dies reicht von den Basisfunktionen wie Telefonieren, Mailen, Internet-Browsen bis hin zu Infotainment-Angeboten wie Musik-, Film- und Nachrichten- Streaming sowie Location

Based Services. Außerdem gehören dazu auch Angebote wie Office- und Smart Home-Funktionen.

Gemeinsam an den fahrerbezogenen Diensten und Technologien ist, dass sie alle über das Smartphone genutzt werden können, so dass über die Smartphone-Integration eine bruchlose Nutzung dieser Systeme beim Autofahren sichergestellt werden muss.

Die Adoption der genannten Konnektivitätsdienste und -technologien ist bereits in vollem Gange. Dabei zeigt sich ein klarer Trend zur vertikalen Diffusion, also zur Ausbreitung der entsprechenden Systeme von den Fahrzeugen der Oberklasse zu den Fahrzeugen der Mittelklasse und Kleinwagen: So ist die Verfügbarkeit von Assistenzsystemen in den oberen Segmenten heute noch deutlich höher als in den unteren Marktsegmenten (Abb. 5.9). Gleichzeitig nimmt die Verfügbarkeit bei Klein- und Kompaktwagen aber deutlich zu *(vgl. DVR 2017)*.

Vernetzung und Connected Car: Chancen
Die Vernetzung ist für die Automobilhersteller ganz generell sowohl mit Chancen als auch mit Risiken verbunden. Die Chancen liegen vor allem in einer
– Generierung von zusätzlichen Umsatz- und Ertragspotenzialen,
– der Differenzierung im Wettbewerb sowie
– der Erhöhung der Kundenbindung.

Eine *Generierung von zusätzlichen Umsatz- und Ertragspotenzialen* ist über das Angebot an Fahrzeugassistenzsystemen und innovativen Konnektivitätsdienstleistungen möglich. Da die Nutzung dieser Systeme und Dienste zumeist an den Einbau entsprechender Technik-Komponenten geknüpft ist, ergeben sich sowohl über die höhere Ausstattung an Software wie auch Hardware positive Wertschöpfungseffekte. So werden in einigen Studien erhebliche Umsatz- und Gewinnpotenziale für Connected-Car-Anwendungen genannt. Die Unternehmensberatung PWC erwartet bspw., dass der Markt für Connectivity-Dienste und -Technologien von 35,5 Mrd. US-Dollar im Jahr 2015 auf 155,9 Mrd. US-Dollar im Jahr 2022 steigen wird *(vgl. PWC 2016, S. 25)*.

Abgesehen von Systemen und Technologien, die gesetzlich vorgeschrieben sind (wie etwa den e-Call in Europa), ist die Erschließung dieser Potenziale allerdings an die Voraussetzung gebunden, dass es ein Interesse und eine Preisbereitschaft der Automobilkunden gibt. Interesse an Connected-Car-Diensten besteht, wie das Ergebnis einer international angelegten Befragung aus dem Jahr 2016 zeigt (Tab. 5.5). So erklärten z. B. 89 Prozent der Befragten in den ausgewählten 14 Ländern, Interesse an einem „intelligenten Wartungssystem" zu haben, das den Fahrer über drohende Probleme informiert. 86 Prozent der Befragten zeigen Interesse an einem Früherkennungssystem vor Gefahren und auch das Angebot an Informatio-

Tab. 5.5: nteresse an ausgewählten Connected Car Diensten und Technologien im internationalen Vergleich (Nennungen in v. H.). Quelle: CommerzFinanz 2016, S. 27 f.

Dienste und Technologien		D	Japan	USA	China	Ø
(1)	Ein intelligentes Wartungssystem, das den Fahrer im Falle einer Panne oder drohender Probleme warnt	86	76	85	95	89
(2)	Ein System zur Früherkennung von Fußgängern, Fahrradfahrern und anderen Hindernissen auf der Straße	86	78	74	92	86
(3)	Informationen über Standorte von Geschäften/Restaurants/Hotels in der Nähe erhalten	65	65	63	89	73
(4)	Einen Parkplatz finden, reservieren und bezahlen	65	67	46	90	71
(5)	Ein System, das den Gesundheitszustand des Fahrers überwacht (Blutdruck, Blutzucker, Herzrhythmus etc.) und diese Daten im Notfall an medizinische Einrichtungen übermittelt	52	56	47	85	70
(6)	Informationen erhalten über alternative Möglichkeiten des Reisens (öffentliche Verkehrsmittel, Carsharing-Stationen etc.)	45	55	34	86	62
(7)	E-Mails/SMS lesen und schreiben, telefonieren mit Freisprecheinrichtung, chatten	49	45	49	79	61
(8)	Ins Internet gehen (soziale Netzwerke, Online-Radio, Streaming-Media etc.)	42	52	43	81	56

nen über die Standorte von Geschäften, Restaurants und Hotels in der Nähe, also sogenannten Location-Based-Services (73 Prozent) sind von besonderem Interesse. Die Ergebnisse der Befragung im Hinblick auf die Preisbereitschaft, zeigt hingegen ein ernüchterndes Bild: In allen Ländern und bei allen Diensten gibt es eine deutliche negative Differenz zwischen Interesse und Preisbereitschaft. So zeigt sich für die weiter oben genannten drei Dienste das folgende Bild: Bei der „intelligenten Wartung" lag das Interesse bei 89 Prozent über alle Länder hinweg, die Preisbereitschaft, also die Zahl derjenigen, die auch bereit wäre dafür zu bezahlen aber nur bei 63 Prozent. Für das Früherkennungssystem lauten die Werte 86 Prozent (Interesse) und 59 Prozent (Preisbereitschaft), bei den Location Based Services bei 73 vs. 39 Prozent (Tab. 5.6).

Zu einem interessanten Ergebnis kommt man, wenn man beide Dimensionen zusammenführt. Es zeigt sich dann, dass in China nicht nur das Interesse, sondern auch die Preisbereitschaft für Connected-Car-Dienste deutlich höher ist als etwa in Deutschland oder den USA (Abb. 5.10). China dürfte also ein besonders aufnahme-

Tab. 5.6: Interesse und Preisbereitschaft an ausgewählten Connected Car Diensten und Technologien im internationalen Vergleich (Nennungen in v. H.). Quelle: CommerzFinanz 2016, S. 27 f.

Dienste und Technologien	D	Japan	USA	China	Ø
Interesse/Preisbereitschaft*					
(1) Ein intelligentes Wartungssystem, das den Fahrer im Falle einer Panne oder drohender Probleme warnt	86/50	76/46	85/54	95/85	89/63
(2) Ein System zur Früherkennung von Fußgängern, Fahrradfahrern und anderen Hindernissen auf der Straße	86/52	78/54	74/43	92/77	86/59
(3) Informationen über Standorte von Geschäften/Restaurants/Hotels in der Nähe erhalten	65/23	65/31	63/26	89/66	73/39
(4) Einen Parkplatz finden, reservieren und bezahlen	65/30	67/35	46/22	90/71	71/42
(5) Ein System, das den Gesundheitszustand des Fahrers überwacht (Blutdruck, Blutzucker, Herzrhythmus etc.) und diese Daten im Notfall an medizinische Einrichtungen übermittelt	52/28	56/35	47/27	85/73	70/49
(6) Informationen erhalten über alternative Möglichkeiten des Reisens (öffentliche Verkehrsmittel, Carsharing-Stationen etc.)	45/17	55/29	34/16	86/66	62/36
(7) E-Mails/SMS lesen und schreiben, telefonieren mit Freisprecheinrichtung, chatten	49/23	45/25	49/31	79/61	61/39
(8) Ins Internet gehen (soziale Netzwerke, Online-Radio, Streaming-Media etc.)	42/20	52/30	43/25	81/64	56/37

* Die erste Zahl sind die Personen, die Interesse haben, die zweite die Personen, die bereit wären dafür zu bezahlen.

fähiger Markt für solche Innovationen und damit ein besonders wichtiger Zielmarkt für die Automobilhersteller sein.

Sieht man von China ab, so muss vor dem Hintergrund der insgesamt geringen Preisbereitschaft in Frage gestellt werden, ob die theoretisch ableitbaren Umsatz- und Gewinnpotenziale auch tatsächlich realisiert werden können. Wie die positiven Adoptionsverläufe in der Vergangenheit zeigen, dürfte dies noch am ehesten bei den Fahrerassistenzsystemen (Software und Hardware) der Fall sein, von denen der Kunde einen direkten fahrzeugbezogenen Nutzen hat. Demgegenüber scheinen die Umsatz- und Ertragspotenziale bei den fahrerbezogenen Diensten eher begrenzt, da hier auch andere, branchenfremde Wettbewerber mit ihren Nutzungs- und Bezahlmodellen im Markt sind. Weiterhin stellt sich die Frage, wem diese Umsatz- und Ertragspotenziale zufallen – den Automobilherstellern oder den IT-Unternehmen, die mit ihren Systemen und Diensten in das Fahrzeug hineindrängen.

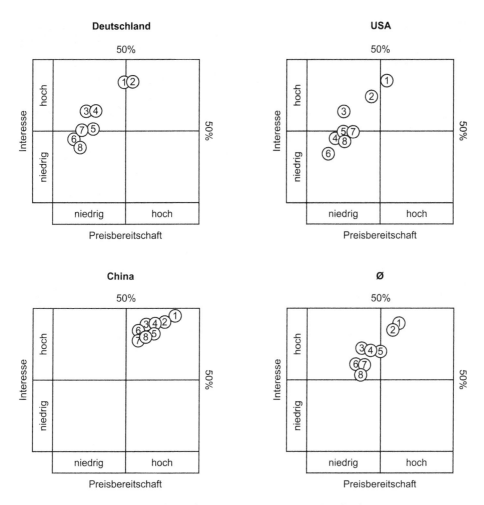

Abb. 5.10: Länderprofile im Hinblick auf Connected Car Dienste und Technologien.
Quelle: Eigene Darstellung auf Basis von CommerzFinanz 2017.

Mit anderen Worten: Die zweifellos vorhandenen Umsatz- und Ertragspotenziale werden den Automobilherstellern nicht automatisch zugute kommen, sondern müssen im Wettbewerb mit anderen Unternehmen erkämpft werden.

Eine weitere Chance des Connected Car ist die *Differenzierung im Wettbewerb*. Während der Wettbewerbsdifferenzierung im Bereich der traditionellen Fahrzeugtechnik mittlerweile enge Grenzen gesetzt sind, eröffnet die Fahrzeugvernetzung aufgrund der dynamischen Entwicklung in diesem Bereich, die Möglichkeit, neuartige Wettbewerbsvorteile zu generieren.

Schließlich bietet die Fahrzeugvernetzung auch Chancen zur *Erhöhung der Kundenbindung*. Dies gilt für den gesamten Kundenlebenszyklus vom Kauf bis zum Wiederkauf. Durch das Connected Car können die Kunden sowohl aktueller als

Tab. 5.7: Veränderungen im Kundenbeziehungsmanagement durch Car-IT. Quelle: Diez/Eickhoff 2012, S. 10.

Kundenbeziehungsmanagement heute	Kundenbeziehungsmanagement auf Basis von Car-IT
– Disketionärer Anfall von Kundendaten	– Kontinuierliche Generierung von Kunden- und Fahrzeugdaten
– Daten auf Basis von Befragungen	– Daten auf Basis des tatsächlichen Nutzungsverhaltens
– Dezentraler Datenanfall und Datenverarbeitung	– Zentrale Datenerfassung und -verarbeitung
– Fragmentierte Kundenhistorie	– Organisch wachsende Kundenhistorie
– Kundenkontakt überwiegend persönlich und schriftlich	– Kundenkontakt überwiegend telefonisch und Online
– Unilaterale Kommunikationsstruktur mit Kunden	– Interaktive Kommunikationsstruktur mit Kunden
– Medienabhängige Kommunikationsprozesse	– Real-Time-Kommunikation
– Kunden gerichtete Aktivitäten angebotsgesteuert	– Kunden gerichtete Aktivitäten bedarfsgesteuert, situativ und interaktiv
– Marketingaktivitäten auf Basis von starren Zielgruppen-Clustern	– Marketingaktivitäten auf Basis individueller Fahrer- und Nutzungsprofile

auch individueller als heute angesprochen werden, da die gewonnen Daten nicht auf Befragungen, sondern auf tatsächlichen Verhaltensweisen und Nutzungsprofilen basieren. Durch den permanenten Datenfluss ist eine ständige Aktualisierung des Fahrerprofils und des Fahrzeugzustandes möglich, wodurch Bedarfe vorausschauend erkannt werden können. Dies gilt vor allem für den After-Sales. So können durch intelligente Systeme im Fahrzeug frühzeitig Wartungs- und Reparaturereignisse prognostiziert werden („Predictive Maintenance"). Diese können wiederum zur Grundlage entsprechender Serviceangebote an den Kunden gemacht und direkt in das Fahrzeug eingesteuert werden noch bevor dieser alternative Werkstattanbieter konsultiert hat *(vgl. Diez/Eickhoff 2012, S. 24)*. Aber auch im Verkauf kann der Zeitpunkt für einen Ersatzbedarf beim Kunden vorausschauend identifiziert und geplant werden. Die Veränderungen im Kundenbeziehungsmanagement durch das vernetzte Fahrzeug zeigt Tabelle 5.7 im Überblick.

Over-the-Air Services: als digitaler Mehrwertdienst
Die Möglichkeiten durch Vernetzung neue Ertragspotenziale zu generieren, sich im Wettbewerb zu differenzieren sowie die Kundenbindung zu erhöhen, werden bei den Over-the-Air-Services (OTA) deutlich. Darunter sind Dienste zu verstehen, die IT-gestützt neue oder zusätzliche Fahrzeugfunktionen ermöglichen bzw. diese aktualisieren und erhalten. Das Spektrum an Einsatzfeldern von OTA-Services zeigt

Tab. 5.8: OTA Use Cases für den gesamten Produktlebenszyklus. Quelle: Schmidt 2017, S. 20.

Infotainment	
Map Updates	**User Profiles**
– Up-to-date mapping and navigation	– Authenticate and set driver preferences
– POI information	– Personalization
– Location of charging stations	– Seating positions Mirrors
App Updates	– Entertainment (playlists)
– Driver applications	– POIS
New Interfaces	
– User interface updates	
Chassis and Powertrain	
Powertrain Behavior	**ADAS**
– Calibrations for powertrain efficiency	**(Advanced Driver Assistance Systems)**
– Tuning for optimal performance	– Lane-Keeping
– Low-power mode to govern energy usage	– Self-Parking
– Limit-powertrain to extend life of vehicle	**Telematics Services**
Power Update	– Telematics Control Unit update
– Increase horsepower	– Gateway update to manage ECU updating
– Circuit Mode	– Sensor fusion for telematics services
Chassis Behavior	
– Air suspension control	
– Improve grip	
– Reduce tire wear	
Battery and Charging	
Payment and Billing	**Battery Capacity Update**
– Billing terms of service	– Unlock higher battery capacity
– Billing for private charging stations	– Increased range
Safety and Security	
Cyber Security	**Recalls & Warranty**
– React to cybersecurity breaches immediately with OTA update to address vulnerability	– Eliminate dealership trips for software and firmware problems
Maintenance	– Increase overall competion rates for software-related recalls
– Enginge/Powertrain recalibration to reduce strain on certain components	**Savings**
– Reduce likelihood of component degradation and need to visit garage	– Reduce warranty costs
	Legal Compliance
	– Compliance with governed policies

Tabelle 5.8. Es reicht von Infotainment-Updates und -Erweiterungen bis hin zur Verbesserung der Cyber Security.

Seit dem Jahr 2012 hat Tesla kontinuierlich Optimierungen mit Hilfe von Over-the-Air-Updates an den bereits im Feld befindlichen Fahrzeugen vorgenommen (Tab. 5.9). Im Rahmen des Software Updates 8.0 im September 2016 wurden bspw. der Media Player neu gestaltet und personalisiert, die Sprachsteuerung vereinfacht, Karten und Navigationsanzeigen aktualisiert, ein Schutz vor Überhitzung des In-

Tab. 5.9: Over-the-Air-Updates von Tesla. Quelle: Tesla 2016.

Sept. 2016	– Verbesserte Media-Player-Benutzeroberfläche
	– Verbesserte Karten und Routenplanung
	– Einfachere Zielortsuche
	– Verbesserte Spracherkennung
	– Optimierte Rückgewinnungsbremse
	– Model X Flügeltüren reagieren beim Öffnungs- und Schließvorgang schneller
Jan. 2016	– Autopilot-Verbesserung
	– Rechtwinkliges Einparken – vollautomatisch
	– Herbeirufen
Okt. 2016	– Autopilot: Lenkassistent, Einparkautomatik, Spurwechselautomatik und Seitenkollisionsvermeidung
März 2015	– Reichweitenrechner
	– Trip Planer mit Routenübersicht
	– Notbremsautomatik
	– Totwinkelwarnung
	– Valet-Modus
Jan. 2015	– Verkehrsadaptiver Tempomat
	– Frontalaufprall-Warnfunktion
	– Fernlichtautomatik
	– Routenbasierte Energieverbrauchsprognose
	– Rückfahrkamerabild mit Führungslinien
	– Verbesserter Kalender: Terminprotokollfunktion und Telefonnummern
Sept. 2014	– Verkehrsangepasste Navigation
März 2014	– Internetmusik-Personalisierung für Europa
	– Berganfahrhilfe
	– Navigation nach Hause oder ins Büro
Nov. 2013	– Luftfederung mit Bodenfreiheitssteuerung
Okt. 2013	– Parkmodus-Energiesparfunktion, um Batterielast zu reduzieren
	– Betriebsanleitung auf Touchscreen
Aug. 2013	– WLAN & Tethering
	– Kartenorientierung in Fahrtrichtung (nach oben)
Juni 2013	– Karten mit Supercharger-Navigation auf Antippen
März 2013	– Geplanter Ladevorgang (um bei günstigen Stromtarifen zu laden
Nov. 2012	– Automatische Türgriffe
	– Alarmfunktion
	– Standortgestützte Homelink-Funktion
	– Sprachsteuerung
Okt. 2012	– Kriechfunktion wie bei herkömmlichen Automatikgetrieben
	– Fahrerprofile

nenraums eingeführt, die Übersicht des Trip Planers verbessert sowie der Autopilot optimiert. Tesla hat damit einen für ihre Zielkunden wichtigen USP realisiert.

Entscheidend für die Generierung von Ertragspotenzialen bei Connected-Car-Diensten ist, dass es sich dabei nicht um technische Spielereien handelt, sondern dass sie den wahrgenommenen Kundennutzen nachhaltig erhöhen. Tesla ist dies

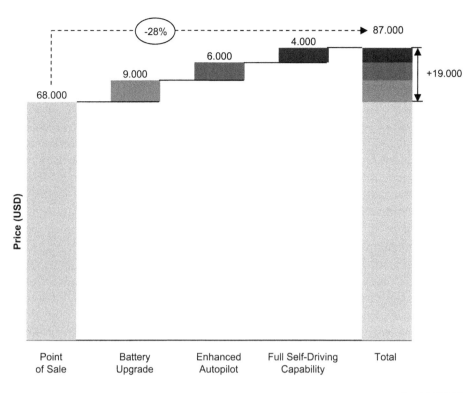

Abb. 5.11: Umsatzpotenziale durch OTA-Services (Tesla Model X). Quelle: Schmidt 2017, S. 8.

– wie die Kundenreaktionen zeigen – gelungen. So haben die Over-the-Air-Updates nicht nur den Vorteil, dass der Kunde stets über ein technisch aktuelles Fahrzeug verfügt, sondern ihm auch der Weg zum Autohändler oder in die Werkstatt erspart wird.

Weiterhin stellen die OTA-Services ein gutes Instrument zur Kundenbindung dar, da über derartige Dienstleistungen ein ständiger Kontakt mit den Kunden aufrechterhalten werden kann und der Hersteller hier systembedingt eine Alleinstellung im Markt und gegenüber dem Kunden realisieren kann. Die wirtschaftlichen Potenziale von OTA-Services werden ebenfalls am Beispiel von Tesla deutlich. Mit den vorhandenen und geplanten OTA-Services wie einem Batterie-Upgrade, einem erweiterten Autopiloten sowie einem Paket für das automatisierte Fahren kann ein zusätzliches Umsatzvolumen von 19.000 US-Dollar generiert werden (Abb. 5.11).

Herausforderungen durch digitale Wettbewerber
Die größte Herausforderung für die etablierten Automobilhersteller im Bereich des Connected Car ist zweifellos der Wettbewerb mit neuen, branchenfremden Unter-

nehmen aus dem Bereich der Informations- und Kommunikationstechnik *(vgl. McKinsey 2014, S. 16 f.)*. Diese dringen mit ihren Systemen verstärkt in das Fahrzeug ein und versuchen damit die Kundenschnittstelle im Bereich der digitalen Dienste zu besetzen. Neben ihrer IT-Kompetenz und Innovationskraft profitieren diese neuen Player aufgrund der breiten Anwendung ihrer Systeme auch über relevante Größenvorteile. So können sie Netzwerkeffekte ausspielen, die die Automobilhersteller aufgrund der begrenzten Zahl der Anwendungsfälle in ihren Fahrzeugen nicht realisieren können. Ferner verfügen einige dieser Player über ein starkes Markenimage, was für die Automobilhersteller bedeuten könnte, dass sie im Hinblick auf die Kundenakzeptanz zwingend ihre Systeme für diese Anbieter öffnen müssen. Damit wären die bislang von den meisten Herstellern verfolgten proprietären Strategien zum Scheitern verurteilt, mit der Konsequenz, dass sie die erwarteten Umsatz- und Ertragspotenziale im Bereich der Connected-Car-Dienste und Systeme auch nicht einmal annähernd erschließen können.

Die Automobilindustrie steht daher vor einer schwierigen Gratwanderung zwischen der Öffnung und Schließung der Fahrzeugsysteme. Öffnet man zu weit, geht die Kontrolle über das Fahrzeug und die entsprechenden Wertströme verloren. Schließt man sich ab, kann dies zu Kundenverlusten führen. So gaben bei einer Befragung immerhin 37 Prozent der befragten Autofahrer an, aufgrund von Konnektivitätsdienstleistungen den Hersteller zu wechseln, wobei die Wechselbereitschaft in China mit 60 Prozent am höchsten war. Im Hinblick auf das Alter der Befragten war die Wechselbereitschaft bei den unter 40-jährigen mit 50 Prozent deutlich höher als bei den über 40-jährigen mit 26 Prozent *(vgl. McKinsey 2015, S. 18 f.)*.

Ein Mittelweg zwischen einer vollständigen Öffnung oder Schließung der automobilen Systemwelt ist die Definition von Kontrollpunkten zur Sicherung der Kundenschnittstelle. Diese können die Human Machine Interface (HMI), Sensor-Daten und Aktuatoren sowie ortsbezogene Echtzeitdaten sein *(vgl. McKinsey 2012, S. 33)*. Inwieweit sich solche Kontrollpunkte durchsetzen lassen hängt aber nicht nur von der jeweiligen technischen Kompetenz von Automobilherstellern und Third Playern ab, sondern auch von den Wünschen und Präferenzen der Kunden. Wenn die Kunden Apple, Google und Spotify statt der proprietären Herstellersysteme wollen, dann werden diese sich solchen Wünschen nicht verschließen können.

Vom vernetzten zum autonomen Fahren: Die Geschichte einer Vision
Differenziert man im Hinblick auf die Automobilnutzung die beiden Teilfunktionen „Bedienung der Maschine" und „Fahren des Fahrzeugs" *(vgl. Möser 2002, S. 306)*, so war die technische Entwicklung in der Automobilindustrie zunächst vorrangig auf die Erleichterung der Bedienung der Maschine gerichtet. Die dazu notwendigen Verrichtungen wie Anlassen des Motors, Gas geben und Bremsen, Kuppeln und Schalten sowie Lenken und Bedienung der Instrumente (Blinker, Scheibenwischer, Licht etc.) wurden nach und nach erleichtert, teilweise auch automatisiert. So mar-

kiert z. B. die Einführung des automatischen Getriebes durch General Motors im Jahr 1939 einen Meilenstein in der Erleichterung der technischen Beherrschung des Fahrzeugs.

In einer zweiten technischen Entwicklungslinie wurde der Fahrer aber auch im Hinblick auf das Fahren des Fahrzeugs in einem mit der zunehmenden Verkehrsdichte immer komplexer werdenden Verkehrsgeschehens entlastet. Bereits relativ früh tauchte daher die Idee eines automatisch gesteuerten Fahrzeugs auf, die im Jahr 1921 zum ersten fahrerlosen Automobil führte. Es handelte sich dabei um ein 2,5 Meter langes Transportgerät, das der amerikanische Radio Air Service am 05. August 1921 der Öffentlichkeit präsentierte *(vgl. Kröger 2015, S. 44)*. Allerdings handelte es sich dabei nicht um ein selbstgesteuertes, also im strengen Wortsinne „autonomes" Fahrzeug, sondern um ein über Funksignale ferngesteuertes Transportgerät.

Der Hintergrund für die Entwicklung fahrerloser Automobile in den 1920er Jahren war das mit der aufkommenden Massenmotorisierung verbundene enorme Ansteigen von Verkehrsunfällen und Getöteten im Straßenverkehr. Da das Fehlverhalten der Autofahrer als Hauptursache für diese Entwicklung galt, versuchte man diesen durch technische Systeme zu unterstützen bzw. zu ersetzen *(vgl. ebenda, S. 43)*. Aufgrund der hohen Verkehrsdichte, waren die USA am stärksten von dieser Problematik betroffen ist und daher übernahmen zunächst amerikanische Unternehmen eine Führungsrolle bei der Entwicklung des automatisierten Fahrens.

Neben der Fernsteuerung gewann in den 1940er Jahren die Vision der „automatisierten Straße" eine zunehmende Bedeutung. Die Idee war, die Geschwindigkeit und Lenkung der Automobile durch ein in der Fahrbahn versenktes elektromagnetisches Kabel zu steuern *(vgl. ebenda, S. 47)*. Auch in diesem Fall konnte aber von einem autonomen, also selbstgesteuerten Fahrzeug noch nicht die Rede sein, da das Fahrzeug mit dem elektromagnetischen Kabel verbunden sein musste („Leitdrahtvision"). Diese Vision liegt auch einer berühmten Anzeige der American Independent Electric Light and Power Companies im LIFE-Magazin im Jahr 1956 zugrunde, das eine Familie spielend in einem auf einem Highway fahrenden autonomen Fahrzeug zeigt. Ihren Höhepunkt und ihre Verdichtung fanden die frühen Vorstellungen von einem automatisierten Straßenverkehr im Futurama von General Motors, einer großen Ausstellung, die im Jahr 1939 anlässlich der New Yorks World's Fair gezeigt wurde *(vgl. ebenda, S. 49)*.

Das erste wirklich autonome Fahrzeug stellte der Japaner Sadayuki Tsugawa vom Mechanical Engineering Laboratory im Jahr 1977 in Tsukuba vor: Dieses Fahrzeug war in der Lage über zwei Kameras Bilder aufzunehmen und für die Steuerung des Fahrzeugs zu nutzen *(vgl. ebenda, S. 59)*. Seine Entwicklung wurde durch die Fortschritte in der Mikroelektronik und die Fähigkeit, große Datenmengen relativ schnell und zuverlässig zu verarbeiten, ermöglicht.

In Deutschland gewann die Forschung in Richtung automatisierten Fahrens vor allem durch die Arbeiten an der Universität der Bundeswehr in München (Prof.

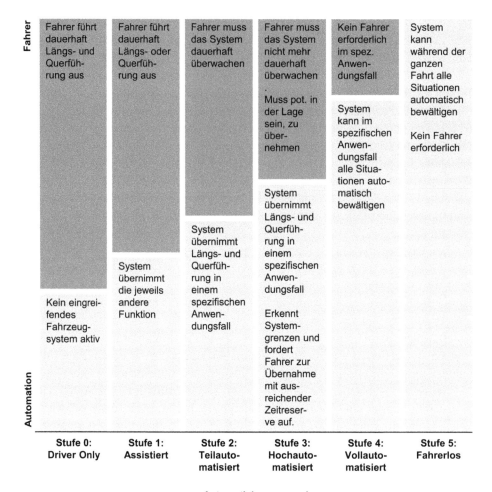

Abb. 5.12: Stufen des automatisierten Fahrens. Quelle: VDA 2015, S. 15.

Dr. Ernst Dickmann) wichtige Impulse. Dazu gehörte auch die erste autonome Hochgeschwindigkeitsfahrt auf der noch nicht für den öffentlichen Verkehr freigegebenen Autobahn München-Dingolfing mit einem Mercedes-Benz Transporter im Jahr 1987 *(vgl. Wünsche 2013, S. 19)*.

Das Konzept des „autonomen Fahrens" ist ein gutes Beispiel dafür, wie eine zunächst utopisch anmutende Vision zur Leitidee der technischen Entwicklung werden und zu konkreten, inkrementellen technischen Verbesserungen im Zeitablauf führen kann. Tatsächlich ist die „Automatisierung" der Fahraufgabe eine der wesentlichen technischen Entwicklungslinien in der Automobilindustrie spätestens seit dem Ende des Zweiten Weltkriegs. Diese umfasst alle drei von *Donges* definierten Elemente der Fahraufgabe: Navigation, Bahnführung und Stabilisierung *(vgl. Donges 2012, S. 15ff.)*. Technische Systeme wie die satellitengestützte Navigation, die Einführung von automatischen Abstandswarnern und Spurhaltesystemen sowie Einparkhilfen und der Notbremsassistent markieren wichtige Meilensteine in der Entwicklung hin zu einem immer stärker automatisierten Fahren.

Zur Klassifikation des Automatisierungsgrades von Automobilen wurde ein international einheitliches Schema der einzelnen Automatisierungsstufen entwickelt *(vgl. VDA 2015, S. 14)*. Einen Überblick gibt Abbildung 5.12. Die heutigen, in der Praxis eingesetzten Systeme bewegen sich auf der Stufe 2, bei der der Fahrer die Längs- und Querführung in einem bestimmten Anwendungsfall (z. B. Kolonnenverkehr, Einparken) vollständig an das System übergeben kann. Der Fahrer überwacht auf dieser Stufe das Fahrzeug und den Verkehr während der Fahrt fortlaufend und muss jederzeit in der Lage sein, die Steuerung des Fahrzeugs übernehmen zu können.

Die nächste Stufe der Automatisierung ist erreicht, wenn der Fahrer das System nicht mehr dauerhaft überwachen muss, sondern dieses die Längs- und Querführung in einem spezifischen Anwendungsfall übernimmt (Stufe 3). Das System erkennt jedoch Systemgrenzen und fordert den Fahrer zur Übernahme der Fahraufgabe mit einer ausreichenden Zeitreserve auf. In diesem Fall handelt es sich um ein „hochautomatisiertes" System. Die Stufe der „Vollautomatisierung" (Stufe 4) ist erreicht, wenn in einem spezifischen Anwendungsfall kein Fahrer mehr erforderlich ist und das System alle Situationen automatisch bewältigt. Ein „fahrerloses" System (Stufe 5) liegt dann vor, wenn vom Start bis zum Ziel kein Fahrer mehr erforderlich ist und das System die Fahraufgabe vollumfänglich bei allen Straßentypen, Geschwindigkeitsbereichen und Umfeldbedingungen übernimmt. Im Folgenden werden die Automatisierungsstufen 4 und 5 unter dem Begriff des „autonomen" Fahrens subsumiert.

Auf dem Weg zum autonomen Fahren: Technik, Recht und Akzeptanz
Die Frage, ob und wie schnell sich das autonome Fahren durchsetzen wird, hängt vor allem von drei Faktoren ab:
- der technischen Entwicklung,
- der Gestaltung der rechtlichen Rahmenbedingungen und schließlich
- der individuellen Akzeptanz der Konsumenten.

Dabei ist klar, dass diese drei Faktoren nicht unabhängig voneinander zu betrachten sind. So hat die technische Entwicklung sowohl auf die Gestaltung der rechtlichen Rahmenbedingungen als auch die Kundenakzeptanz einen großen Einfluss. Gleichzeitig wirkt sich die Gestaltung der rechtlichen Rahmenbedingungen auf die technische Entwicklung wie auch die Nutzerakzeptanz aus, denn erst wenn ein verbindlicher Rechtsrahmen geschaffen ist, werden Menschen die Hände vom Lenkrad lassen und das Fahren einem automatisierten System überlassen.

Technische Entwicklung: Im Mittelpunkt der technischen Entwicklung steht die Sicherstellung einer höchstmöglichen Funktionssicherheit automatisierter Fahrzeuge. Dies schließt auch die Funktionssicherheit bzw. Rückführung des Fahrzeugs bei Systemausfällen in einen sicheren Zustand mit ein *(vgl. Winkle 2015, S. 627).* Die Schlüsselbereiche für die Sicherstellung einer hohen Funktionssicherheit autonom fahrender Automobile sind die Sensorik, Aktuatorik, die Informationsverarbeitung und die „Künstliche Intelligenz". Wie mittlerweile zahlreiche Testfahrten zeigen, ist autonomes Fahren heute schon möglich. Bevor autonome Fahrzeuge jedoch in die Serienproduktion gehen können, müssen einheitliche Kriterien und Methoden zum Testen und zur Freigabe hochautomatisierter Fahrzeuge entwickelt werden *(vgl. Köster et al. 2016).* Dies dürfte in den nächsten drei bis fünf Jahren der Fall sein.

Rechtliche Rahmenbedingungen: Die Gestaltung klarer und verlässlicher rechtlicher Rahmenbedingungen ist zweifellos eine der wesentlichen Voraussetzungen nicht nur für die gesellschaftliche, sondern auch individuelle Akzeptanz autonom fahrender Fahrzeuge. Dabei geht es vorrangig um die Gestaltung gesetzlicher, insbesondere haftungsrechtlicher Regelungen. Insbesondere müssen Umfang und Grenzen der Produkthaftung des Herstellers definiert werden *(vgl. Gasser 2015, S. 551 ff.).*

Darüber hinaus muss im Vorfeld einer gesetzlichen Regelung ein gesellschaftlicher Konsens über die mit dem autonomen Fahren zusammenhängenden ethischen Fragestellungen hergestellt werden *(vgl. Lin 2015, S. 70 ff.).* Dabei geht es insbesondere um das sogenannte Dilemma-Problem, also um die Frage, wie entschieden werden soll, wenn es zu einer Konfliktsituation im realen Fahrbetrieb kommt: Wie soll das Fahrzeug reagieren, wenn sich mehrere Personen in einer Gefährdungslage befinden? Die Auseinandersetzung um diese Frage wirft nicht nur rechtliche, sondern auch ethische Fragen auf.

Gegenwärtig gibt es in vielen Ländern eine intensive Diskussion über die Gestaltung der rechtlichen Rahmenbedingungen für autonomes Fahren. Dabei scheinen die USA eine Vorreiterrolle zu übernehmen, wobei insbesondere amerikanischen High-Tech-Unternehmen wie Google, einen entsprechenden Druck auf den Gesetzgeber aufbauen *(vgl. Schreurs/Steuwer 2015, S. 162).* Klar ist, dass das Inkraftsetzen eines rechtlichen Rahmens eine wichtige Voraussetzung zur Übernahme einer Leitmarkt-Funktion für diese Technologie ist.

Individuelle Nutzerakzeptanz: Im Hinblick auf die prospektive individuelle Nutzerakzeptanz von autonom fahrenden Fahrzeugen zeigt eine international angelegte Erhebung deutliche Unterschiede im Hinblick auf eine mögliche Nutzung von 100 Prozent autonomen Fahrzeugen. Während in China immerhin 91 Prozent der Befragten am autonomen Fahren Interesse zeigten, lagen die entsprechenden Werte in Deutschland bei 44 Prozent und in den USA bei lediglich 32 Prozent (Abb. 5.13). Dass das autonom fahrende Automobil Realität werden wird glauben allerdings in allen Ländern – unabhängig vom eigenen Interesse – deutlich mehr

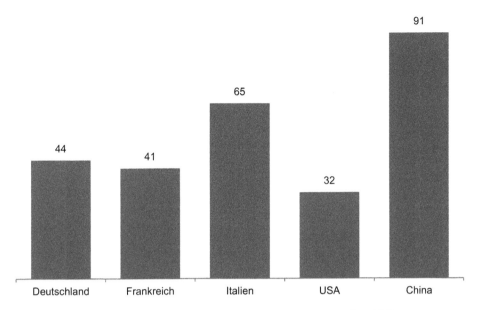

Abb. 5.13: Interesse an der Nutzung eines 100 Prozent autonomen Autos (Anzahl Nennungen in v. H.). Quelle: Commerz Finanz 2016, S. 32.

Menschen. Über alle 15 in die Befragung einbezogenen Länder hinweg sind 55 Prozent daran interessiert, ein solches Fahrzeug zu nutzen. 75 Prozent glauben aber, dass es „auf jeden Fall" Realität werden wird *(vgl. CommerzFinanz 2016, S. 32).*

Grundsätzlich muss die Validität und damit auch die prognostische Qualität von Befragungen zu völlig neuen Technologien, über die die Befragten wenig wissen und mit denen sie noch keine eigenen Erfahrungen gesammelt haben als ge-

Abb. 5.14: Use Cases des autonomen Fahrens und Akzeptanzniveau. Quelle: Rodler 2015, S. 6.

ring veranschlagt werden *(vgl. Fraedrich/Lenz 2015, S. 647)*. Aussagekräftiger sind daher Befragungen, die konkrete Einsatzfelder für autonomes Fahren, also sogenannte Use Cases definieren und diese durch die Befragten bewerten lassen. So zeigen sich bspw. in einer Erhebung von Bitkom Research aus dem Jahr 2015 für Deutschland sehr hohe Zustimmungswerte für die Use Cases automatisches Parken (63 Prozent) und Stau auf der Autobahn (45 Prozent), während lediglich 9 Prozent der Befragten bereit wären, im Stadtverkehr die Kontrolle über ihr Fahrzeug an ein System abzugeben (Abb. 5.14). Immerhin erklärten in dieser Befragung aber nur 27 Prozent der Befragten, dass sie grundsätzlich nicht bereit wären die Kontrolle über ihr Fahrzeug abzugeben.

Künftige Marktbedeutung des autonomen Fahrens
Nach dem Diffusions-Modell von Rogers hängt die Adoption einer neuen Technologie im Wesentlichen von fünf Faktoren ab, wobei unter einer Adoption „die Übernahme und damit die Akzeptanz und regelmäßige Nutzung einer Marktneuheit durch den Konsumenten" zu verstehen ist *(Herrmann/Huber 2009, S. 263)*. Diese fünf Faktoren sind *(vgl. Rogers 2003, S. 219ff.)*:
1. ein hoher relativer Vorteil der Innovation („relative advantage"),
2. eine geringe Komplexität des neuen Produktes oder der neuen Technologie („low complexity"),
3. eine hohe Kompatibilität zu bekannten Produkten/Technologien („high compatibility"),
4. die Erprobbarkeit des neuen Produktes oder der neuen Technologie („triability") sowie
5. die einfache Kommunizierbarkeit des neuen Produktes oder der neuen Technologie („observability").

Auf Basis verschiedener empirischer Studien zur Bewertung des autonomen Fahrens und der dort geäußerten Meinungen lässt sich für das autonome Fahren das in Abbildung 5.15 dargestellte Profil zeichnen. Während die Adoptionsfaktoren (2) bis (5), die weitgehend durch das Adoptionsobjekt bestimmt sind, eher für eine rasche Übernahme sprechen, zeigt sich beim besonders wichtigen Faktor „relativer Vorteil der Innovation" eine große Spannweite in der Beurteilung, was damit zusammenhängt, dass die Bewertung dieses Faktors eine stark subjektive Komponente aufweist. Dabei spielt zum einen eine Rolle, dass die durch das autonome Fahren automatisierte Tätigkeit nicht – wie in vielen anderen Fällen (z. B. bei dem Ersatz schwerer körperlicher oder gar gesundheitlicher belastender Arbeit durch Automatisierung) – ausschließlich negativ empfunden wird. Nach wie vor gibt es viele Menschen, die gerne selbst Autofahren und dies Ausdruck individueller Freiheit empfinden.

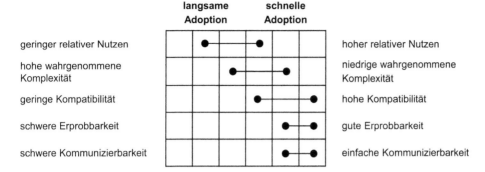

Abb. 5.15: Bewertung der Adoptionsfaktoren für autonomes Fahren (nach Rogers).
Quelle: Eigene Darstellung.

Hinzu kommt, dass viele Autofahrer auch explizit Vorbehalte und Ängste gegenüber autonom fahrenden Fahrzeugen haben. Es sind dies vor allem die Angst, dass die Technik versagen könnte und dass der Fahrer die Kontrolle über das Fahrzeug verliert (z. B. durch Hackerangriffe) sowie durch Datenmissbrauch in die Privatsphäre des Fahrers eingedrungen wird *(vgl. Fraedrich/Lenz 2015, S. 653 ff.; Puls Marktforschung 2016, S. 7; CommerzFinanz 2015, S. 18).* Auch wenn in diesen Argumenten ein teilweise diffuses Misstrauen gegenüber einer neuen Technologie zum Ausdruck kommt, müssen diese Vorbehalte als wichtige Adoptionsbarrieren wahrgenommen und behandelt werden.

Weiterhin gilt es im Hinblick auf die individuelle Adoption zu berücksichtigen, dass einer der wichtigsten Vorteile des autonomen Fahrens, nämlich der Zeitgewinn für andere Tätigkeiten wie Entspannung, Unterhaltung oder Arbeiten erst dann voll zum Tragen kommt, wenn der Nutzer uneingeschränktes Vertrauen in die neue Technologie hat. Dementsprechend spielt der Aufbau von Vertrauen bei der Übernahme dieser Technologie eine entscheidende Rolle *(vgl. Woisetschläger 2015, S. 712).* Zwar ist der Aufbau von Vertrauen zweifellos eine wichtige Aufgabenstellung für die Markenpolitik und die Marketingkommunikation für autonome Fahrzeuge, doch dürfte vor allem der probeweisen Nutzung automatisierter Fahrfunktionen, also dem Adoptionsfaktor (4) in diesem Zusammenhang eine große Bedeutung zukommen. Durch die fallweise Nutzung automatisierter Fahrzeugfunktionen in zunächst wenig komplexen und (subjektiv) risikominimalen Use Cases wie z. B. dem Einparken entsteht eine Gewöhnung und damit auch Vertrauen in die entsprechende Technik. Auf dieser Basis werden dann die Einsatzfelder autonomen Fahrens durch den User sukzessiv erweitert.

Schließlich ist hinsichtlich des Adoptionsprozesses zu berücksichtigen, dass die Wahrnehmbarkeit von Vorteilen des autonomen Fahrens voraussetzt, dass bereits eine große Zahl von Fahrzeugen tatsächlich automatisiert genutzt werden. Es handelt sich dabei um einen klassischen Netz-Effekt, bei dem der Nutzen für alle mit der Zahl der Nutzer steigt *(vgl. KPMG o. J., S. 20).* Dies gilt insbesondere für die

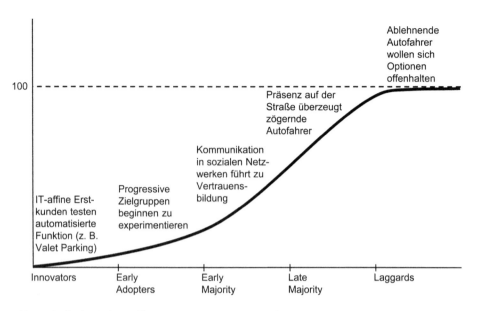

Abb. 5.16: Idealtypischer Diffusionsprozess autonomen Fahrens. Quelle: Eigene Darstellung.

Verflüssigung des Verkehrs, die Erhöhung der Verkehrssicherheit sowie die Reduktion der Schadstoffemission.

Die genannten Faktoren – Adoptionsbarrieren, schrittweise Erprobung der Technik, Netz-Effekte – sprechen dafür, dass mit einem relativ flachen Verlauf der Marktdurchdringung mit autonomen Fahrzeugen in den ersten Jahren nach Markteinführung gerechnet werden muss, und zwar insbesondere dann, wenn für die notwendige technische Ausstattung hohe Aufpreise gefordert werden. Ein Pfad für die Diffusion des autonomen Fahrens könnte daher wie folgt aussehen (Abb. 5.16):

- Ab dem Jahr 2020 werden vor allem im Premiumsegment Modelle mit der Automatisierungsstufe „Hochautomatisiert" angeboten. Die rechtlichen Rahmenbedingungen für die Nutzung solcher Fahrzeuge auf öffentlichen Straßen sind geklärt, die Hersteller bleiben in der vollen Produkthaftung, sofern die Fahrzeuge bestimmungsgemäß genutzt werden.
- IT-affine Erstkunden („Innovators") nutzen zunächst probeweise ausgewählte automatisierte Funktionen wie das Valet Parking, die Kolonnenfahrt auf der Autobahn und Kurzstreckenfahrten. Sie kommunizieren ihre Erfahrungen über soziale Netzwerke und lösen dadurch kommunikative Multiplikator-Effekte aus. Eine wachsende Zahl von Menschen beginnt sich für das autonome Fahren zu interessieren („Early Adopters").
- Durch die zunächst auf bestimmte Einsatzbedingungen begrenzte Nutzung automatisierter Fahrzeugfunktionen entsteht ein wachsendes Vertrauen in die Technologie. Der Anteil autonom durchgeführter Fahrten an der Gesamtfahrleistung nimmt zu. Autonom fahrende Fahrzeuge werden nach und nach zu

einem gewohnten Bild im Straßenverkehr. Zunächst eher kritisch oder neutral eingestellte Autofahrer ändern ihre Einstellung und experimentieren ebenfalls mit den automatisierten Fahrfunktionen und dehnen diese nach und nach zeitlich und auf weitere Einsatzfelder aus („Early Majority").
- Durch die wachsende Zahl von Nutzern werden mehr und mehr nicht nur die individuellen, sondern auch verkehrlichen Vorteile des autonomen Fahrens sichtbar. Insbesondere führt die Harmonisierung der Fahrgeschwindigkeiten zu einer Verflüssigung des Verkehrs. Außerdem gehen die Unfallzahlen zurück. Gleichzeitig entstehen auf Basis des autonomen Fahrens neuen Mobilitätskonzepte, die zusätzlich zur Popularisierung des autonomen Fahrens beitragen (Vehicle-on-Demand). Es macht sich im Hinblick auf das Autofahren ein Wertwandel bemerkbar: Die Kultur des Selberfahrens wird nach und nach abgelöst durch eine Kultur des automatisierten Fahrens („Late Majority").
- Schließlich lassen sich auch überzeugte Selbstfahrer von den Vorteilen des autonomen Fahrens überzeugen und nutzen automatisierte Fahrfunktionen zumindest fallweise („Laggards").

Auf Basis dieses plausiblen Diffusionsprozesses, kommt man zu dem bekannten Wachstumsmodell, das die Durchsetzung einer neuen Technologie oder eines neuen Produktes als logistische Funktion beschreibt. Nach einer Prognose von McKinsey könnten im Jahr 2030 15 Prozent aller neu verkaufter Fahrzeuge hochautomatisiert sein (Stufe 4). Für das Jahr 2040 wird dann sogar mit einem Durchdringungsgrad von 90 Prozent gerechnet *(vgl. McKinsey 2016, S. 11)*. Verfolgt man die Akzeptanz und Übernahme von Assistenzfunktionen in Automobilen in den letzten Jahren und die Ankündigungen der Automobilhersteller, so erscheint diese Prognose zumindest nicht als unplausibel.

5.3 New Mobility – Shared Mobility und Vehicles-on-Demand

In vielen Lebens- und Konsumbereichen lässt sich ein Trend zur Sharing Economy beobachten. Das gilt auch und gerade für das Automobil. Neben dem Carsharing haben neue Formen der temporären Nutzung eines Automobils wie etwas das Ride Hailing an Bedeutung gewonnen. Mit der Kombination aus autonomen und geteiltem Fahren wird neben dem Driver-Owner-Markt ein zweiter Markt für automobilbasierte Mobilität entstehen: Vehicles-on-Demand.

Carsharing im Trend
Neben der klassischen Automobilvermietung haben in den letzten Jahren neue Formen der geteilten und temporären Automobilnutzung an Bedeutung gewonnen

Tab. 5.10: Shared Mobility – Mobility-Konzepte im Überblick. Quelle: Eigene Darstellung.

Nutzungsprinzip	
Vermietung/Rental	Temporäre, zumeist kurzfristige Nutzung eines Pool-Fahrzeugs
Carsharing	Temporäre, zumeist kurzfristige Nutzung eines Pool-Fahrzeugs
Peer-to-Peer-Sharing	Temporäre, zumeist kurzfristige Nutzung eines Privat-Fahrzeugs
Ride Sharing	Gemeinsame (parallele) Nutzung eines Privat-Fahrzeugs
Ride Hailing	Mitfahrt mit Privat- oder Taxifahrer gegen Entgelt
Anbieter/Betreiber	
Vermietung/Rental	Vermietgesellschaften
Carsharing	Genossenschaften und Vereine (Non-Profit), Automobilhersteller und Vermieter
Peer-to-Peer-Sharing	Fahrzeugbesitzer plus Systembetreiber
Ride Sharing	Fahrzeugbesitzer und Systembetreiber
Ride Hailing	Systembetreiber und Fahrzeugbesitzer
Typische Nutzer	
Vermietung/Rental	Geschäftsreisende, Privatpersonen bei Urlaub und Umzug
Carsharing	Privatpersonen in Ballungs-Zentren; teilweise Geschäftskunden
Peer-to-Peer-Sharing	Privatpersonen
Ride Sharing	Privatpersonen (ibs. Pendler)
Ride Hailing	Privatpersonen und geschäftliche Nutzer
Geschäftsmodell	
Vermietung/Rental	Gewinn-orientiert: Erlösgenerierung durch Mietgebühren (und Re-Marketing)
Carsharing	Kosten- und/ oder Gewinnorientiert: Deckung der Systemkosten durch Gebühren
Peer-to-Peer-Sharing	Systembetreiber: Gewinnorientiert (Provisionsmodell), Fahrzeugbesitzer: Kostenorientiert
Ride Sharing	Kostenorientiert: Senkung der individuellen Mobilitätskosten
Ride Hailing	Systembetreiber erhält Provision je Nutzungsvorgang von Fahrer; Fahrer erzielt Kostendeckung oder Gewinn
Systemteilnahme	
Vermietung/Rental	Fallweise Buchung
Carsharing	Mitgliedschaft
Peer-to-Peer-Sharing	Fahrzeugbesitzer: Mitgliedschaft, Nutzer: Fallweise Buchung
Ride Sharing	Gemeinsame Verabredung
Ride Hailing	Fallweise Buchung mittels App

(Tab. 5.10). Das gilt vor allem für das Carsharing und das Ride Hailing. Weitere Nutzungsformen sind das Peer-to-Peer-Sharing und das Ride Sharing.

Unter Carsharing versteht man die auf einem temporären Besitz basierende organisierte und geteilte Nutzung von Fahrzeugen *(vgl. Riegler et al. 2016, S. 13)*. Demgegenüber liegt bei einem Privatfahrzeug eine eigentumsbasierte und auf Dauer exklusive Nutzung vor. Sie garantiert eine zeitlich unbeschränkte Verfügbarkeit des Fahrzeugs für seinen Eigentümer, während diese beim Carsharing nur tempo-

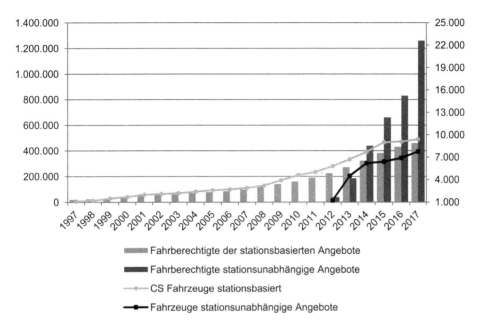

Abb. 5.17: Carsharing-Entwicklung in Deutschland (jeweils zum 01. 01. des Jahres).
Quelle: BCS 2017.

rär ist. Im Unterschied zum Peer-to-Peer Sharing von Privatpersonen gibt es beim Carsharing einen professionellen Systembetreiber („Provider"), der die Nutzung und alle damit verbundenen Prozesse organisiert. Dabei kann es sich sowohl um einen Verein wie auch um ein Unternehmen handeln.

Das Carsharing hat in den letzten Jahren erheblich an Bedeutung gewonnen. Nach Schätzungen der Boston Consulting Group (BCG) gab es im Jahr 2015 weltweit knapp 6 Mio. Carsharing-Nutzer, wovon 2,3 Mio. auf Asien-Pazifik, 2,1 Mio. auf Europa und 1,5 Mio. auf Nordamerika entfallen *(vgl. BCG 2016, S. 4f.)*. Weltweit wurden nach der gleichen Studie 86.000 Fahrzeuge im Carsharing eingesetzt und 650 Mio. Euro Umsatzerlöse erzielt *(vgl. ebenda)*.

In Deutschland ist die Zahl der Carsharing-Nutzer auf 1,7 Mio. Personen gestiegen, was einen Zuwachs von 36 Prozent gegenüber dem Vorjahr bedeutet. Parallel dazu hat sich auch die Zahl der im Rahmen des Carsharings genutzten Fahrzeuge kontinuierlich erhöht. Sie lag zu Jahresbeginn 2017 bei 17.200 Fahrzeugen, was einem Zuwachs gegenüber dem Vorjahr um 6,8 Prozent entspricht *(vgl. BCS 2017, S. 2)*. Besonders stark waren die Zuwächse in den letzten Jahren im free-floating Carsharing, das den Flexibilitätsbedürfnissen der Nutzer offensichtlich stärker entgegenkommt als das stationsbasierte Carsharing (Abb. 5.17). Beim „free-floating" stehen die Fahrzeuge nicht an festen Stationen, sondern sind über das Geschäftsgebiet des jeweiligen Anbieters verteilt. Die Fahrzeuge können spontan gebucht und ohne Stationszwang innerhalb des Geschäftsgebiets auf öffentlichen Parkplätzen wieder abgestellt werden *(vgl. Riegler et al. 2016, S. 17)*. Dementsprechend ist auch die Zahl der Nutzer pro Fahrzeug im free-floating mit 172,8 Personen deutlich höher als im stationsbasierten Carsharing mit 48,4 Nutzern *(vgl. ebenda, S. 2)*.

Nach einer neueren Untersuchung lässt sich das soziodemografische Profil der typischen Nutzergruppen von Carsharing in Deutschland wie folgt beschreiben *(vgl. Riegler 2016, S. 36 ff.)*:
- Bewohner von städtischen Gebieten bzw. Großstädten,
- eher männlich und jünger,
- tendenziell höheres Bildungsniveau und Einkommen.

Weiterhin zeigt sich, dass Carsharing-Nutzer zu einem multimodalen Verkehrsverhalten neigen. Neben dem Öffentlichen Verkehr (ÖV) wird vor allem das Fahrrad genutzt. Viele Wege werden aber auch zu Fuß zurückgelegt *(vgl. ebenda, S. 40 ff.)*.

Interessant ist schließlich, dass die Nutzungsintensität von Carsharing mit der Dauer der Mitgliedschaft bei einem Carsharing-Konzept nicht ab-, sondern zunimmt *(vgl. ebenda, S. 44)*. Dies spricht dafür, dass die Carsharing-Nutzer mit den vorhandenen Angeboten zufrieden sind und es zu den für die Nutzung unterschiedlicher Verkehrsmittel (Modal Split) wichtigen Habitualisierungs-Effekten kommt. Für die künftige Mobilität könnte dies bedeuten, dass Carsharing nicht eine nur auf einen Lebensabschnitt bezogene Form der Mobilität ist, sondern ein über das junge Erwachsenalter hinaus beibehaltenes Mobilitätsmuster darstellt.

In den Anfängen standen ökologische Gründe für die Teilnahme an Carsharing-Modellen ganz im Vordergrund der Nutzer. So waren es vor allem ökologisch orientierte Aktivistengruppen, die mit der Idee des Auto-Teilens einen Beitrag zu einem umweltverträglicheren Automobilverkehr leisten wollten. Ausgehend von der Erkenntnis, dass der individuelle Fahrzeugbesitz zur unreflektierten Nutzung des Automobils führt, sollte mit dem Carsharing gewissermaßen ein Reflexions-Mechanismus in die Automobilnutzung eingebaut werden, der dem „Aufforderungscharakter" des Automobils entgegenwirkt *(vgl. Knie 1999, S. 133)*: Dadurch, dass kein eigenes Auto vor der Haustür steht, sind die Menschen – so die Überlegungen – gezwungen, darüber nachzudenken, welches das für die geplante Wegstrecke beste Verkehrsmittel ist: das Fahrrad, der ÖPNV, das Auto oder eventuell auch einfach zu Fuß zu gehen. Durch die Anhebung der Zugangsschwelle zum Auto erwartete man eine Verlagerung des Modal Split zugunsten umweltverträglicherer Verkehrsträger, was bei den Nutzern – wie erwähnt – auch eingetreten ist.

Auch heute werden in Befragungen von Carsharing-Nutzern ökologische Motive genannt. Sie rangieren jedoch deutlich hinter den ökonomischen Gründen *(vgl. Riegler 2016, S. 59)*. Ganz offensichtlich haben viele Stadtbewohner die Verschlechterung des Kosten-Nutzen-Verhältnisses eines eigenen Autos in den letzten Jahren wahrgenommen und sich für eine bloß temporäre Nutzung des Autos bei besonderen Anlässen entschieden. Sie folgen damit der Logik des „pay-as-you-use-Prinzip", das sich nicht zuletzt durch die wachsende Verbreitung digitaler Plattformen im Bereich Information und Unterhaltung immer stärker in den Köpfen der Menschen verankert hat.

Einen wesentlichen Impuls hat das Carsharing durch die Einführung von Freefloating-Konzepten in Ergänzung zum traditionellen, stationsbasierten Carsharing bekommen. Vorreiter des Freefloating waren Automobilhersteller, nämlich Daimler mit Car2Go und BMW mit DriveNow, die mit diesem Konzept mittlerweile in Deutschland eine dominante Marktposition im Carsharing einnehmen: So nutzen im Jahr 2016 von den insgesamt 1,7 Mio. Carsharing-Nutzern 1,26 Mio. Personen Freefloating-Konzepte, was einem Anteil von fast drei Viertel entspricht *(vgl. BCS 2017, S. 1f.).*

Weiterhin hat sich durch die Digitalisierung der an sich sehr komplexe Nutzungsvorgang beim Carsharing deutlich vereinfacht. Waren früher aufwendige Registrierungs- und Identifikationsprozesse notwendig, so konnten diese zwischenzeitlich auf ein Minimum reduziert werden. Dabei hat vor allem das Smartphone eine wichtige Rolle gespielt: Über eine App kann heute die Buchung, das Finden und der Zugang zum Fahrzeug sowie die Bezahlung über ein Medium abgewickelt werden. Durch die Vereinfachung des Nutzungsvorgangs sind die Transaktionskosten und damit auch die Zugangsschwelle zum Carsharing erheblich gesunken: „Digital coverage has completely changed users'expectations and demands. The low transaction cost option to access a suitable vehicle at any time and any place in the city has, in fact, changed personal need: the instant need and/or desire to drive now find immediate corresponding facilitation" *(vgl. Canzler/Knie 2016, S. 62).*

Die Bedeutung von Carsharing dürfte in Zukunft weiter zunehmen. Dafür sprechen die folgenden vier Gründe:
- Urbanisierung: Seine größten Vorteile im Hinblick auf Flexibilität und Kosten hat das Carsharing in Ballungszentren. Da in Zukunft eine wachsende Zahl von Menschen in Großstädten und Agglomerationen leben wird, wird diese Entwicklung den Trend zum Carsharing begünstigen.
- Pragmatisierung der Automobilnutzung: Für eine wachsende Zahl von Menschen verliert das Auto seine emotionale und symbolische Bedeutung, so dass seine instrumentelle Funktion in Zukunft noch stärker in den Vordergrund der Automobilnutzung tritt. Diese instrumentelle Funktion – der Transport von A nach B – kann durch das Carsharing zumindest gleich gut, möglicherweise sogar noch besser erfüllt werden als durch den Fahrzeugbesitz, da der Carsharing-Nutzer sein Fahrzeug entsprechend dem Einsatzzweck auswählen kann.
- Optimierung der Konzepte: Die Zahl der Anbieter im Bereich des Carsharings wird in den nächsten Jahren zunehmen, was zu einer Intensivierung des Wettbewerbs und damit zu einer weiteren Optimierung der Konzepte führen wird. So sind individuellere Tarifmodelle denkbar, die noch stärker auf die spezifischen Nutzungsprofile ausgerichtet sind. Ein weiterer Optimierungspfad ist eine stärker multi-modale Ausrichtung der Konzepte. Dies bedeutet, dass der Nutzer über eine „Mobility Card" unterschiedliche Verkehrsmittel nutzen kann.

Über den vermehrten Einsatz von Elektrofahrzeugen wird überdies die ökologische Komponente des Carsharings gestärkt werden.
- Politische Regulierung: Schließlich dürfte das Carsharing auch durch weitere politisch motivierte Eingriffe in den Straßenverkehr unterstützt werden. Neben der Ausdehnung reservierter Parkflächen werden zusätzliche Nutzervorteile und gleichzeitig verstärkte Restriktionen für exklusiv genutzte Fahrzeuge die Attraktivität des Carsharings in Ballungszentren weiter erhöhen.

Die Boston Consulting Group (BCG) geht davon aus, dass die Zahl der Carsharing-Nutzer weltweit von heute knapp 6 Mio. auf 35 Mio. im Jahr 2021 steigen wird. Davon sollen 15 Mio. auf die Region Asia-Pacific, 14 Mio. auf Europa und 6 Mio. auf Nordamerika entfallen *(vgl. BCG 2016, S. 10)*. Das Umsatzvolumen im Markt für Carsharing im Jahr 2021 wird auf weltweit 4,7 Mrd. Euro geschätzt. Insgesamt würden nach dieser Prognose im Jahr 2021 228.000 Fahrzeuge im Rahmen von Carsharing-Konzepten eingesetzt *(vgl. ebenda)*. Das Institut für Mobilitätsforschung (ifmo) schätzt das Nutzerpotenzial für Carsharing in Deutschland im Jahr 2025 auf 2,18 Mio. Personen *(vgl. Riegler et al. 2016, S. 102)*. Angesichts des starken Anstiegs der Nutzerzahlen im Jahr 2016 erscheint es durchaus möglich, dass diese Zahl übertroffen wird.

Ride Hailing – Disruptor des Taxi-Gewerbes
Als Ride Hailing (häufig auch Ride Sharing genannt) wird die entgeltliche Mitfahrt mit einem Privatauto, Mietwagen oder Taxi bezeichnet, wobei die Buchung über eine Smartphone-App erfolgt. Der Betreiber eines Ride-Hailing-Systems wird als Transport Network Company (TNC) bezeichnet. TNC's sind typische Unternehmen der Plattform-Ökonomie: Über eine App oder Website werden Anbieter und Nachfrager zusammengebraucht und dann der gesamte Geschäftsprozess (Bestellung – Nutzung – Bezahlung – Bewertung) internetbasiert abgewickelt.

Das Ride Hailing hat seinen Ursprung in den USA, wo auch einige der führenden Anbieter ihren Sitz haben (Uber, Lyft, Gett). Über eine große Popularität verfügt das Ride Hailing auch in China, wo mit Didi ein weiterer großer Player in diesem Geschäft tätig ist. Mit „mytaxi" ist Daimler in diesem Mobilitätsbereich ebenfalls aktiv.

Mit der professionellen Vermittlung von Mitfahrmöglichkeiten soll eine kostengünstige und individuelle Form der Mobilität ermöglicht werden. Seine Popularität verdankt das Ride Hailing zweifellos der Tatsache, dass für seine Nutzung – im Gegensatz zum Carsharing – kein Führerschein notwendig ist bzw. auch im Zustand der Fahruntüchtigkeit genutzt werden kann. Darüber hinaus hat das Ride Hailing – ähnlich wie das Carsharing – einen tendenziell verkehrsentlastenden Effekt.

Neben dem Preisvorteil bietet das Ride-Hailing auch eine hohe Beförderungsqualität, da die Fahrer streng ausgewählt und durch die Nutzer öffentlich zugäng-

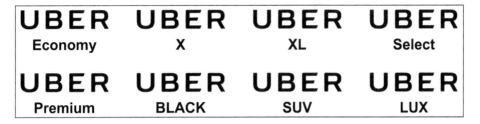

Abb. 5.18: Differenzierung der Mobilitätsdienstleistungsangebote am Beispiel von Uber.
Quelle: Uber 2017.

lich bewertet werden. Auch an die Fahrzeuge und deren Sauberkeit stellen die TNC hohe Anforderungen.

Der Systemwettbewerb des Ride Hailing zum traditionellen Taxigeschäft ist offensichtlich und hat daher auch in vielen Ländern, insbesondere in Europa zu heftigen rechtlichen Auseinandersetzungen über die Zulässigkeit dieses Mobilitätsangebotes geführt. Insbesondere wurde Uber eine Verletzung des Personenbeförderungsgesetzes vorgeworfen, da auch nicht autorisierte Fahrer, also Privatpersonen, diesen Dienst anbieten konnten. Die Auseinandersetzungen hatten teilweise eine Anpassung des Leistungsangebots zur Folge. So setzt Uber mittlerweile in Deutschland nur noch Fahrer ein, die über einen Personenbeförderungsschein verfügen.

Interessant ist am Beispiel Uber auch die Ausdifferenzierung des Dienstleistungsangebotes, um unterschiedliche Zielgruppen und Bedarfe abzudecken. Uber bietet z. B. acht unterschiedliche Fahrer- und Fahrzeugsegmente über die Wertigkeitsstufen Economy und Premium an (Abb. 5.18). Das Basisangebot ist UberX. Wer ein größeres Fahrzeug benötigt, weil er mit einer Gruppe oder mit viel Gepäck unterwegs ist, kann UberXL buchen. Im Premiumbereich werden über UberBLACK schwarze Limousinen mit professionellem Fahrer, bei UberSUV speziell Geländewagen und bei UberLUX besonders luxuriöse Fahrzeuge angeboten.

Das Wheel-of-Mobility dreht sich weiter: Vehicles-on-Demand

Mit dem autonomen Fahren einerseits, der Shared Mobility andererseits verändert sich das traditionelle Muster des Autofahrens: Mit dem autonomen Fahren wird der selbstfahrende Fahrzeugbesitzer durch das robotergesteuerte Fahrzeug abgelöst und mit der Shared Mobility tritt an die Stelle der individuellen und dauerhaften, die geteilte und nur mehr temporäre Nutzung eines Autos. Damit wird der Weg frei, für eine wirklich disruptive Veränderung automobilbasierter Mobilität: Die Zusammenführung des fahrerlosen automatisierten Fahrens mit der Idee der Shared Mobility führt zum Entstehen eines neuen Mobilitätsmarktes, nämlich dem der Vehicles-on-Demand (Abb. 5.19).

Vehicles-on-Demand (oder auch Mobility-on-Demand) können als eine Form der Automobilnutzung definiert werden, bei der Personen autonom fahrende Auto-

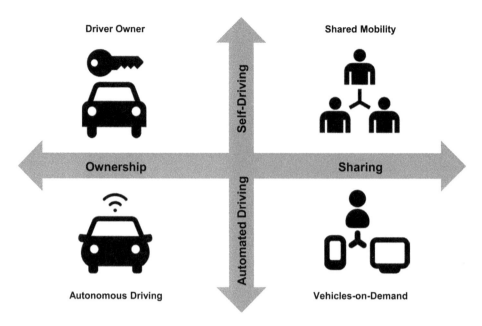

Abb. 5.19: Wheel-of-Mobility. Quelle: Eigene Darstellung.

mobile („Robocabs") aus einer gemeinschaftlich organisierten Fahrzeugflotte individuell und temporär durch Zugriff über eine Smartphone-App nutzen. Aus der Sicht eines Nutzers lässt sich das Konzept wie folgt beschreiben: Die Person X registriert sich als User Y beim Systembetreiber Z unter Angabe einer digitalen Adresse. Es wird für ihn ein Konto eingerichtet, über das alle Buchungs-, Nutzungs- und Zahlungsvorgänge abgewickelt und dokumentiert werden. Will User X von A nach B kommen bucht er über eine App ein Fahrzeug. Er öffnet das Fahrzeug mittels eines Zugang-Codes, gibt das Fahrziel ein und wird nun vom Fahrzeug an sein gewünschtes Ziel gebracht. Nach Beendigung des Nutzungsvorgangs, steht das Fahrzeug einem anderen User zur Verfügung. Liegt aktuell keine Anforderung vor, sucht sich das Fahrzeug selbständig einen Parkplatz. Mittels GPS ist das Fahrzeug für den Systembetreiber jederzeit lokalisierbar. Das Fahrzeug funktioniert voll autonom (Automatisierungsstufe 5) und kann vom Fahrer nicht gesteuert werden und dieser wird auch als Rückfallebene nicht benötigt. Insofern ist seine Nutzung auch für Personen ohne Führerschein möglich.

Grundsätzlich kann das Vehicle-on-Demand auch von mehreren Personen gleichzeitig genutzt werden. So können über einen intelligenten Buchungsalgorithmus Fahrten – sofern gewünscht – gebündelt werden. Will jemand zwingend alleine Fahren, kann dies bei der Buchung vermerkt werden. Vehicles-on-Demand sind daher – je nach Sichtweise – eine Konkurrenz oder auch eine Ergänzung des öffentlichen Personenverkehrs. Wesentlich ist dabei, dass Vehicles-on-Demand im Gegensatz zu den heutigen Verkehrsmitteln im ÖPNV individuell abrufbar sind.

Das Konzept ermöglicht also eine Individualisierung des öffentlichen Verkehrs *(vgl. Lenz/Fraedrich 2015, S. 187ff.)*. Gleichzeitig können damit aber auch die Kosten des ÖPNV aufgrund des geringeren Personalaufwands deutlich reduziert werden *(vgl. Beiker 2015, S. 294f.)*.

Letztlich liegt dem Konzept der Vehicles-on-Demand also die Idee eines frei „floatenden" Fahrzeugparks zugrunde, der aus vollautonom fahrenden Fahrzeugen besteht und dessen Nutzung über die jeweiligen Bedarfe durch die User gesteuert wird. Das Vehicle-on-Demand-Konzept kann daher als ein spezifischer „Use Case" des autonomen Fahrens angesehen werden *(vgl. Wachenfeld et al. 2015, S. 19f.)*.

Vehicles-on-Demand: Robocabs als Massenverkehrsmittel
Wird das Vehicle-on-Demand Realität werden und sich gegenüber anderen Mobilitätsangeboten wirklich durchsetzen können? Neben der technischen Realisierung voll autonomer Fahrzeuge und der Gestaltung der rechtlichen Rahmenbedingungen für automatisiertes Fahren, hängen die Erfolgschancen des Vehicles-on-Demand Konzeptes vor allem von zwei Faktoren ab:
– der Nutzerakzeptanz und
– der politischen Förderung.

Nutzerakzeptanz: Angesichts des innovativen, um nicht zu sagen utopischen Charakters des Vehicles-on-Demand-Konzeptes ist eine Beurteilung der Nutzerakzeptanz auf der Basis von Befragungen wenig aussagefähig, da ein solches Konzept die Vorstellungsfähigkeit vieler Menschen schlicht überfordert. Insofern dürfen die heute eher ablehnenden Stimmen zu einem solchen Mobilitätskonzept nicht überbewertet werden. So haben in einer Akzeptanzanalyse auf Basis einer repräsentativen Befragung von 1.000 Personen in Deutschland, 54 Prozent der Befragten erklärt, dass sie sich nicht vorstellen können, dass ein Vehicle-on-Demand ihr bisher bevorzugtes Fahrzeug ersetzen könnte. Lediglich 11 Prozent der Befragten bejahten die Frage *(vgl. Fraedrich/Lenz 2015, S. 694)*. Weiterhin lagen die positiv konnotierten Bewertungen für Vehicles-on-Demand mit 35 Prozent deutlich unter dem Wert für autonome Fahrzeuge mit Eingriffsmöglichkeiten für den Fahrer, wo immerhin eine knappe Mehrheit der Nennungen positiv war *(vgl. ebenda, S. 695)*. Allerdings waren die negativen Meinungen zu den Vehicles-on-Demand sehr unspezifiziert und brachten eher eine allgemeine und etwas diffuse Unbehaglichkeit als konkrete Einwände im Hinblick auf das Fahren mit „Roboter-Autos" zum Ausdruck („nichts für mich", „technikabhängig", „unnötig"). Demgegenüber nannten die Befürworter doch relativ konkrete Vorteile eines solchen Konzeptes („nützlich", „bequem", „entspannend").

Die Befragungsergebnisse – auch wenn nur auf Deutschland bezogen – machen klar: Das Vehicles-on-Demand Modell wird sich nur als angebotsinduziertes Konzept durchsetzen können. Es folgt darin dem „Technology-push-Paradigma",

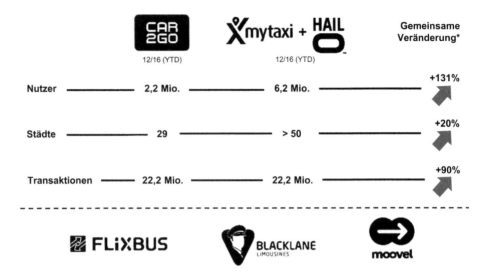

Abb. 5.20: Innovative Mobilitätsdienstleistungen und deren Nutzung am Beispiel Daimler-Konzern. Quelle: Daimler 2017.

schen Automobilvermietung über das Carsharing bis hin zum Ride Sharing. Demgegenüber zeigen sich die japanischen und koreanischen Automobilmarken nach wie vor sehr fokussiert auf die reine Fahrzeugvermarktung. Vor allem Daimler deckt heute schon ein sehr breites Spektrum an Mobilitätsdienstleistungen ab und kann sowohl beim Carsharing als auch beim Ride Hailing auf hohe Nutzerzahlen und Transaktionen verweisen (Abb. 5.20).

Das breite Angebot an Mobilitätsdienstleistungen darf nicht darüber hinwegtäuschen, dass auch die deutschen Automobilhersteller noch weit weg davon sind, wirkliche „Mobility Provider" zu sein. Sowohl im Hinblick auf die Umsatz- und Ergebnisbeiträge spielen sowohl das Carsharing wie auch das Ride Hailing bislang praktisch keine Rolle. Auch wenn keine entsprechenden Daten veröffentlicht werden ist davon auszugehen, dass die bisherigen Aktivitäten in diesen Bereich nicht profitabel sind bzw. nicht die Renditen wie im klassischen Fahrzeuggeschäft und bei den Finanzdienstleistungen erbringen.

Die Ursache für die Schwierigkeit, Mobilitätsdienstleistungen profitabel anbieten zu können liegt sicherlich darin begründet, dass deren Bereitstellung auf einem außerordentlich komplexen, operativen Leistungsmodell beruht (Abb. 5.21). Neben einem IT-basierten Nutzungsprozess müssen auch die physischen Assets, insbesondere der Fahrzeugpool und dessen Maintenance gemanagt werden. Schließlich sind hohe werbliche Investitionen zur Steigerung der Bekanntheit einer Mobilitätsplattform notwendig. Dem stehen Nutzer mit einer starken Preissensibilität gegenüber, was die Preisspielräume für die Teilhabe an diesem System bzw. dessen Nut-

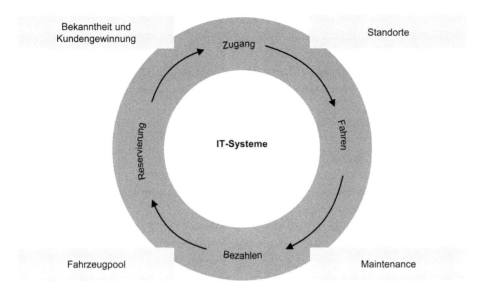

Abb. 5.21: Das operative Leistungsmodell für automobilbasierte Mobilitätskonzepte.
Quelle: Eigene Darstellung.

zung einschränkt. Mit einem traditionellen Tarifmodell lässt sich in der Shared Mobility kein Geld verdienen. Die Gewinner in einem solchen System sind diejenigen, die die Kundenschnittschnittstelle besetzen – die Verlierer diejenigen, die die Assets besitzen und in das Geschäft einbringen.

Grenzen des automobilen Geschäftsmodells
Die Ausbreitung der Shared Mobility wird vielfach als ein quantitatives Problem für die Automobilindustrie angesehen. Tatsächlich tangiert es das Marktvolumen, da Sharing-Konzepte einen nicht nur komplementären, sondern auch substitutiven Charakter haben können: Tendenziell steigt mit der Nutzung von Shared Mobility die Wahrscheinlichkeit, dass der Nutzer auf den Kauf eines eigenen Autos verzichtet.

Allerdings dürfen die damit verbundenen Volumeneffekte auch nicht überschätzt werden. So stehen den entgangenen Verkäufen an Privatkunden höhere Verkäufe in die entsprechenden Fahrzeugpools zur geteilten Nutzung gegenüber. Da die Nutzungsintensität höher ist als bei Privatkunden, erfolgt ein schnellerer Bestandwechsel. Die Folge ist ein erhöhter Ersatzbedarf an Neuwagen. Die Boston Consulting Group schätzt die „lost sales" durch Carsharing an private Kunden im Jahr 2021 auf 792.000 Einheiten. Dem stehen zusätzliche Verkäufe für die Carsharing-Flotten in Höhe von 246.000 Einheiten gegenüber, so dass der Nettoverlust bei knapp 550.000 Einheiten liegen dürfte *(vgl. BCG 2016, S. 10)*. Das Volumen des Weltautomobilmarktes wird im Jahr 2021 bei über 80,0 Mio. Einheiten liegen, so dass der anteilige Verlust weniger als ein Prozent betragen würde. Eine vom Institut für Automobilwirtschaft (IFA) im Jahr 2012 durchgeführte Berechnung kommt für Deutschland zu dem Ergebnis, dass der Pkw-Bestand durch Carsharing um minimal 1,3 Prozent und maximal 3,0 Prozent sinken würde *(vgl. IFA 2012, S. 22)*.

Viel wichtiger als der quantitative Aspekt, ist die Tatsache, dass mit dem Trend zur Shared Mobility eine Entwicklung eingetreten ist, die in ihrer Radikalität bislang noch nicht verstanden wurde. Vielfach wird Shared Mobility immer noch als Teil des Automobilmarktes gesehen. Tatsächlich handelt es sich um einen neuen und vom traditionellen Automobilmarkt deutlich zu unterscheidenden Markt. Der „Bedarf" als grundlegende und Märkte konstituierende Größe ist im traditionellen Automobilmarkt die individuelle, an ein bestimmtes Fahrzeug gebundene Mobilität. Dabei hat der Nutzer den Wunsch dieses Fahrzeug in der Regel selbst zu steuern. Daher kann dieser Markt auch als Driver-Owner-Markt bezeichnet werden. Demgegenüber ist der Bedarf im Markt für Shared Mobility der Wunsch ein Automobil temporär zu nutzen und wenn möglich, nicht selbst fahren zu müssen.

Dementsprechend verlagert sich in der Welt der Shared Mobility die Bedeutung der erfolgsrelevanten Faktoren weg von der Hardware hin zur Mobilitätsdienstleistung. Während bei der Vermarktung von Automobilen technisch-qualitative Produktmerkmale und die daraus sich ergebende Markenkompetenz von entscheidender Bedeutung für die Wettbewerbsfähigkeit sind, sind es bei Mobilitätsdienstleistungen die Verfügbarkeit und Flexibilität bei der Fahrzeugbereitstellung, die Zuverlässigkeit und Sauberkeit der Fahrzeuge sowie die Preiswürdigkeit und Preistransparenz. Auf der Basis dieser Leistungsmerkmale entsteht eine Markenkompetenz, die für den Kunden eine wichtige Orientierungshilfe bei der Auswahl seines Mobilitätsdienstleisters darstellt, die aber eine andere Ausprägung hat als bei der Vermarktung von Fahrzeugen.

Nur wenn man verstanden hat, dass es sich bei dem Driver-Owner- und dem Vehicles-on-Demand-Markt um zwei unterschiedliche Märkte handelt, die nach ihren jeweils eigenen Gesetzmäßigkeiten funktionieren, wird auch klar, dass das Geschäftsmodell, das in dem einen Markt erfolgreich ist, nicht zwangsläufig auch im anderen Markt funktioniert. Tatsächlich ist es den deutschen, aber auch den anderen Automobilherstellern bislang nicht gelungen, im Markt für Shared Mobility eine dominante Marktposition aufzubauen. Vielmehr sind es spezialisierte Unternehmen der Plattform-Ökonomie, die diesen Markt zunehmend beherrschen.

Die deutschen Automobilhersteller laufen mit ihren Aktivitäten im Shared-Mobility-Markt Gefahr, sich zu verzetteln, in dem sie versuchen, mit ihrem alten Geschäftsmodell in diesem Markt erfolgreich zu sein. Das aber wird ihnen nicht gelingen. Notwendig ist vielmehr, für diesen Markt ein eigenes Geschäftsmodell aufzubauen oder sich aus diesem Markt zurückzuziehen und sich auf die weitere Bedienung des traditionellen Driver-Owner-Marktes zu fokussieren.

5.4 Neue Geschäftsmodelle und Transformationsmanagement

Geschäftsmodelle sind abhängig von Märkten. Ändern sich Märkte müssen auch Geschäftsmodelle verändert werden. Der traditionelle Automobilmarkt („Driver-Owner-Markt") wird sich unter dem Einfluss von Elektrifizierung, Vernetzung und autonomen Fahren nachhaltig verändern. Die Automobilhersteller müssen dazu ihr Geschäftsmodell öffnen: An die Stelle der hierarchisch strukturierten Supply-Chain werden horizontal organisierte Eco-Systeme treten. Neben dem Driver-Owner-Markt wird der zweite Markt für automobilbasierte Mobilität, der Vehicles-on-Demand-Markt, in eine neue Dimension hineinwachsen. Um in diesem Markt erfolgreich zu sein, bedarf es eines eigenständigen Geschäftsmodells: das eines Mobilitätsdienstleisters, der über eine digitale Plattform die Schnittstelle zum Kunden besetzt und mit einer Flotte an Robocabs Mobilität anbietet.

Geschäftsmodelle – konzeptionelle Grundlagen
Ganz allgemein beschreibt ein Geschäftsmodell die Grundlogik, wie ein Unternehmen Werte für seine Kunden schafft *(vgl. Bieger/Reinhold 2011, S 32)*. Es legt fest, welche Ziele ein Unternehmen hat und wie es arbeitet. Zugleich soll es aber auch deutlich machen, wie ein Unternehmen langfristig und nachhaltig im Markt bestehen will. Dazu muss es definieren, welche Leistungen erbracht werden sollen und wie Erlöse generiert werden können.

Die kaum noch überschaubare Diskussion um die Frage, was denn nun eigentlich ein Geschäftsmodell ausmacht, welche Dimensionen, Gestaltungsebenen und Elemente es umfasst hat bislang weder in der Praxis noch in der Wissenschaft zu einer einheitlichen Antwort geführt. Nach wie vor zeichnen sich Veröffentlichungen zum Thema „Geschäftsmodelle" durch eine große Vielfalt und Spannbreite der Konzepte aus, die eher zur Verwirrung als zur Klärung des Begriffs beitragen *(vgl. ebenda, S. 18 ff.)*. Im Folgenden sollen vier Elemente als konstitutiv für ein Geschäftsmodell angesehen werden, die in nahezu allen Definitionen genannt werden:
- das Leistungskonzept (Value Proposition),
- das Wertschöpfungskonzept (Value Creation),
- das Ertragskonzept (Value Capture) sowie
- das Kanalkonzept (Value Communication and Transfer).

Während das *Leistungskonzept* in einem Werteversprechen besteht, das festlegt, für welche Kunden über welche Leistungen Wert erbracht werden soll, definiert das *Wertschöpfungskonzept* wie das Werteversprechen gegenüber den Kunden erfüllt wird, das heißt, wie durch die Kombination von unternehmensinternen und externen Ressourcen und Fähigkeiten Wertschöpfung erzielt wird *(vgl. ebenda, S. 32)*. Im *Ertragskonzept* wird festgelegt, „wie der Wert, den das Unternehmen für seine Kunden schafft in Form von Erträgen an das Unternehmen" zurückfließen soll *(vgl. ebenda, S. 33)*. Während das Wertschöpfungskonzept das Kostenniveau und die Kostenstruktur eines Unternehmens bestimmt, beeinflusst das Ertragskonzept das Niveau und die Struktur von Umsatz und Gewinn. Beim Kanalkonzept geht es schließlich um den Austausch mit dem Kunden, und zwar sowohl im Hinblick auf die Kommunikation als auch um die reale Leistungsübertragung (Distribution). Von besonderer Bedeutung ist dabei die Besetzung der Kundenschnittstelle, denn nur wer den direkten Kontakt zum Kunden hat bestimmt die Wert- und Erlösströme in einem Markt.

Alle genannten vier Gestaltungselemente eines Geschäftsmodells hängen natürlich miteinander zusammen und müssen daher aufeinander abgestimmt werden. Ein Premiumhersteller muss bspw. ein durchgängig anderes Geschäftsmodell verfolgen als ein Volumenhersteller. Während bei einem Premiumhersteller beim Leistungsversprechen, dem „spirituellen Mehrwert" der Marke eine ganz zentrale Bedeutung zukommt, weil darauf sein Ertragskonzept – die Durchsetzung von Preisprämien – basiert, ist für einen Volumenhersteller umgekehrt die Wahrnehmung eines guten Preis-Leistungs-Verhältnisses durch die Kunden von zentraler Bedeutung, weil er nur so die für sein Geschäftsmodell wesentlichen hohen Verkaufsvolumina erreichen kann. Das Wertschöpfungskonzept des Premiumherstellers muss vorrangig auf technische Innovation und eine hochwertige Anmutung der Produkte ausgerichtet werden, während für Volumenhersteller – neben der Qualität der Produkte – die Kosteneffizienz ganz im Vordergrund stehen muss.

Die drei Typen von Geschäftsmodellen: Asset-, Service- und Data-based
Kategorisiert man Geschäftsmodelle nach der jeweiligen Value Proposition, also dem Wertversprechen gegenüber dem Kunden, so lassen sich drei wesentliche Geschäftsmodelltypen identifizieren (Tab. 5.12):
- das Asset-based Geschäftsmodell,
- das Service-based Geschäftsmodell sowie
- das Data-based Geschäftsmodell.

Bei einem *Asset-based Geschäftsmodell* besteht das Wertversprechen in einem bedarfsgerechten und qualitativ hochwertigen Produkt. Um ein solche Produkte anbieten zu können, müssen die Unternehmen über einzigartige Ressourcen wie Know-How, Technologien, Fertigungsprozesse und Vertriebskanäle verfügen, die häufig an physische „Assets" wie Forschungs- und Entwicklungsbereiche, Maschinen und Fabriken gebunden sind. Das Geschäftsmodell der Automobilhersteller ist „asset-based", was in einem hohen Kapitaleinsatz zum Ausdruck kommt.

Bei einem *Service-basierten Geschäftsmodell* sind es Dienstleistungen, die mit und für den Kunden erbracht werden und die für diesen einen Wert haben. Da Dienstleistungen immateriell und nicht lagerfähig sind, erfordert dieser Geschäftsmodelltyp eine völlig andere Ausgestaltung des Wertschöpfungs- und Ertragskon-

Tab. 5.12: Typen von Geschäftsmodellen im Vergleich. Quelle: Eigene Darstellung.

Leistungsversprechen (Value Proposition)		
Asset based	**Service based**	**Data based**
Technisch und qualitativ hochwertiges, physisches Produkt	Qualitativ hochwertige Dienstleistung	Bereitstellung einer Plattform zur Kommunikation zwischen Usern
Wertschöpfungsmodell (Value Creation)		
Asset based	**Service based**	**Data based**
Entwicklung und Herstellung eines Produktes durch Hersteller und Lieferanten	Erbringung einer Dienstleistung unter Einbeziehung eines externen Faktors (Kunden)	Entwicklung und Bereitstellung von Systemen, Medien oder Devices zur Generierung großer Datenmengen von Usern
Erlösmodell (Value Capture)		
Asset based	**Service based**	**Data based**
Verkauf eines Produktes und evtl. damit verbundener Komplementärleistungen (Produkt-Dienstleistungs-Bündel)	Verkauf einer Dienstleistung und evtl. damit verbundener Komplementärleistungen	„Open Access" und Verkauf von intelligenten, digitalen Daten an Dritte und Nutzung der Daten zur Unterstützung des eigenen Absatzes
Kanalkonzept		
Asset based	**Service based**	**Data based**
Direkter oder indirekter Vertrieb über Absatzmittler	Direkter oder indirekter Vertrieb, ibs. Franchise-Systeme	Online-Plattformen und Apps
Beispiel		
Asset based	**Service based**	**Data based**
Automobilhersteller	Banken, Gastronomie	Social Media, Online Retail

zeptes als bei Asset-based Geschäftsmodellen. So erfolgt die Wertschöpfung nicht in einem unter Umständen langen und für den Kunden nicht transparenten Produktionsprozess, sondern im Grenzfall uno actu: Die Dienstleistung wird „am Kunden" produziert. Dementsprechend ist für Dienstleistungsunternehmen die Mitarbeiterqualifikation ein herausragender Erfolgsfaktor, da diese in direktem Kundenkontakt Wert schaffen müssen. Beispiele für Service-basierte Geschäftsmodelle sind Banken und Beratungsunternehmen, aber auch Handwerker, Hotels und Gastronomiebetriebe.

Bei *Daten-basierten Geschäftsmodellen* entsteht der Wert durch die Erfassung, Speicherung und die intelligente Verknüpfung von Daten, die für das Unternehmen selbst oder für andere Wirtschaftssubjekte von Bedeutung sind. Die Daten-basierten Geschäftsmodelle sind Kinder des digitalen Zeitalters, da in sozialen und wirtschaftlichen Interaktionsprozessen eine Unmenge von Daten („Big Data") produziert werden, die wiederum zur Steuerung dieser Prozesse eingesetzt werden können. Das sicher prominenteste Beispiel für ein Unternehmen, das ein daten-basiertes Geschäftsmodell betreibt ist Facebook. Das Unternehmen selbst stellt lediglich Systeme bereit, über die Menschen miteinander kommunizieren können und die mit jedem Kommunikationsvorgang Daten über ihr Leben und ihre Verhaltensweisen „produzieren". Facebook sammelt und verarbeitet diese Daten und schafft damit „Wert", z. B. für werbetreibende Unternehmen, die durch die Nutzung dieser Daten die Effektivität und Effizienz ihrer werblichen Aktivitäten erhöhen können.

Überblick man die Entwicklung der letzten Jahre, lässt sich unschwer eine gewisse Vermischung der Geschäftsmodelle erkennen („Business Migration"). So gehen Unternehmen, die dem Geschäftsmodelltyp „Asset-based" zugeordnet werden, immer stärker in Richtung Service-basierter Geschäftsmodelle. Die Automobilindustrie selbst ist dafür ein gutes Beispiel: Automobilhersteller schaffen heute nicht nur Wert, über die Herstellung von Fahrzeugen, sondern auch durch deren Finanzierung und technische Instandhaltung. Sowohl Finanzierung wie auch Instandhaltung sind typische Dienstleistungsangebote, deren Erbringung eine Erweiterung des Asset-basierten Geschäftsmodells erfordern. Auch über Daten schaffen die Automobilhersteller „Wert" für sich selber, indem sie bspw. vorausschauend die Notwendigkeit von Wartungs- und Reparaturarbeiten erkennen und den Kunden dann in ihre Werkstätten steuern können („Predictive Maintenance"). Umgekehrt gehen service- und datenbasierte Geschäftsmodelle in Richtung asset-basierte Geschäftsmodelle, wie etwa die industriellen Aktivitäten der Alphabet Inc. oder die Aktivitäten von Amazon im stationären Handel zeigen.

Diese konzeptionellen Überlegungen sind wichtig, wenn es um die Definition künftiger und die Transformation bestehender Geschäftsmodelle in der Automobilindustrie geht. Denn die Verankerung in einem Asset-basierten Geschäftsmodell stellt eine Transformationsbarriere dar, die die Automobilhersteller überwinden müssen, wenn sie ihr Geschäftsmodell in Richtung eines Service- oder Daten-basierten Konzeptes verändern wollen. Die gewaltigen Vermögenswerte, auf denen das Geschäftsmodell der Automobilhersteller heute beruht, sind nicht nur eine Quelle von Wertschöpfung und Wettbewerbsdifferenzierung, sondern auch eine Belastung, wenn digitale Dienste gegenüber der Hardware für den Kunden an Bedeutung gewinnen.

Gleichzeitig macht die zunehmende Business Migration bestehende Unternehmen teilweise noch komplexer und damit auch schwerfälliger. Start-Up-Unternehmen stellen sich demgegenüber bewusst schlanker und fokussierter auf und können über service- und datenbasierte Geschäftsmodelle, die von den Automobilherstellern kontrollierten Wertketten aufbrechen. Ein gutes Beispiel dafür sind Neu- und Gebrauchtwagenbörsen, die in den letzten Jahren eine wachsende Bedeutung als Vermarktungsplattformen gewonnen haben. Ihre hohe Akzeptanz als Informationsquellen nutzen sie überdies für Finanzdienstleistungsangebote und schieben sich damit immer stärker zwischen den Kunden und den Hersteller und seine Vertriebsorganisation. Darüber hinaus ist die Vermarktung der an der

Kundenschnittstelle generierten Daten mittlerweile eine wichtige Erlösquelle für alle Internetplattformen.

Die zwei Märkte automobilbasierter Mobilität

Automobilbasierte Mobilität wird schon seit vielen Jahrzehnten über zwei Märkte angeboten: den traditionellen Automobilmarkt einerseits, die temporäre und geteilte Nutzung eines Fahrzeugs andererseits (Abb. 5.22). Der traditionelle Automobilmarkt ist der Markt des Driver-Owner, also des Autofahrers, der sich mit dem Fahrzeug auch die individuelle Verfügbarkeit über seine Verwendung und seinen Einsatz kauft. Der Markt für die temporäre Nutzung eines Fahrzeugs ist der Markt für Vehicles-on-Demand.

Beide Märkte existierten in der Vergangenheit über einen langen Zeitraum in einer friedlichen Koexistenz, solange es bei den Vehicles-on-Demand vorrangig um die Vermietung von Fahrzeugen ging („Rental"). Denn wer ein Fahrzeug mietete, hatte in der Regel auch ein eigenes Auto. Die temporäre Nutzung eines anderen Autos hatte situativen und komplementären Charakter: Auf sie wurde dann zurückgegriffen, wenn ein eigenes Auto – aus welchen Gründen auch immer – nicht zur Verfügung stand. Kaum jemand wäre in der Vergangenheit auf die Idee gekommen, sein eigenes Fahrzeug abzuschaffen und bei allen Anlässen, die es erfordern, ein Fahrzeug zu mieten. Der Grund dafür war natürlich nicht nur der Wunsch, jederzeit mobil sein zu können, sondern auch die vergleichsweise hohen Kosten der Fahrzeugmiete.

Mit dem Carsharing und dem Ride Hailing beginnt diese friedliche Koexistenz Brüche zu bekommen. Denn anders als die klassische Fahrzeugmiete ergänzen Carsharing und Ride Hailing die traditionelle Automobilnutzung nicht, sondern ersetzen diese. Dieser Wandel von der Komplementarität zur Konkurrenz führt dazu, dass sich die Automobilhersteller sehr ernsthaft mit dem Markt für Vehicles-on-Demand beschäftigen müssen. Mit den autonomen Roboter-Taxis wird der Markt für Vehicles-on-Demand nochmals einen gewaltigen Schub bekommen. Denn zum einen wird er zu einer weiteren Verbilligung automobiler Mobilität führen und

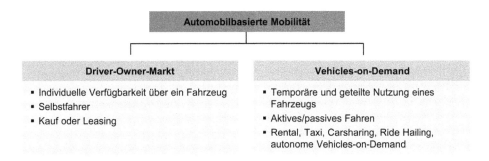

Abb. 5.22: Die zwei Märkte automobilbasierter Mobilität. Quelle: Eigene Darstellung.

gleichzeitig auch neue Nutzerkreise erschließen, nämlich Personen, die über keinen Führerschein verfügen. Nach einer Prognose von Roland Berger Consultants werden im Jahr 2030 weltweit fast ein Drittel aller Fahrten mit einem „Robocab" durchgeführt werden. Auf den traditionellen Automobilmarkt (Driver Owner) werden nach dieser Prognose drei Viertel aller Fahrten entfallen, das Segment der fahrergestützten Shared Mobility (Carsharing, Ride Hailing) wird durch die Robocabs aber vollständig verdrängt werden*(vgl. Bernhart et al. 2016, S. 18).*

Auch wenn man über diese „Marktverteilung" diskutieren kann, so ist klar, dass der Driver-Owner-Markt auch im Zeitalter der Robocabs nicht vollständig verschwinden wird. Es wird auch künftig Menschen geben, die in ihrer Lebenssituation individuelle Mobilität mit ihrem eigenen Auto bewältigen wollen und für die der Kauf oder das Leasing eines Autos die für ihre Bedürfnisse beste Option darstellt. Darüber hinaus gilt es zu berücksichtigen, dass das Auto für seine Nutzer nicht nur eine instrumentelle, sondern auch emotionale und symbolische Funktion hat. Die instrumentelle Funktion, also die Fahrt von A nach B ist am leichtesten durch andere Formen der Mobilität, auch durch Vehicles-on-Demand ersetzbar. Die emotionale und symbolische Funktion hingegen nur schwer.

Gleichwohl wird sich auch der Driver-Owner-Markt unter dem Einfluss der Elektrifizierung, Vernetzung und der Automatisierung verändern und damit das bisherige Geschäftsmodell der Automobilhersteller unter Druck setzen:

Einfluss der Elektrifizierung: Die Elektrifizierung wird vor allem das Wertschöpfungsmodell beeinflussen. Dadurch, dass substanzielle, an den Verbrennungsmotor gekoppelte Aggregate und Komponenten wegfallen und neue hinzukommen, wird sich die Wertschöpfungsstruktur stark verändern. Vordergründig liegt die Herausforderung hier darin, bei den neuen wertschaffenden Komponenten, also vor allem bei der Batterie und der Leistungselektronik Kompetenzen aufzubauen, um die Wertschöpfungsverluste bei anderen Komponenten kompensieren zu können. Im Prinzip würde dies bedeuten, dass Asset-basierte Geschäftsmodell retten zu wollen, in dem man seine Logik an den Technologiewandel anpasst. Eine ganz andere Herangehensweise könnte darin bestehen, den Wegfall von wertschöpfungsrelevanten, physischen Aggregaten und Komponenten für eine Umstellung des kompletten Wertschöpfungsmodells weg von einer Asset-basierten zu einer Service- und Daten-basierten Wertgenerierung zu nutzen. Damit würde sich jedoch das gesamte industrielle Modell der Automobilhersteller verändern, was natürlich auch weitreichende Auswirkungen auf die Beschäftigung und die Qualifikation der Beschäftigten in der Branche hätte.

Einfluss der Vernetzung: Die Vernetzung und der Trend zum Connected Car verändern sowohl das Wertschöpfungs- wie auch das Erlöskonzept der Automobilhersteller. Im Hinblick auf die Wertschöpfung ist klar, dass Digitale Player, die aus der IT-Branche kommen an Bedeutung gewinnen werden. Vor allem bei den fahrerbezogenen Konnektivitätsdienstleistungen („Driver's World"), die nicht zwingend mit dem Betrieb des Autos in Verbindung stehen, verfügen Digitale Player über Wettbewerbsvorteile durch ihre innovative Technologien, eine (in der Wahrnehmung der Kunden) stärkere Markenkompetenz und eine größere Reichweite im Markt. Apple hat im Jahr 2016 bspw. 240 Mio. Smartphones verkauft – mehr als drei Mal so viel wie Autos weltweit abgesetzt wurden. Gerade der Infotainment-Bereich zeigt, wie Digitale Player in das Fahrzeug eindringen und mit ihrer starken Präsenz im Markt der Consumer Electronics die Nutzungsgewohnheiten der Menschen und damit auch die technischen Standards bestimmen. Die proprietären Ansätze der Automobilhersteller auf diesem Gebiet geraten damit immer stärker unter Druck. Im Hinblick auf das Erlöskonzept stellt sich die Frage, ob und in welcher Form die Automobilhersteller an den Umsätzen für Konnektivitätsdienstleistungen partizipieren können. Soweit die Konnektivitätsdienste fahrzeuggebunden sind (wie etwa bei Assistenzsystemen) dürfte es kein größeres Problem mit der Internalisierung dieser Erträge geben, da hier das Markenvertrauen der Kunden in die Automobilhersteller hoch ist. Allerdings darf auch bei fahrzeuggebundenen Systemen die Kreativität der Third-Party-Anbieter nicht unterschätzt werden. So hat z. B. der Internet-Retailer Alibaba in China Audi Kunden ein kostenloses Navigationssystem angeboten, über das Alibaba gezielt Angebote aus seinem Sortiment in das Fahrzeug einsteuert. Noch schwieriger wird es für die Automobilhersteller bei den fahrerbezogenen Konnektivitätsdiensten, da Third-Party-Anbieter hier bereits eine Kundenbeziehung und überdies Bezahlmodelle entwickelt haben, von denen ein starker Lock-In-Effekt ausgeht (z. B. Subscription-Modelle, Flat Rates). So hat z. B. Tesla den Musik Streamingdienst Spotify in seine Fahrzeuge integriert, wodurch Abonnenten auf ihre Playlists im Fahrzeug zugreifen können. Ein weiterer Bereich, in dem Digitale Player schon in naher Zukunft kostenpflichtige Dienste im Fahrzeuge anbieten können, ist die Smart-Home-Verlinkung.

Einfluss des autonomen Fahrens: Das automatisierte Fahren wird mittel- und längerfristig Auswirkungen auf die Fahrzeugkonzepte und damit auch auf die Wertschöpfungsstruktur der Automobilhersteller haben, da davon auszugehen ist, dass die „automatisierten" Fahranteile mit der zunehmenden Gewöhnung an diesen Fahrmodus steigen werden. Damit wird die Bedeutung aller fahraktiven Aggregate und Komponenten, insbesondere des Antriebsstranges (Motor, Getriebe, Achsen) und des Fahrwerks sinken, während es gleichzeitig zu einer Aufwertung des Interieurs kommen wird *(vgl. Winner/Wachenfeld 2015, S. 273)*. Da mit dem automatisierten Fahren statt des aktiven Fahrens das nicht-aktive Fahren in den Blickpunkt rückt, werden im Fahrzeug völlig neue Systeme, Dienste und Devices möglich. Übt der Fahrer keine aktive Fahrrolle mehr aus, wird er sich im Fahrzeug mit anderen Dingen beschäftigen wollen, da seine Aufmerksamkeit nicht mehr durch das Fahren gebunden wird. Davon könnten wiederum vor allem Unternehmen aus dem Bereich der Consumer Electronics durch das Angebot Medien, Diensten und Devices profitieren, die für die mobile Nutzung optimiert sind.

Die drei genannten Einflussfaktoren erfordern von den Automobilherstellern eine Weiterentwicklung ihres traditionellen Geschäftsmodells. Dabei müssen sie vorrangig der Tatsache Rechnung tragen, dass die Digitalen Player einen starken Einfluss auf das Kaufverhalten haben und daher stärker in den Wertschöpfungs- und Vermarktungsprozess einbezogen werden müssen. Andererseits wollen die Automobilhersteller ihre „Systemführerschaft" behalten. Ein strategischer Ansatz beides miteinander zu verbinden ist das Konzept des Eco-Systems.

Driver- Owner-Markt: Der Automotive Eco-System-Integrator
Das Asset-basierte Geschäftsmodell der Automobilhersteller ist tief im Markt der eigentumsbasierten Automobilität verankert und auf den Driver-Owner als Käufer ausgerichtet. Das hat bislang auch gut funktioniert. Gerade die deutsche Automobilindustrie hat sich mit ihrer starken Ausrichtung auf den fahraktiven, autobegeisterten Driver-Owner im Premiumsegment eine herausragende Marktposition geschaffen. Gleichwohl wird auch sie die Folgen der branchenrelevanten Trends und Herausforderungen (Elektrifizierung, Vernetzung, Automatisierung) in Zukunft noch sehr viel stärker zu spüren bekommen als heute. Die Auswirkungen auf ihr Geschäftsmodell weisen alle in die gleiche Richtung:
- das bisherige, weitgehend auf das Fahrzeug bezogene Leistungsversprechen verliert seine Attraktivität und schwächt damit die Produkt- und Markenbegehrlichkeit,
- das bisherige Wertschöpfungskonzept wird aufgelöst, wettbewerbsdifferenzierende Wertschöpfungsumfänge gehen möglicherweise verloren und Digitale Player dringen in die Wertschöpfungskette ein,
- das bisherige Erlöskonzept unterliegt einer Erosion, da die Preisbereitschaft für die Hardware, nämlich das Fahrzeug sinkt und bei den neu entstehenden Erlös- und Ertragspotenzialen die Digitalen Player über Wettbewerbsvorteile verfügen,
- das traditionelle Kanalkonzept, also der Vertrieb über vertragsgebundene Händler gerät durch Online-Formate zunehmend unter Druck.

Als Folge dieser Entwicklung ist zu erwarten, dass sich die Erlös- und Gewinnpotenziale in der Branche verschieben werden und zwar weg von der „Hardware" hin zu Mobilitäts- und Konnektivitätsdienstleistungen. So wird nach einer Prognose von PWC der Anteil des Fahrzeugverkaufs am Gesamtumsatz der Branche von 2015 bis 2030 von 49 auf 44 Prozent sinken. Noch stärker wird im gleichen Zeitraum nach dieser Vorausschätzung der Rückgang des Gewinnanteils des reinen Fahrzeugverkaufs sein, und zwar von 41 Prozent auf 29 Prozent. Andererseits könnte der Anteil von Connected-Car-Packages am Gesamtwert eines Premiumfahrzeugs von 8,3 Prozent im Jahr 2017 auf 14,2 Prozent oder 7.513 US-Dollar bis zum Jahr 2022 steigen *(vgl. PWC 2016, S. 26)*.

Das heutige Asset-basierte Geschäftsmodell der Automobilhersteller hat zwei wesentliche Säulen:

- der Automobilhersteller besetzt die Kundenschnittstelle („Customer Interface") und
- der Automobilhersteller verfügt über die Systemführerschaft in der Wertschöpfungskette.

Die *Besetzung der Kundenschnittstelle* beruht auf der Markenstärke der Automobilhersteller. Diese Markenstärke setzt sich aus der Markenbekanntheit, der Markenkompetenz und der Markenbegehrlichkeit zusammen. Die Markenbekanntheit ist das Ergebnis der langjährigen Marktpräsenz der Hersteller und ihrer Marketing-Kommunikation. Die Markenkompetenz basiert auf den technologischen Fähigkeiten der Automobilhersteller in der Entwicklung und Produktion von Fahrzeugen. Die Markenbegehrlichkeit ist schließlich das Ergebnis der mit dem Markenbesitz verbundenen sozialen Anerkennung bzw. dem Prestige, das eine Marke vermittelt. Letzteres spielt vor allem bei den Premiummarken eine herausragende Rolle bei der Besetzung der Kundenschnittstelle und schützt diese in gewissem Umfang vor dem Eindringen von Wettbewerbern.

Die *Systemführerschaft der Automobilhersteller* basiert auf der Anerkennung ihrer technologischen Kompetenz zur Entwicklung und Produktion von Gesamtfahrzeugen durch die Wertschöpfungspartner. Da die Wertschöpfungspartner nicht willens oder selbst nicht in der Lage sind marktgängige Komplettfahrzeuge zu bauen, unterwerfen sie sich in gewissem Umfang der Systemführerschaft des Automobilherstellers. Als Systemführer übernimmt er allerdings auch die Gesamtverantwortung für das Produkt. Ausdruck dieser Systemführerschaft ist die vertikale, hierarchisch strukturierte Supply Chain, wie sie in der Automobilindustrie seit vielen Jahrzehnten üblich ist (Abb. 5.23).

Mit der Elektrifizierung, Vernetzung und dem autonomen Fahren verändern sich nun aber die Systemgrenzen des Automobils: Es wird aus einem in sich geschlossenen und autarken System zu einem integrierten Element verkehrlicher Abläufe, gleichzeitig aber auch Bestandteil lebensweltlicher Prozesse wie Arbeiten, Unterhaltung, Erholung und Alltagsbewältigung (z. B. Einkaufen, Essen). Getrieben wird diese Entwicklung durch den Wunsch der Kunden, dass das Autofahren in Zukunft nicht nur sicherer, komfortabler und weniger belastend ist, sondern auch während der Fahrt über das Fahren hinaus zusätzlichen Aufgaben und Tätigkeiten ausgeübt werden können.

Mit der Beseitigung der bisherigen Systemgrenzen treten, vor allem durch die Digitalisierung und Vernetzung neue, branchenfremde Akteure, also sogenannte Third-Party-Anbieter in den Markt ein. Da sie über eine große technologische Kompetenz und teilweise auch über eine große Markenbekanntheit und Markenstärke wie z. B. Apple, Google oder Facebook verfügen, werden es die Automobilhersteller nicht schaffen, diese in ihre hierarchisch strukturierte Supply Chain als simple „Zulieferer" einzupassen. Vielmehr werden die Digitalen Player durch ihren direkten Kontakt mit den Endkunden die Hersteller zwingen, ihre bislang noch vielfach pro-

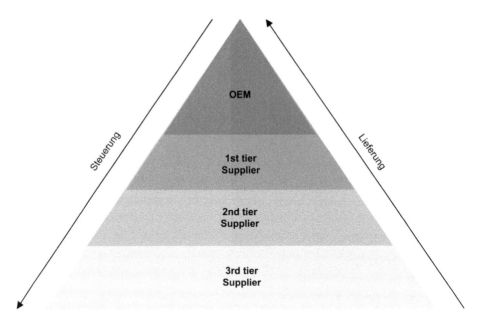

Abb. 5.23: Aufbau der automobilen Supply-Chain. Quelle: Eigene Darstellung.

prietären, fahrzeugbezogene Systeme zu öffnen. Dieser Kampf ist bereits in vollem Gange und die Automobilhersteller haben schon in einigen Bereichen Zugeständnisse machen müssen, wie das Beispiel der Integration von Apple-Car-Play bei einigen Herstellern zeigt. Die besondere Rolle der Digitalen Player im automobilen Wertschöpfungsprozess besteht also darin, dass sie nicht nur Lieferanten, sondern in gewissem Umfang auch Wettbewerber der Automobilhersteller sind. Diese Janusköpfigkeit macht den Umgang mit ihnen für die traditionellen Automobilhersteller so schwierig.

Die Automobilhersteller stehen daher vor einer schwierigen Wahl:
– entweder sie versuchen, ihre proprietäre Strategie zu verteidigen mit dem Risiko, dass sie im Wettbewerb Image und Marktanteile gegenüber jenen Wettbewerber verlieren, die ihre System öffnen oder
– sie öffnen pro-aktiv ihre Systeme und versuchen dadurch die Kundenschnittstelle und ihre Systemführerschaft für das Gesamtfahrzeug zu sichern.

Geht man realistischerweise davon aus, dass digitale Medien, Dienste und Devices im Auto für die Autofahrer immer wichtiger werden und berücksichtigt man die enorme Innovationsstärke und Innovationsgeschwindigkeit von IT-Unternehmen, dann ist lediglich die zweite Alternative für die Automobilhersteller eine nachhaltige und tragfähige strategische Option. In der Konsequenz bedeutet dies, dass die Automobilhersteller ein Arrangement der relevanten Marktakteure jenseits der hierarchisch gegliederten Supply Chain etablieren müssen. Ein solches Arrangement

5.4 Neue Geschäftsmodelle und Transformationsmanagement — 167

Abb. 5.24: Struktur eines automobilen Eco-Systems. Quelle: Eigene Darstellung.

könnte der Aufbau eines automobilen Eco-Systems sein, in dem die etablierten Automobilhersteller die Rolle eines Integrators übernehmen.

Unter einem Eco-System ist ein Verbund („community") von Akteuren zu verstehen, der durch Produkte und Dienstleistungen Werte für die Konsumenten schafft. Dabei beeinflussen sich die beteiligten Akteure gegenseitig und entwickeln so das Eco-System weiter („co-evolution"). Einzelne Akteure können eine dominierende Position einnehmen, in dem sie mit ihren Leistungen die Richtung der Weiterentwicklung bestimmen („leadership"). Das Eco-System ist also ein dynamischer Verbund, in dem sowohl Kooperation als auch Wettbewerb herrschen *(in Anlehnung an: Moore 1996, S. 26)*.

Abbildung 5.24 skizziert ein Eco-System für das Connected Car und gruppiert mögliche Partner entlang bestimmter Schlüsseltechnologien und Aktivitäten. Neben IT-Unternehmen sind Dienstleister aus anderen Branchen, von erheblicher Bedeutung. Nicht zu unterschätzen ist auch die Rolle der Medien, über die ein hoher „Share of Mind" für das Eco-System des Herstellers erreicht werden kann.

Um das Geschäftsmodell eines Automotive-Eco-System Integrators zu verstehen ist es sinnvoll noch einmal kurz das traditionelle Geschäftsmodell eines Automobilherstellers zu skizzieren. Durch den Vergleich werden die Unterschiede deutlicher (Tab. 5.13).

Das *Leistungskonzept* des Asset-basierten OEM-Geschäftsmodells ist das Angebot an qualitativ hochwertigen Fahrzeugen für die individuelle Mobilität. Es verspricht damit eine Value Proposition für alle Nutzer, die ein individuell auf ihre Bedürfnisse zugeschnittenes Fahrzeug haben wollen. Zielgruppe sind Driver-Owner, die das Fahrzeug exklusiv nutzen. Im Vordergrund des Leistungskonzepts steht ein fahrzeugbezogenes Nutzenversprechen, das emotionale Nutzenaspekte (Fahrfreude, Sportlichkeit, Ästhetik etc.) einschließt.

Tab. 5.13: OEM-Geschäftsmodell vs. Automotive Eco-System Integrator – ein Vergleich.
Quelle: Eigene Darstellung.

	OEM traditionell	ECO-System Integrator
Leistungskonzept	Qualitativ hochwertige Fahrzeuge für individuelle Mobilität	Produkt-Dienstleistungsbündel auf Basis Connected Car (vernetzte Mobilität und Out-of-Car-Dienste)
Wertschöpfungskonzept	Automobile Supply Chain (OEM – 1st tier – 2nd tier – 3rd tier – Zulieferer) unter Systemführerschaft Hersteller	ECO-System von Akteuren mit unterschiedlichen Kompetenzen zur Weiterentwicklung und Ergänzung des Leistungsangebotes (Co-Evolution)
Erlöskonzept	Verkauf-/Leasing-Fahrzeuge sowie vor- und nachgelagerte Dienstleistungen (Finanzierung/Service)	Verkauf/Leasing von Fahrzeugen (plus fahrzeugbezogenen Dienstleistungen) sowie Provisionseinnahmen von ECO-System-Partnern
Kanal-Konzept	Vertrieb über Vertragshändler (indirekter Vertrieb) unter Marketingführerschaft Hersteller	Multi-Channel-Konzept unter Nutzung von stationärem und Online-Vertrieb

Das *Wertschöpfungskonzept* des traditionellen OEM-Geschäftsmodells ist die automobile, mehrstufige Supply Chain mit dem Hersteller als Systemführer. Er definiert das Gesamtprodukt und die Zulieferer leisten im Rahmen einer hierarchisch aufgebauten Lieferkette ihre Wertbeiträge. Damit verbunden ist die Vorgabe der Zielkosten durch den Automobilhersteller für das Gesamtfahrzeug und die einzelnen Baugruppen, Aggregaten und Komponenten.

Das *Erlöskonzept* im OEM-Geschäftsmodell ist transaktionsorientiert, das heißt die Erlöse werden über den Verkauf oder das Leasing von Fahrzeugen generiert. Zusätzliche Erlöse werden über Finanzdienstleistungen sowie den technischen Service (hier vor allem über Ersatzteile) erzielt. Das Erlöskonzept ist insgesamt auf die Vermarktung von Fahrzeugen ausgerichtet.

Das *Kanalkonzept* besteht in der Regel in einem indirekten Vertriebssystems mit rechtlich und wirtschaftlich selbständigen Vertragshändlern. Die Vertragshändler unterwerfen sich in ihren Verträgen weitgehend der Vertriebs-und Marketingführerschaft des Herstellers. Das heißt, sie räumen dem Hersteller das Recht ein, Vorgaben (Standards) hinsichtlich der Art und Weise wie die Fahrzeuge verkauft werden zu machen. Nur in Ausnahmefällen verfolgen Automobilhersteller ein Direktvertriebskonzept über herstellereigene Niederlassungen. Der Online-Vertrieb spielt in diesem Geschäftsmodell bis heute praktisch keine Rolle.

Das Geschäftsmodell eines Automotive Eco-System-Integrators lässt sich demgegenüber wie folgt beschreiben:

Beim *Leistungskonzept* tritt an die Stelle des Fahrzeugs, ein Produkt-Dienstleistungsbündel, das neben dem Fahrzeug und den bekannten fahrzeugbezogenen Dienstleistungen auch Konnektivitätsdienstleistungen beinhaltet. Durch ein solches Bundling kann die Komplexität für den Kunden reduziert werden, da er in diesem Fall nicht gezwungen ist mit einer Vielzahl von anderen Anbietern zusammenzuarbeiten. Allerdings muss dieses Convenience-Angebot nicht nur in der Summe, sondern auch im Hinblick auf die einzelnen Leistungsbausteine wettbewerbsfähig sein. Ein Bundling erhöht die Chance, dass der Automobilhersteller auch im Bereich der Konnektivität wichtigster Ansprechpartner des Kunden bleibt und damit die Kundenschnittstelle gesichert ist.

Beim *Wertschöpfungskonzept* tritt an die Stelle der hierarchisch strukturierten automobilen Supply Chain das horizontal organisierte Eco-System als Wertschöpfungsmodell. Die Automobilhersteller müssen dabei ihre proprietären Systeme öffnen, um den Partnern die Chance zu geben, entsprechende Angebote auf einer gemeinsamen Plattform zu entwickeln. In der Konsequenz kann dies auch bedeuten, dass die Automobilhersteller – je nach der Stärke der Akteure – Wertschöpfungsbeiträge an kompetentere Anbieter im Eco-System abgeben müssen.

Das *Erlöskonzept* wird sich insoweit ändern, dass zwar weiterhin der Verkauf bzw. das Leasing von Fahrzeugen die wesentlichen Erlösquelle bleiben, deren Bedeutung jedoch tendenziell zurückgehen wird. Gelingt es den Herstellern über das Bundling von Konnektivitätsdienstleistungen die Kundenschnittstelle weiterhin zu besetzen, können sie eventuell auch Provisionseinnahmen von ihren Partnern im Eco-System generieren. Dies ist vor allem dann der Fall, wenn die Partner durch ihre Teilhabe am Eco-System Einnahmen über den Nutzungszyklus erzielen können (z. B. bei Streaming-Diensten). Allerdings ist die Forderung nach Provisionen für die Automobilhersteller eine schmale Gratwanderung, da starke Partner den Hersteller durch eigene Vertriebsaktivitäten umgehen können.

Was schließlich das *Kanalkonzept* anbelangt, so wird man zwar auf den stationären Handel nicht verzichten können, jedoch auf jeden Fall den Online-Vertriebskanal öffnen müssen, um IT-affine Kunden anzusprechen. Eine große Bedeutung werden Over-the-Air-Dienste bei der Vermarktung von Konnektivitätsdienstleistungen haben, was eine Verstärkung des Direktvertriebs entweder durch den Automobilhersteller oder andere Akteure im Eco-System zur Konsequenz hat.

Die deutschen Automobilhersteller haben die Herausforderung, Eco-Systeme aufzubauen zumindest in Teilen verstanden und haben entsprechende Programme initiiert. Vor allem die steigende Zahl von Kooperationen zwischen Automobilherstellern und Unternehmen der digitalen Welt zeigen, dass die Automobilhersteller erkannt haben, dass sie in vielen Bereichen keine Chance haben, den Wettbewerbsvorsprung spezialisierter IT-Unternehmen aufzuholen. Gleichzeitig stellen sich die Automobilhersteller aber auch als Wettbewerber gegen diese Unternehmen auf, wie der Aufbau eigener digitaler Aktivitäten, aber auch einige Übernahmen von IT-Unternehmen zeigen. Prominentestes Beispiel war sicher die Übernahme des Kartendienstleister HERE durch Audi, BMW und Mercedes.

Vehicles-on-Demand: Das Geschäftsmodell des Integrierten Mobilitätsdienstleisters

Der Markt für Vehicles-on-Demand, der ja eine große Spannweite von der klassischen Automobilvermietung bis zum Carsharing und Ride Hailing umfasst, wird weitgehend von Third-Party-Anbietern beherrscht. Das gilt für die Automobilvermietung wie auch für das Ride Hailing. Im Carsharing haben zwar zwischenzeitlich viele Automobilhersteller Engagements, aber auch da wo sie eine größere Bedeutung haben wie bei Daimler (Car2Go) und BMW (Drive Now) erfolgt eine Zusammenarbeit mit Automobilvermietern (Car2Go/Europcar und Drive Now/Sixt). Bislang hat kein Automobilhersteller ein wirklich überzeugendes Geschäftsmodell für diesen Markt entwickelt. Dementsprechend spielen diese Engagements im Hinblick auf Umsatz, Ertrag und Beschäftigung bei allen Automobilherstellern eine letztlich unbedeutende Rolle. Der häufig reklamierte Anspruch heute schon „Mobility Provider" zu sein, wird faktisch von keinem Automobilhersteller eingelöst.

Das ist auch nicht wirklich überraschend, denn der Markt für Vehicles-on-Demand funktioniert anders als der Driver-Owner, da die Nutzer einen völlig anderen Zugang zur Mobilität haben als der traditionelle Automobilkunde. Das gilt vor allem für die neuen Formen automobilbasierter Mobilität, also Carsharing und Ride Hailing. Während im Driver-Owner-Markt das Fahrzeug im Vordergrund steht, ist es bei den innovativen Mobilitätskonzepten die Bereitstellung von Mobilität. Eine hohe Verfügbarkeit, die einfache Abwicklung des gesamten Nutzungsvorgangs und ein gutes Preis-Leistungsverhältnis sind wichtiger als Marke und Modell. Im Markt für Vehicles-on-Demand geht es nicht um physische Produkte, sondern um Dienstleistungen. Dementsprechend gelten dort auch andere Spielregeln und Erfolgsfaktoren.

Einen zusätzlichen Aufschwung wird der Markt für Vehicles-on-Demand – wie bereits erwähnt – mit dem automatisierten Fahren bekommen. Mobilität mit Robocabs wird in einigen Jahren in Ballungszentren, möglicherweise aber auch im Langstreckenverkehr ein bedeutender Markt sein. Gleichzeitig wird diese Form automobiler Mobilität immer stärker in Konkurrenz zum Besitz eines eigenen Autos treten. Dabei werden die niedrigeren Kosten von Vehicles-on-Demand gegenüber dem Besitz eines eigenen Autos eine wichtige Rolle im Diffusionsprozess spielen. Die traditionellen Automobilhersteller müssen sich daher die Frage stellen, ob und in welcher Form sie diesen Markt bearbeiten wollen.

Bislang scheint es so, dass sich vor allem digitale Mobilitätsplattformen wie Uber, Didi, Lyft und Gett mit diesem Zukunftsmarkt beschäftigen. Zunehmend wichtig wird dieser Markt aber auch für die traditionellen Automobilvermieter, denen mit dem Markteintritt autonomer Vehicles-on-Demand das Geschäft mit der Kurzzeitmiete wegbrechen könnte. Die Frage ist, ob die Automobilhersteller mit diesen Mobilitätsspezialisten mit Aussicht auf Erfolg in einen Wettbewerb treten können oder ob sie sich längerfristig mit der Rolle eines Fahrzeug-Lieferanten begnügen wollen.

Der Markt für Vehicles-on-Demand erfordert ein anderes Geschäftsmodell als der Markt für Driver-Owner, da sich die Kundenanforderungen und Erfolgsfaktoren in beiden Märkten deutlich voneinander unterscheiden. Im Driver-Owner-Markt erwartet der Kunde ein Fahrzeug, das ihm auf Dauer automobile Mobilität ermöglicht und Fahrspaß bietet, im Vehicles-on-Demand-Markt ein Transportmittel, das den Nutzer von A nach B bringt. Dementsprechend hängt der Erfolg im Driver-Owner-Markt vor allem von den überlegenen Eigenschaften des Produktes ab, während es bei den Vehicles-on-Demand um die zuverlässige, flexible und bequeme Abwicklung eines Transportvorgangs geht.

Das Geschäftsmodell eines Integrierten Mobilitätsdienstleisters kann wie folgt beschrieben werden:

Das *Leistungskonzept* des Integrierten Mobilitätsdienstleisters ist die Bereitstellung von autonom fahrenden Fahrzeugen auf Basis einer digitalen Plattform über die Fahrten gebucht, abgerechnet und bewertet werden können. In der Regel wird es sich bei dieser digitalen Plattform um eine App handeln.

Das *Wertschöpfungskonzept* ist auf die Bereitstellung einer Mobilitätsdienstleistung ausgerichtet. Im Mittelpunkt steht dabei die Organisation und Führung eines Dienstleistungsnetzwerkes. In einem integrierten Geschäftsmodell gehört die Bereitstellung einer eigenen Fahrzeugflotte zum Wertschöpfungskonzept.

Das *Erlöskonzept* basiert auf der Generierung von Provisionserträgen für die Vermittlung von Fahrten. Darüber hinaus können Erträge über die Vermietung des Fahrzeugdisplays („dritter Bildschirm") für werbliche Aktivitäten erzielt werden. So können in die Robocabs kundenindividuelle Werbeslots eingespielt werden, die genau auf den jeweiligen Nutzer zugeschnitten sind. Möglich ist dies über die digitale Nutzeridentifikation. Weiterhin können auch die Nutzerdaten selbst vermarktet werden.

Das *Kanal-Konzept* besteht in einem offenen, Online-basierten Systemzugang, der lediglich eine Registrierung und gegebenenfalls die Hinterlegung einer Kreditkarte erfordert. Um eine große Nutzerzahl zu erreichen, werden keine Anmeldegebühren verlangt. Durch die offene Bewertung der Fahrten, kann ein positiver viraler Word-of-Mouth-Effekt erzeugt werden.

Tabelle 5.14 zeigt das Geschäftsmodell des Integrierten Mobilitätsdienstleister. Wie aus der Gegenüberstellung deutlich wird, beinhaltet das Geschäftsmodell des Integrierten Mobilitätsdienstleisters Elemente aus Asset-, Service- und Data-based Geschäftsmodellen. Das Modell des Integrierten Mobilitätsdienstleisters unterscheidet sich von dem eines digitalen Mobility Providers darin, dass der letztere über keine eigenen Fahrzeuge als Assets verfügt. So besitzen Fahrdienste wie Uber, Gett, Lyft und Didi keine eigenen Fahrzeuge, sondern beschränken sich auf die Vermittlung von Fahrgelegenheiten. Das Asset „Fahrzeug" bringen in das Geschäftsmodell von Uber die Fahrer ein. In einem System der automatisierten Vehicles-on-Demand würde ein Systembetreiber, der sich als digitaler Mobility Provider versteht, die Fahrzeug über einen Wertschöpfungspartner bereitstellen und sich auf die Vermittlungsdienste beschränken.

Tab. 5.14: Das Geschäftsmodell des Integrierten Mobilitätsdienstleisters. Quelle: Eigene Darstellung.

	Integrierter Mobilitätsdienstleister
Leistungskonzept	Zeitlich flexible, automobilbasierte On-Demand-Mobilität auf Basis einer digitalen Plattform (App)
Wertschöpfungskonzept	Bereitstellung und Management einer Fahrzeugflotte, IT-basierte Abwicklung des gesamten Nutzungsvorgangs
Erlöskonzept	Nutzungsabhängige Provisionen sowie Einnahmen aus Vermarktung von Werbeslots in den Fahrzeugen und Nutzerdaten.
Kanal-Konzept	Online basierter, offener Systemzugang mit starker Word-of-Mouth-Komponente.

Transformationsmanagement: Vom „Brownfield" zum „Greenfield"

Wollen die Automobilhersteller künftig in beiden Märkten automobilbasierter Mobilität eine Rolle spielen, stehen sie vor drei Herausforderungen:
- Erstens: Sie müssen ihr bestehendes traditionelles OEM-Geschäftsmodell in das eines Automotive Eco-System Integrators transformieren.
- Zweitens: Sie müssen ein komplett neues Geschäftsmodell, nämlich das eines Integrierten Mobilitätsdienstleisters aufbauen und im Markt etablieren.
- Drittens: Sie müssen eine Unternehmensstruktur schaffen, die eine parallele Verfolgung der zwei Geschäftsmodelle ermöglicht.

Die *erste Herausforderung* ist eine klassische Transformationsaufgabe: die Überführung eines bestehenden Geschäftsmodells in ein neues. Entscheidend ist dabei, dass der Transformationsprozess ganzheitlich angegangen und durchgeführt wird. Die vier wesentlichen Dimensionen einer Business Transformation sind *(vgl. Reineke 2017)*:
- das Reframing, also die Veränderung der Einstellung und strategischen Ausrichtung des Unternehmens
- das Restructuring, das heißt die Neuorganisation des Unternehmens, um ein höheres Leistungsniveau zu erreichen
- das Revitalising durch das neue Quellen des Wachstums erschlossen werden sollen sowie
- das Renewing, bei dem es um die Motivation der Mitarbeiter und den Erwerb neuer Fertigkeiten und Fähigkeiten geht.

Gegenstand der Transformation sind Strategien, Strukturen, Prozesse und – last not least – die Unternehmenskultur. Will ein Automobilhersteller in die Rolle eines Eco-System-Integrators hineinwachsen, so muss er sowohl seine Beziehungen mit den Kunden, den Wertschöpfungspartnern wie auch den Führungskräften und Mitarbeitern verändern. Vor allem in der Fahrzeugentwicklung müssen sie verstärkt auf innovative Unternehmen zugehen oder die Innovationskraft ihrer etablierten

Lieferanten fordern und fördern, um diese an das eigene Eco-System zu binden. Eine wichtige Zielgruppe sind hier vor allem Start-Up-Unternehmen.

Darüber hinaus gilt es, Prozesse zu beschleunigen, um der Entwicklungsgeschwindigkeit und den zunehmend wichtigen Partnern aus der digitalen Welt auf Augenhöhe gerecht zu werden. Ein Ansatz dazu ist die Idee des Minimum-Viable-Products (MVP), das darauf abzielt, mit einem neuen Konzept, das die Basisanforderungen der Kunden erfüllt, schnell im Markt zu sein *(vgl. Berghaus/Back 2016, S. 41)*. Aber auch Design Thinking, Rapid Prototyping und Innovations Labs sind Konzepte, mit denen die Time-to-Market verkürzt werden kann. Nur über eine hohe Innovations- und Umsetzungsgeschwindigkeit kann ein Unternehmen die Leadership in einem Eco-System ausüben und behalten.

Die deutschen Automobilhersteller haben angesichts des absehbaren dramatischen Wandels in der Branche in den letzten Jahren Transformationsprogramme auf den Weg gebracht:

- BMW Group: Number One > Next, in dessen Mittelpunkt das ACES-Programm mit den vier Säulen Autonomes Fahren (A), Connectivity (C), Elektrifizierung (E) sowie Shared/Services (S) steht.
- Daimler Konzern: CASE, was sich auf die Entwicklungsschwerpunkte Connectivity (C), Autonomes Fahren (A), Shared Mobility (S) und Elektrifizierung (E) bezieht. Darüber hinaus wird auch explizit ein Kulturwandel im Unternehmen unter dem Schlagwort „Leadership 2020" angestrebt.
- VW Konzern: Together 2025+, mit dem der VW Konzern drei strategische Ziele verfolgt, nämlich einer der größten Automobilhersteller zu bleiben, weltweit die Nr. 1 in der E-Mobilität zu werden, Standards bei Mobilitätsdienstleistungen zu setzen sowie ein Vorbild bei Umwelt, Sicherheit und Integrität zu sein. Eine zentrale Rolle nehmen auch in diesem Programm neben der Elektrifizierung und der Shared Mobility, das autonome Fahren und die Connectivity ein. Neben dem Konzern-Transformationsprogramm haben auch die einzelnen Konzern-Marken Transformations-Programme definiert (Abb. 5.25).

Die Programme machen deutlich, dass die deutschen Hersteller die Notwendigkeit, ihre Strategien und Geschäftsmodelle neu auszurichten, um ihre Wettbewerbsfähigkeit zu erhalten und zu stärken, erkannt haben. Nach wie vor scheint aber dabei die Auffassung zu dominieren, dass sie mit *einem* Geschäftsmodell, die künftigen Herausforderungen bewältigen können. Dies könnte sich als ein strategischer Irrtum erweisen, denn der Markt für Vehicles-on-Demand erfordert tatsächlich ein anderes Geschäftsmodell als der Markt für Driver-Owner, der bislang noch im Zentrum der autozentrierten Unternehmensstrategien steht.

Die *zweite Herausforderung* ist der Aufbau eines komplett neuen Geschäftsmodells, nämlich das eines Integrierten Mobilitätsdienstleisters. Die Grundzüge eines solchen Modells wurden bereits weiter oben beschrieben. Auch ein solches Modell kann letztlich nur als Eco-System funktionieren, weil es eine Vielzahl an Akteuren mit unterschiedlichen Kompetenzen erfordert.

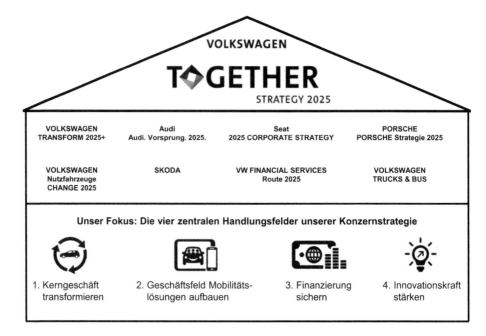

Abb. 5.25: Das Transformationsprogramm Together 2025+ des VW Konzerns.
Quelle: Volkswagen Group 2017.

Nach Moore lassen sich vier Phasen des Aufbaus eines Eco-Systems unterscheiden (vgl. *Moore 1993, S. 77*):
- „Birth": In der Entstehungsphase muss ein Unternehmen mit Kunden und Partnern eine Value Proposition für eine Innovation oder eine neue Geschäftsidee definieren.
- „Expansion": In der nächsten Phase geht es darum, zu expandieren und eine maximale Marktabdeckung zu erreichen.
- „Leadership": Um das Eco-System zu führen, muss der Initiator das Konzept mit neuen Ideen vorantreiben und seine Partner motivieren, ihre Kompetenzen und Wertbeiträge ebenfalls weiterzuentwickeln.
- „Self-Renewal": Um das Eco-System markt- und wettbewerbsfähig zu erhalten, muss ein beständiger Zufluss an neuen Ideen erfolgen.

Bislang verfügt kein deutscher Automobilhersteller über ein durchgängiges Konzept zur Umsetzung eines Geschäftsmodells als Integrierter Mobilitätsdienstleister. Die vielfältigsten Aktivitäten im Bereich der „New Mobility" hat zweifellos der Daimler Konzern. Mit moovel, Car2Go und MyTaxi wurden drei Mobilitätsmarken positioniert:
- Moovel bietet mit den drei Produkten moovel App, moovel Transit und Ride Tap ein vernetztes Angebot für urbane Mobilität an. Die Mobilitäts-App moovel

kombiniert Angebote aus dem Öffentlichen Personennahverkehr (ÖPNV), Car2Go, mytaxi, Mietfahrräder und die Deutsche Bahn. Moovel Transit bietet weltweit White-Label-Lösungen für Verkehrsverbünde, insbesondere mobile Ticketingkonzepte. Ride Tap unterstützt die Nutzer dabei, nahegelegene Mobilitätsoptionen für den Anfang oder das Ende einer Reise zu finden.
- Car2Go betreibt in Partnerschaft mit Europcar klassisches Carsharing. Car2Go hatte Ende 2016 weltweit 2,2 Mio. registrierte Nutzer, die den Dienst 22 Millionen mal in Anspruch genommen haben. Die Fahrzeugflotte umfasst 14.000 Fahrzeuge der Marken Smart und Mercedes.
- MyTaxi definiert sich selber als e-hailing App über die Taxidienste genutzt werden können. Das Unternehmen hat 10 Mio. Downloads und 100.000 vernetzte Partner aus der Taxibranche.

Die mehrfache Um-und Neuorganisation dieser Aktivitäten zeigt aber, dass eine optimale Positionierung am Markt und die Realisierung wettbewerbsfähiger Strukturen und Prozesse im Rahmen des bestehenden Geschäftsmodells schwierig ist. Tatsächlich erfordert der Aufbau eines neuen Geschäftsmodells einen „Greenfield"-Ansatz: Nur wenn das Geschäftsmodell nach der Logik des Marktes aufgebaut wird, in dem es angewendet werden soll, besteht auch Aussicht auf Erfolg. „Abteilungs-Lösungen" auf Basis des vorhandenen Geschäftsmodells („Brownfield") sind zumeist zum Scheitern verurteilt.

Daraus ergibt sich die *dritte Herausforderung*: In welcher Konzernstruktur können die beiden unterschiedlichen Geschäftsmodelle – das des Automotive Eco-System-Integrators und das des Integrierten Mobilitätsdienstleisters – erfolgreich betrieben werden. Eine parallele Führung beider Geschäftsmodelle im Rahmen einer wirtschaftlich-rechtlichen Einheit und unter einer gemeinsamen Führung ist deshalb so schwierig, weil die beiden Geschäftsmodelle unterschiedlich basiert sind und dementsprechend auch unterschiedliche Erfolgslogiken aufweisen: Das Geschäftsmodell des Automotive Eco-System Integrators bleibt im Wesentlichen Asset-basiert, so dass die Auslastung der vorhandenen Produktionskapazitäten ein wesentlicher Faktor für die Profitabilität darstellt. Demgegenüber ist das Geschäftsmodell des Integrierten Mobilitätsdienstleisters im Wesentlichen Service-basiert und erfordert eine Maximierung der Nutzerzahlen, der weit über den Kreis der Automobilkunden hinausgeht. Gleichzeitig wird sich dieses Geschäftsmodell nur profitabel betreiben lassen, wenn neben der Dienstleistung auch die mit der Nutzung der Dienste anfallenden Daten kommerzialisiert werden, entweder über die Bereitstellung kundenindividueller Werbeplattformen in den Fahrzeugen („dritter Bildschirm") oder auch über die direkte Vermarktung von Nutzerdaten.

Aufgrund der unterschiedlichen Geschäftsmodelltypen und deren Erfolgsfaktoren spricht alles dafür, das Geschäftsmodell „Integrierter Mobilitätsdienstleister" als eigenständige organisatorische Einheit zu betreiben. In der Konsequenz bedeutet dies, dass die Automobilhersteller künftig mit zwei Unternehmen und mit zwei

Geschäftsmodellen in zwei unterschiedlichen Märkten agieren müssen: Als Automotive Eco-System-Integrator im Driver-Owner-Markt und als Integrierter Mobilitätsdienstleister im Vehicles-on-Demand-Markt. Zwei Unternehmen bedeutet nicht nur zwei Marken zu führen, sondern zwei wirtschaftlich-rechtliche Einheiten mit einer hohen Leistungs- und Organisationstiefe. Weiterhin müssen beide Unternehmen auch Zugang zum Kapitalmarkt haben, um ihr Geschäftsmodell dem Wettbewerb um ausreichende finanzielle Mittel auszusetzen. Für das Unternehmen, dass das Geschäftsmodell des Integrierten Mobilitätsdienstleisters betreibt bedeutet das gleichermaßen eine Herausforderung wie auch eine Chance: Die Herausforderung besteht darin, die Akteure im Kapitalmarkt mit dem eigenen Geschäftsmodell zu überzeugen. Gleichzeitig besteht aber auch die Chance, Kapital anzuziehen, das ansonsten in die Geschäftsmodelle der Digitalen Player im Markt fließt.

5.5 Endgame Scenarios: Blechbieger oder Mobildienstleister oder beides?

Endgame Scenarios sollen zeigen, wie der Markt aussehen könnte, wenn sich Elektrifizierung, Digitalisierung, autonomen Fahrens und Vehicles-on-Demand durchgesetzt haben. Der Zeithorizont der Scenarios reicht daher bis 2030–35, wobei das Endspiel selber aber schon begonnen hat. Die Endgame Scenarios geben den etablierten deutschen Automobilherstellern eine gute Chance, auch im Jahr 2030 eine dominierende Position im Driver-Owner-Markt einzunehmen. Sie werden jedoch große Probleme haben, eine führende Rolle im Markt der Vehicles-on-Demand zu spielen. Dieser Markt wird ein Markt der digitalen Plattformen sein, die die Kundenschnittstelle besetzen. Es spricht wenig dafür, dass die deutschen Hersteller in diesem Kampf gegen die Digitalen Player eine reelle Chance haben. Entscheidend wird in diesem Markt nämlich nicht sein, wer das bessere Konzept hat, sondern wer kapitalkräftiger und schneller ist.

Der Kampf um die Kundenschnittstelle
Entscheidend für die künftige Rolle der Automobilhersteller in den beiden Märkten für automobilbasierte Mobilität wird sein, wer die Schnittstelle zum Kunden besetzen wird, denn die Besetzung der Kundenschnittstelle entscheidet letztlich darüber, wie die Wertschöpfungs- und Ertragsströme in einem Markt verlaufen.

Die Digitalen Player haben bei der Definition ihrer Geschäftsmodelle schon früh die strategische Bedeutung der Kundenschnittstelle erkannt und ihre Strategien stets darauf ausgerichtet, einen möglichst direkten Zugang zu den Kunden zu bekommen (vgl. Fortiss 2016, S. 5). Ihr Fokus lag daher auf dem Aufbau internetbasierter Plattformen, deren Verbreitung zwar hohe werbliche Vorleistungen erforderte im Folgenden aber kaum Investitionen in physische Assets notwendig machte.

teDiese wurden von den Unternehmen, die über die Plattform den Kundenzugang suchen, bereitgestellt. Der entscheidende Erfolgsfaktor in der digitalen Ökonomie ist die Fähigkeit, über eine Plattform rasch steigende Nutzerzahlen und damit eine für diese Dienste kritische Größe zu erreichen („Netzwerk-Effekt").

Im Folgenden werden auf zwei Stufen Endgame Scenarios dargestellt: Auf der *ersten Stufe* handelt es sich um Szenarien im Hinblick auf die Besetzung der Kundenschnittstelle, auf der *zweiten Stufe* um Szenarien im Hinblick auf die Geschäftsmodelle, die sich abhängig von der Besetzung der Kundenschnittstelle durchsetzen werden. Grundlage bildet die Aufteilung des Marktes für automobilbasierte Mobilität in zwei Märkte: den Driver-Owner-Markt und den Vehicles-on-Demand-Markt. Dabei werden drei Akteursgruppen explizit einbezogen: die Konsumenten, die Automobilhersteller und die Digitalen Player. Während die Konsumenten die Treiber der Marktentwicklung sind, werden die Automobilhersteller und die Digitalen Player als die zentralen Wettbewerber in den beiden Teil-Märkten angesehen. Es liegt auf der Hand, dass damit nicht alle Akteure berücksichtig werden, die im Automobilmarkt heute und in Zukunft eine Rolle spielen. Im Sinne der Komplexitätsreduktion der Darstellung und der Fokussierung der prognostischen Aussagen, ist eine solche Beschränkung sinnvoll. Sie erscheint auch gerechtfertigt, denn letztlich repräsentieren diese drei Gruppen die dominierenden Kräfte der künftigen Entwicklung automobilbasierter Mobilität.

Die vier Szenarien zur Besetzung der Kundenschnittstelle werden von den Faktoren „Kundenfokus" und „Kundenpräferenzen" bestimmt. Im Hinblick auf den Kundenfokus werden die Ausprägungen Kauf eines eigenen Fahrzeuges („Ownership") oder Teilnahme an einem Mobilitätskonzept („Shared Mobility") unterschieden. Weiterhin hängt die Besetzung der Kundenschnittstelle von den Konsumentenpräferenzen hinsichtlich der Mobilitätsangebote ab: Wollen die Kunden ein qualitativ hochwertiges, technisch fortschrittliches Fahrzeug, das vorrangig die traditionellen Fahrfunktionen zu erfüllen hat oder legen sie mehr Wert auf die digitalen Angebote in und mit dem Fahrzeug („Connectivity"). Abbildung 5.26 zeigt die Szenarien im Überblick.

Das *Szenario A1* stellt die heute dominierende Marktsituation dar: Der Kunde möchte ein emotional besetztes Transportmittel und er wird dazu mit einer der existierenden Automobilmarken in Kontakt treten. Die Kundenschnittstelle wird in diesem Szenario also vom Automobilhersteller besetzt. Würden sich die Präferenzen in Richtung der digitalen Dienste, Medien und Devices verschieben würde sich im *Szenario A2* die Kundenschnittstelle in Richtung der Digitalen Player verschieben: Es würde das Auto gekauft, dass die attraktivsten digitalen Systeme eines der digitalen Player enthält. Im Prinzip würde das einem „Intel-Inside"-Effekt beim Fahrzeugkauf gleich kommen: Nicht die Herstellermarke, sondern die Marke, der im Fahrzeug verbauten digitalen Systeme ist der Ausgangspunkt des Kaufprozesses. Beispielhaft könnte also der Erstkontakt beim Kauf eines Autos über Apple erfolgen, wenn das Unternehmen ein Car-IT-Paket anbietet, das hoch attraktiv ist

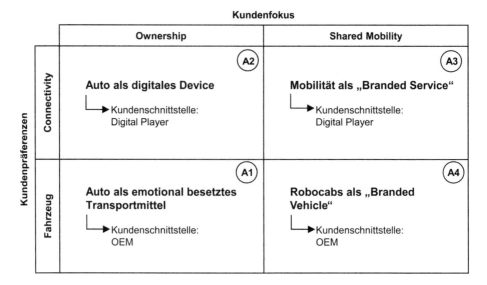

Abb. 5.26: Endgame-Szenarien: Kundenschnittstelle. Quelle: Eigene Darstellung.

und nur in ausgewählten Fahrzeugen angeboten wird. Das „Ingredient-Branding" des Komponentenherstellers würde das Branding des Automobilherstellers überlagern und dominieren.

Bei den Szenarien *A3 und A4* stellt das Szenario „Mobilität als Branded Service" die größte Bedrohung für die Automobilhersteller dar. Es unterstellt, dass es digitalen Mobilitätsdienstleistern gelingt, attraktive Brands mit einer hohen Markenkompetenz aufzubauen. Das dieses nicht so weit weg von der Realität ist wie es möglicherweise auf den ersten Blick erscheint, zeigen die Beispiele Uber, Didi, Gett und Lyft. In diesem Fall wäre die digitalen Mobilitätsplattformen der erste Ansprechpartner des Kunden und würden damit die Kundenschnittstelle besetzen.

Gelingt es mit dem autonomen Fahren die eingesetzte Hardware (Fahrzeug) als zentrales Element der Nutzungsentscheidung zu positionieren, würde das zu Szenario A4 führen. Angesichts der hohen technischen Anforderungen, die an ein autonom fahrendes Fahrzeug gestellt werden und der damit verbundenen Sicherheitsaspekte, kann davon ausgegangen werden, dass für die Nutzer eines automatisierten Vehicles-on-Demand-Systems es durchaus bedeutsam ist, wer der Hersteller des Robocabs ist. In diesem Fall könnten sich die Automobilhersteller als Produzenten im Kaufprozess an entscheidender Stelle platzieren und die Kundenschnittstelle besetzen.

Der Kampf der Geschäftsmodelle
Auf Basis dieser vier Markt-Szenarien gibt es nun insgesamt acht Geschäftsmodelle, die sich im Markt etablieren können, und zwar jeweils das Geschäftsmodell des

5.5 Endgame Scenarios: Blechbieger oder Mobildienstleister oder beides? — 179

		Marktmodell	
		Driver Owner	**Vehicles-on-Demand**
Dominante Akteure	**Digital Player**	(A2) **Digital ECO-System Integrator (B2)** *Komplementär:* OEM als Hardware-Spezialist (B1a)	(A3) **Digital Mobility Provider (B3)** *Komplementär:* OEM als Kontraktfertiger (B3a)
	OEM	(A1) **Automotive ECO-System Integrator (B1)** *Komplementär:* Digital Provider als Digital Device Spezialist (B2a)	(A4) **Integrierter Mobilitätsdienstleister (B4)** *Komplementär:* Digital Player als IT-Lieferant (B4a)

Abb. 5.27: Endgame-Szenarien: Geschäftsmodelle. Quelle: Eigene Darstellung.

dominanten Akteurs und das korrespondierende Geschäftsmodell des sich anpassenden Akteurs. Abbildung 5.27 zeigt die entsprechenden Geschäftsmodell-Szenarien mit Bezug zum jeweiligen Markt-Szenario.

Das Geschäftsmodell des Automobilherstellers in dem von ihm – aufgrund der Besetzung der Kundenschnittstelle – dominierten *Markt-Szenarios A1* wäre das des Automotive Eco-System-Integrators, das weiter oben beschrieben wurde. Die Digitalen Player würden dann als Digital Device Spezialisten im Markt agieren. Die Automobilhersteller würde also in diesem Szenario das Eco-System führen und die Wert- und Ertragsströme weitgehend steuern. Allerdings würden die Digital-Device-Spezialisten in einen ernsthaften Wettbewerb um die Gewinnströme treten und zwar sowohl mit den Automobilherstellern wie auch mit den Automobilzulieferern, die die traditionellen fahrzeugtechnischen Aggregate und Komponenten liefern.

Im *Szenario A2* wäre das Geschäftsmodell des Digitalen Players dominant. Im Prinzip würde hier der Digitale Player die Rolle eines Eco-System-Integrators übernehmen, weshalb dieses Geschäftsmodell analog zu dem des Automobilherstellers in Markt-Szenario A1 als „Digital Eco-System-Integrator" bezeichnet wird. Die Automobilhersteller würden in diesem Szenario die Rolle von Hardware Spezialisten spielen, die aufgrund ihrer fahrzeugbezogenen Kompetenz in das Eco-System des Digitalen Players einbezogen wären. Allerdings müssten sie in diesem Szenario mit einem erheblichen Druck auf ihre Ertragsposition rechnen.

Im *Szenario A3* ist der Digitale Player dominant, weil er die Kundenschnittstelle besetzt. Er ist Systemführer und steuert die Wertschöpfungs- und Gewinnströme. Das Geschäftsmodell wäre das eines Digital Mobility Providers, das in der Grund-

Tab. 5.15: Die acht Geschäftsmodelle der Endgame-Scenarios im Überblick.
Quelle: Eigene Darstellung.

	Geschäftsmodell	Beschreibung
B1	OEM als Automotive Eco-System Integrator	– OEM besetzt Kundenschnittstelle – führt Eco-System – dominiert Umsatz- und Ertragsströme
B1a	Digital Player als Digital Device Spezialist	– generieren Wertbeiträge im OEM Eco-System – Sichtbarkeit für Kunden durch Ingredient Branding – Ertragsmodell abhängig von OEM
B2	Digital Player als Digital Eco-System Integrator	– Digital Player besetzt Kundenschnittstelle – führt Eco-System – dominiert Umsatz- und Ertragsströme
B2a	OEM als Hardware-Spezialist	– OEM als Fahrzeuglieferant – Platzierung Herstellermarke nach Vorgaben des Digital Player – Margen und Erträge abhängig von Digital Player
B3	Digital Player als Digital Mobility Provider	– Digitaler Player betreibt Mobilitätsplattform als TNC – Assets („Robocabs") werden von Partnern bereitgestellt – Ertragsgenerierung über Nutzerprovisionen und Vermarktung von Nutzer-Daten
B3a	OEM als Kontraktfertiger	– Hersteller stellt Fahrzeuge bereit und übernimmt Maintenance der Flotte (0.5-Supplier) – White-Label-Cars – Ertragsmodell abhängig von Digital Mobility Provider
B4	OEM als Integrierter Mobilitätsdienstleister	– OEM schafft eigene digitale Plattform an der Kundenschnittstelle – Vertikale Integration der Leistungsbausteine (Mobilitätsdienstleistung und Fahrzeuge) – Ertragsgenerierung über Provisionen und Hardware (Robocabs)
B4a	Digital Player als IT-Lieferant	– Bereitstellung der IT-Systeme und Devices für Geschäftsabwicklung des OEM und der Hardware – White Label Systeme und Devices – Ertragsmodell auf Basis Kunden-Lieferanten-Beziehung

struktur dem der heute schon im Markt agierenden Ride-Hailing-Spezialisten entspricht. Das zentrale Instrument in diesem Geschäftsmodell ist eine stark frequentierte Plattform, über die der gesamte Nutzungsvorgang abgewickelt werden kann. Den Automobilherstellern würde in diesem Szenario die Rolle von Kontraktfertigern zukommen, die nach den Vorgaben der Digital Mobility Provider, Robocabs entwickeln und produzieren. In diesem Szenario wäre es durchaus auch denkbar, dass 0.5-Supplier an die Stelle der Automobilhersteller treten bzw. mit diesen um die Kontrakte der Digitalen Mobility Provider konkurrieren.

Im *Szenario A4* schaffen es die Automobilhersteller, über das Markenvertrauen der Konsumenten in die Hardware (Robocabs) die Kundenschnittstelle zu besetzen und als Integrierter Mobilitätsdienstleister ein dominantes Geschäftsmodell zu etablieren. Dieses Geschäftsmodell und seine Implikationen für die Organisationsstruktur der Automobilhersteller wurde bereits weiter oben beschrieben. Die digitalen Player würden in einem solchen Szenario als IT-Lieferanten eine wichtige, aber keine dominante Rolle spielen.

Zur besseren Übersicht, werden in Tabelle 5.15 die genannten acht Geschäftsmodelle kurz skizziert.

Eintrittswahrscheinlichkeiten – Was kommt?
Bei einer Bewertung der Eintrittswahrscheinlichkeit der Szenarien ist zu berücksichtigen, dass jeweils nur die Szenarien A1/A2 bzw. A3/A4 so formuliert sind, dass sie sich gegenseitig ausschließen. Demgegenüber können der Driver-Owner- und der Vehicles-on-Demand-Markt durchaus parallel bestehen und werden dies mit großer Wahrscheinlichkeit auch weiterhin tun.

Im *Driver-Owner-Markt* spricht vieles dafür, dass die Automobilhersteller ihre dominante Position behalten. Ein Grund ist nicht nur die hohe technische Kompetenz und Markenstärke, über die die Automobilhersteller verfügen und die für fahrzeugfokussierte Käufer zweifellos auch in Zukunft ein wichtiges Kaufentscheidungskriterium bleiben werden. Darüber hinaus zeichnet sich auch ab, dass die Automobilhersteller die Herausforderungen der Digitalisierung erkannt haben und systematisch ihre Partnernetzwerke im Sinne eines Eco-Systems entwickeln. Dennoch darf man nicht darüber hinwegsehen, dass die Digitalen Player künftig einen höheren Anteil an der Wertschöpfung und auch an den Profitströmen beanspruchen werden. Dementsprechend werden die Automobilhersteller auch in diesem, für sie an sich vorteilhaften Szenario nicht daran vorbeikommen, eine Neubewertung ihrer Assets vorzunehmen. So ist davon auszugehen, dass sie die Fertigungstiefe im Bereich der traditionellen Fahrzeugtechnik reduzieren müssen, um damit Mittel für den Aufbau neuer Fähigkeiten und Wertschöpfungsumfänge im Bereich der digitalen Systeme und Dienste frei zu bekommen. Dieser Prozess muss in den nächsten Jahren beschleunigt angegangen werden, wobei die deutschen Automobilhersteller hier allerdings auch vor der Herausforderung stehen, dass sie in Deutschland und Europa nur sehr begrenzt auf IT- Know-How zurückgreifen können. Daher wird diese Entwicklung den Trend zur Globalisierung im Entwicklungsbereich weiter verstärken.

Sehr viel schwieriger stellt sich die Situation für die Automobilhersteller im *Markt für Vehicles-on-Demand* dar. Hier haben die Digitalen Player bereits eine Führungsrolle übernommen. Da die digitalen Plattformen aufgrund der Netzwerkeffekte eine inhärente Tendenz zur Monopolisierung aufweisen, wird es für alle Automobilhersteller sehr schwer werden, die Kundenschnittstelle in diesem Bereich zu erobern.

Ausgeschlossen ist dies jedoch nicht: Tatsächlich bietet der Übergang vom selber Fahren zum automatisierten Fahren, den Automobilherstellern auch im Markt der Shared Mobility eine Chance, sich besser zu exponieren als in der Vergangenheit. Denn mit der Automatisierung wird die „Hardware" für die Kunden wichtiger werden als das in den heutigen Shared-Mobility-Konzepten der Fall ist. Der Grund ist einfach: Komfort und vor allem Sicherheit sind beim autonomen Fahren direkt mit dem Fahrzeug verbunden. Hier gewinnt daher das Vertrauen in die Hardware und das heißt letztlich in die Hardware-Kompetenz des Systembetreibers eine wichtigere Rolle als beim Carsharing oder Ride Hailing. Dort werden konventionelle Fahrzeuge eingesetzt, die entweder selber oder von einem professionellen Fahrer gefahren werden. Das heißt das Unfallrisiko liegt weniger im Fahrzeug als im Fahrer. Mit dem autonomen Fahren verändert sich diese Risikoverteilung: Das Unfallrisiko verlagert sich vom Fahrer auf das Fahrzeug. Dementsprechend werden Nutzer von automatisierten Fahrzeugen sehr wohl die Frage nach Hersteller und Marke der Robocabs stellen. Mobility Provider, die planen, White-Label-Fahrzeuge in ihre automatisierten Flotten einzusetzen, werden – zumindest in der Anfangsphase – vor einem Vertrauens- und Akzeptanzproblem stehen. Hier ist das „Einfallstor" für die Automobilhersteller: Denn mit dem hohen Maß an Vertrauen, das ihnen entgegengebracht wird, können sie eine wichtige Akzeptanzbarriere ausschalten. So erklärten bei einer weltweiten Befragung 51 Prozent der Befragten, dass sie den Automobilherstellern zutrauen sichere Robocabs zu bauen, während nur 18 Prozent glauben, dass dies IT-Firmen könnten *(vgl. Capgemini 2017, S. 28)*.

Die Herausforderung für die Automobilhersteller liegt also darin, den Vehicles-on-Demand Markt als einen Markt zu begreifen und zu behandeln, der disruptiven Charakter hat und der dementsprechend „entwickelt" werden muss. Als „disruptiv" wird hier ein Leistungsangebot bezeichnet, das ein vorhandenes Bedürfnis auf eine völlig andere Art und Weise befriedigt als dies die bisherigen Akteure im Markt tun. Kennzeichnend für disruptive Innovationen ist überdies, dass sie Eigenschaften miteinander verbinden, von denen man lange Zeit annahm, dass sie miteinander unvereinbar wären. Bei den Vehicles-on-Demand ist dies der Fall, denn einerseits entheben sie den Nutzer davon, aktiv zu fahren ohne dass er deshalb kollektiv und fahrplangebunden (wie bei Bus, Bahn oder Flugzeug) mobil sein muss.

Die Problematik für die Automobilhersteller bei der Bearbeitung disruptiver Märkte liegt darin, dass diese Märkte in ihren Anfängen zumeist nur ein relativ kleines Volumen aufweisen und häufig zunächst auch nicht profitabel sind. Dementsprechend finden sie in großen Konzernen, nicht die Beachtung, die sie erfordern, um darin erfolgreich zu sein: „One of the bittersweet results of success, in fact, is that as companies become large, they lose the ability to enter small, emerging markets" *(Christensen/Overdorf 2000, S. 70)*. Genau diese Situation trifft aber auf die Automobilhersteller und den Markt für Vehicles-on-Demand zu: Die Automobilhersteller sind große und erfolgreiche Unternehmen, der Markt für Shared Mobility ist – im Vergleich zum Driver-Owner-Markt – klein und verspricht kurzfristig nur geringe Renditen. Dementsprechend tun sich die Automobilkonzerne schwer, in diesen Markt zu investieren: Große Unternehmen investieren lieber in „sustaining innovations" als in „disruptive innovations" *(vgl. ebenda, S. 71)*.

Die Erfahrungen mit den bisherigen Aktivitäten der Automobilhersteller im Bereich der Shared Mobility bestätigen diese Erfahrung: Im Vergleich zu den gewaltigen Investitionen in neue Baureihen und Modelle nehmen sich die Investitionen in die neuen Mobilitätsdienste bescheiden aus. Dementsprechend ist es bislang keinem Automobilhersteller gelungen eine weltweit führende Position als digitaler Mobilitätsdienstleister aufzubauen. Die Vielzahl an Aktivitäten kann nicht darüber hinwegtäuschen, dass diese – wirtschaftlich betrachtet – in allen Automobilkonzernen allenfalls eine Randexistenz führen.

Ein eindrückliches Beispiel für das Problem großer Hersteller, in „kleinen" Märkten erfolgreich zu sein ist die Marke Smart. Die 1997 von Daimler ins Leben gerufene Marke sollte nicht nur für ein neues Auto, sondern für ein „urbanes Mobilitätskonzept" stehen: Gemäß dem Motto „Not just another car" sollte dieses Mobilitätskonzept „den städtischen Individualverkehr effizienter, menschlicher und vernünftiger gestalten", wie es in einer frühen programmatischen Erklärung zu den Zielen dieses Konzeptes heißt *(vgl. Diez 2007, S. 141)*. Von diesem Anspruch verabschiedete man sich jedoch sehr schnell als deutlich wurde, dass die geplanten 200.000 Einheiten, die notwendig waren, um das neuerstellte Werk in Hambach auszulasten, nicht erreicht wurden. In der Folge konzentrierte man sich auf die Steigerung des Fahrzeugabsatzes und gleichzeitig auf eine Anpassung der Produktionskapazitäten. Das Mobilitätskonzept spielte in der Folge keine Rolle mehr *(vgl. ebenda, S. 142)*: Der Druck zur Kapazitätsauslastung und zur Minimierung der Anfangsverluste war stärker als die Idee, in ein Mobilitätskonzept mit unsicherer Zukunft zu investieren.

Wollen sich große, etablierte Unternehmen in einem neu entstehenden Markt engagieren, müssen sie eine geeignete, von ihrem traditionellen Geschäftsmodell losgelöste Organisationsstruktur finden. Eine Möglichkeit dafür ist ein Spin-out, also die Gründung eines neuen Unternehmens mit einem auf den neu entstehenden Markt fokussierten Geschäftsmodell. Möglich ist natürlich auch die Übernahme eines auf diesem Markt schon tätigen Start-up-Unternehmens. Entscheidend ist, dass dieses neue Unternehmen unabhängig vom Kerngeschäft des etablierten Konzerns arbeiten kann und mit ausreichend Kapital und qualifizierten Mitarbeitern ausgestattet wird. Andernfalls besteht stets die Gefahr, dass das ertragreiche Kerngeschäft die Aktivitäten in einem neu entstehenden Geschäftsfeld dominiert und behindert. Nur so können die etablierten Automobilkonzerne in einen wirklich ernsthaften Wettbewerb mit den spezialisierten, auf Mobilitätsdienstleistungen fokussierten Mobility Providern kommen, denen es ohne große Assets gelungen ist, die Kundenschnittstelle zu besetzen.

Dabei könnte ein Faktor den Wettbewerb zwischen den etablierten Automobilherstellern und den Digitalen Playern im Bereich der Shared Mobility entscheiden: die mangelnden finanziellen Spielräume, denen sich die Automobilhersteller zunehmend gegenübersehen. Während amerikanische und teilweise auch chinesische digitale Akteure über erhebliche Kapitalzuflüsse verfügen, stehen hier die deutschen wie auch andere etablierte Automobilhersteller im Abseits.

Ein Indikator dafür ist die trotz einer vergleichsweise guten Ertragslage im operativen Geschäft stagnierende bzw. rückläufige Marktkapitalisierung der deutschen

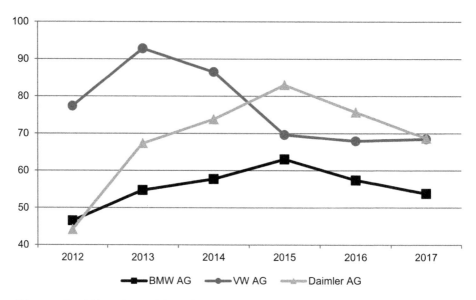

Abb. 5.28: Entwicklung der Marktkapitalisierung der deutschen Automobilhersteller.
Quelle: Geschäftsberichte.

Automobilhersteller (Abb. 5.28). Betrachtet man die Entwicklung der letzten Jahre, so ist die Börsen-Performance ausgesprochen schwach. Zweifellos spielt hier der Dieselabgas-Skandal, insbesondere beim VW-Konzern eine wichtige Rolle. Allerdings scheint es auch grundsätzliche Zweifel an den Zukunftschancen der deutschen Automobilhersteller und ihrem heutigen Geschäftsmodell zu geben. Der Aufbau einer global präsenten Mobilitätsplattform würde in den nächsten Jahren erhebliche Mittel erfordern, die den deutschen Herstellern aber nicht zur Verfügung stehen. Vor diesem Hintergrund wird man davon ausgehen müssen, dass es den deutschen Automobilherstellern im Markt für Vehicles-on-Demand trotz ihrer hohen technologischen Kompetenz in diesem Bereich, nicht gelingen wird, alleine die Kundenschnittstelle zu besetzen.

6 Die Zukunft des Automobilstandorts Deutschland

6.1 Struktur und Entwicklung der Automobilindustrie in Deutschland

Die Automobilindustrie ist – gemessen am Umsatz – die größte Industriebranche in Deutschland. Darüber hinaus sind mehr als 800.000 Menschen bei den Automobilherstellern und Automobilzulieferern beschäftigt. In den letzten Jahren ist die Abhängigkeit der deutschen Volkswirtschaft von der Automobilindustrie noch gestiegen. Dabei ist der Export der wichtigste Treiber von Produktion und Absatz. Hohe Zukunftsaufwendungen prägen in den letzten Jahren die Entwicklung der Branche.

Automobilindustrie als Schlüsselbranche der deutschen Wirtschaft
Bei einer Betrachtung des Automobilstandorts Deutschland müssen ganz zwangsläufig die Tochterunternehmen ausländischer Konzerne sowohl auf der Hersteller- wie auch auf der Zulieferebene mit einbezogen werden, da sie einen wesentlichen Beitrag zur Wertschöpfung, Beschäftigung, Investitionstätigkeit und zum Export leisten. Wenn im Folgenden vereinfachend von der „deutschen Automobilindustrie" gesprochen wird, so sind in diesem Kapitel alle Unternehmen gemeint, die von der amtlichen Statistik diesem Wirtschaftsbereich zugewiesen werden.

Die Struktur der deutschen Automobilindustrie anhand einiger wesentlicher Kennzahlen zeigt Tabelle 6.1. Demnach ist der Bereich Herstellung von Kraftwagen und Motoren sowohl beim Umsatz wie auch bei der Beschäftigung der wichtigste Teilbereich. Immerhin entfallen aber mehr als ein Drittel aller Arbeitsplätze in der Branche auf die Hersteller von Kfz-Teilen und Zubehör. Dabei ist zu berücksichtigen, dass diese Gruppe nicht alle Unternehmen umfasst, die als Zulieferer für die Automobilindustrie tätig sind. Darüber hinaus gibt es weitere Unternehmen, die

Tab. 6.1: Kennzahlen zur Automobilindustrie und ihren Teilgruppen. Quelle: VDA 2017.

Herstellung von Kraftwagen		Herstellung von Anhängern und Aufbauten		Herstellung von Kfz-Teilen und Zubehör		Automobilindustrie insgesamt	
2015	2016	2015	2016	2015	2016	2015	2016
Umsatz (in Mio. Euro)							
318.603	317.015	10.384	11.297	75.781	76.300	404.768	404.611
Inlandsumsatz							
89.477	96.132	5.125	5.531	46.741	46.663	141.343	148.326
Auslandsumsatz							
229.126	220.883	5.259	5.766	29.040	29.637	263.425	256.285
Beschäftigte (Jahresdurchschnitt)							
458.871	471.261	32.803	34.534	300.944	302.696	792.618	808.491

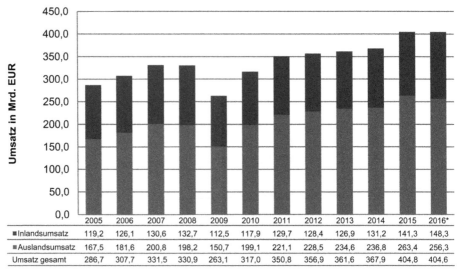

Abb. 6.1: Umsatzentwicklung in der deutschen Automobilindustrie. Quelle: VDA lfd.Jgg.

in erheblichem Umfang Zulieferungen an die Automobilhersteller machen, aber anderen Branchen zugeordnet werden (z. B. Hersteller von Reifen und Stahl). Im Folgenden werden die Hersteller von Kfz-Teilen und Zubehör vereinfachend als „Automobilzulieferer" bezeichnet. Weiterhin muss darauf hingewiesen werden, dass in den folgenden Zahlen auch Nutzfahrzeuge enthalten sind – sowohl auf der Hersteller- wie auch der Lieferantenseite. So ist der Teilbereich „Herstellung von Anhängern und Aufbauten" ganz wesentlich dem Nutzfahrzeugbereich zuzuordnen.

Mit einem Gesamtumsatz von rund 405 Mrd. Euro war die Automobilindustrie im Jahr 2016 erneut die – gemessen am Umsatz – wichtigste Industriebranche in Deutschland mit deutlichem Abstand vor dem Maschinenbau und der Metallerzeugung und -bearbeitung. Seit dem Jahr 2005 ist der Gesamtumsatz der Automobilindustrie um 41,1 Prozent gestiegen, was einem jahresdurchschnittlichen Wachstum von 3,2 Prozent entspricht (Abb. 6.1). Dabei war die Wachstumsrate des Auslandsumsatzes mit 3,9 Prozent fast doppelt so hoch wie die des Inlandsumsatzes (+2,0 p. a.). Die Automobilindustrie hatte damit im Jahr 2016 einen Anteil von 24,0 Prozent am gesamten Umsatz des Verarbeitenden Gewerbes. Im Jahr 2005 lag dieser noch bei 21,4 Prozent.

Hinsichtlich der Beschäftigung wird die Automobilindustrie mit ihren 808.491 Beschäftigten im Jahr 2016 nur vom Maschinenbau übertroffen. Von der Gesamtzahl der Beschäftigten entfallen rund 180.000 auf den Nutzfahrzeugbereich inklusive der jeweiligen Arbeitsplätze bei den Herstellern von Teilen und Zubehör sowie Anhängern und Aufbauten. Allerdings sind dabei nicht die indirekten Be-

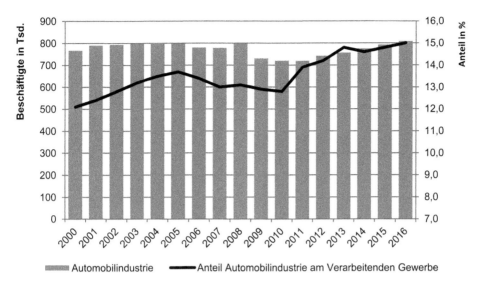

Abb. 6.2: Entwicklung der Beschäftigung in der deutschen Automobilindustrie. Quelle: VDA lfd. Jgg.

schäftigungseffekte berücksichtigt, die die Branche für andere Wirtschaftszweige hat. Dass diese erheblich sind, zeigt die sogenannte Vorleistungsquote, die bei 70,0 Prozent liegt *(vgl. Hild 2014, S. 48)*. Sie ist damit höher als für jede andere Branche in Deutschland. Die Vorleistungsquote bringt zum Ausdruck, in welchem Umfang die Automobilindustrie Material und Dienstleistungen von anderen Branchen bezieht. Eine hohe Vorleistungsquote bedeutet also, dass die Automobilindustrie in erheblichem Maße Wertschöpfung und damit auch Arbeitsplätze in anderen Branchen schafft.

Allerdings zeigt sich in der längerfristigen Betrachtung, dass die Zahl der Beschäftigten in der Branche eine nur geringe Wachstumsdynamik aufweist (Abb. 6.2). Bereits im Jahr 2004 waren über 800.000 Menschen in der Automobilindustrie beschäftigt und seit dem Vorkrisenjahr 2008 lag der Beschäftigungszuwachs im Jahr 2016 bei lediglich 1,3 Prozent oder 0,15 Prozent jährlich. Verantwortlich ist dafür ist vor allem der Beschäftigungsrückgang bei den direkten Automobilzulieferern, wo die Zahl der Beschäftigten seit dem Jahr 2008 von 338.790 auf 302.696, also um gut 10 Prozent gesunken ist. Die starken Beschäftigungsverluste als Folge der Finanzkrise konnten also nicht mehr aufgeholt werden. Hier spiegelt sich zweifellos auch der starke Konsolidierungsdruck in der Zulieferindustrie wieder *(vgl. Diez et al. 2016, S. 54f.)*.

Ein wesentliches Strukturmerkmal der deutschen Automobilindustrie ist der hohe Umsatz je Beschäftigtem (Abb. 6.3). Er lag in der Automobilindustrie insgesamt im Jahr 2016 bei 500.452 Euro im Vergleich zu 311.925 Euro im Industriedurchschnitt. Allerdings zeigt sich dabei zwischen den Automobilherstellern und den Automobilzulieferern i. e. S. ein deutlicher Unterschied: Während er bei den Her-

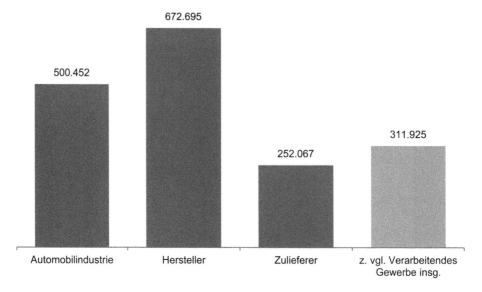

Abb. 6.3: Umsatzproduktivität in der deutschen Automobilindustrie (Umsatz/Beschäftigter in €).
Quelle: Destatis 2016 und eigene Berechnungen.

stellern im Jahr 2016 672.695 Euro betrug erreichte er bei den Herstellern von Kfz-Teilen und Zubehör lediglich 252.067 Euro. In der hohen Umsatzproduktivität kommen die hohe Kapitalintensität auf der letzten Fertigungsstufe eines Automobils sowie der hohe Vorleistungsbezug zum Ausdruck, während die Produktion bei den Zulieferern deutlich beschäftigungsintensiver ist. Dies zeigt sich auch in der Lohnquote, die bei den Herstellern mit 10,7 Prozent nur halb so hoch ist wie in der Zulieferindustrie (21,2 Prozent).

Angesichts der hohen Umsatzproduktivität in der Branche ist es nicht überraschend, dass das Lohnniveau ebenfalls weit über dem Industriedurchschnitt liegt. So betrug die Lohnsumme je Beschäftigten in der Automobilindustrie im Jahr 2016 insgesamt 64.126 Euro und ist damit um 27,4 Prozent höher als im Durchschnitt des gesamten Verarbeitenden Gewerbes (50.325 Euro). Auch hier zeigt sich allerdings ein deutlicher Unterschied zwischen den Herstellern und Zulieferern: So liegt die Lohnsumme je Beschäftigten bei den Automobilindustrie bei 72.647 Euro, bei den Zulieferern aber bei lediglich 53.376 Euro, was aber immer noch höher ist als der Industriedurchschnitt (50.325 Euro).

Zukunftsaufwendungen: Investitionen und Ausgaben für Forschung und Entwicklung

Die Investitionstätigkeit und die Aufwendungen für Forschung und Entwicklung sind wichtige Kenngrößen für die Zukunftsorientierung und Zukunftsfähigkeit einer Branche. Was die Investitionstätigkeit anbelangt, lag die deutsche Automobil-

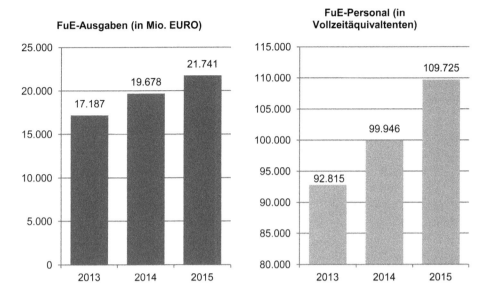

Abb. 6.4: FuE-Aufwand und Fue-Beschäftigte in der deutschen Automobilindustrie. Quelle: Stifterverband 2017, S. 5.

industrie im Jahr 2015 mit einem Anteil von 24,3 Prozent an den gesamten Investitionen im Verarbeitenden Gewerbe an der Spitze der großen Industriebranchen in Deutschland, deutlich vor der Chemischen Industrie, der Metallerzeugung und -bearbeitung sowie dem Maschinenbau. Bei der Investitionsquote, also dem Anteil der Bruttoanlageinvestitionen am Umsatz, bewegte sich die Automobilindustrie mit 3,5 Prozent allerdings nur auf dem Niveau des gesamten Verarbeitenden Gewerbes in Deutschland. Tatsächlich scheint die Branche im Hinblick auf den weiteren Ausbau ihrer Produktionskapazitäten in den letzten Jahren etwas vorsichtiger zu planen und sich eher auf Modernisierungsaktivitäten zu beschränken. Darin kommt auch zum Ausdruck, dass die Branche gezwungen ist, kapitalsparende Strategien zu verfolgen, da der Return on Investment nicht die Kosten des investierten Kapitals deckt *(vgl. PWC 2017, S. 4)*.

Während bei den Investitionen in die physischen Assets bewusst vorsichtig geplant wird, ist der FuE-Aufwand in der deutschen Automobilindustrie in den letzten Jahren weiter kräftig gestiegen. Im Jahr 2015 lagen die gesamten internen FuE-Ausgaben bei 21,7 Mrd. Euro, was einem Zuwachs von 10 Prozent gegenüber dem Vorjahr entspricht (Abb. 6.4). Weitere 10,2 Mrd. Euro wurden für externe Forschungsaufträge vergeben. Etwa zwei Drittel der gesamten FuE-Ausgaben in der Branche erfolgten durch die Automobilhersteller, der Rest durch die Automobilzulieferer *(vgl. Stifterverband 2017, S. 4)*. Insgesamt lag der Anteil der deutschen Automobilindustrie an den gesamten FuE-Ausgaben in Deutschland bei 35 Prozent und damit deutlich vor der Elektrotechnik und dem Maschinenbau *(vgl. ebenda, S. 5)*. Insgesamt waren im FuE-Bereich der deutschen Automobilhersteller im Jahr 2015

109.725 Menschen beschäftigt, was gegenüber dem Jahr 2013 einen Zuwachs von 18,2 Prozent bedeutet.

Die Veränderung des Verhältnisses zwischen Investitionen in Sachanlagen und Ausgaben für Forschung und Entwicklung unterstützt die These, dass der Automobilstandort Deutschland immer stärker zum Ideen- und Entwicklungsstandort wird, während die Produktion relativ an Bedeutung verliert.

Exportgetriebenes Wachstum
Das Wachstum in der deutschen Automobilindustrie wurde in den letzten Jahren sehr stark vom Export getragen, wie schon die überdurchschnittliche Zuwachsrate des Auslandsumsatzes zeigt (siehe oben). Insgesamt lag die Exportquote, also das Verhältnis zwischen Auslands- und Gesamtumsatz, der deutschen Automobilindustrie im Jahr 2016 bei 63,3 Prozent und damit weit über dem Durchschnitt des Verarbeitenden Gewerbes in Deutschland (49,7 Prozent). Auch hier zeigt sich, dass die Automobilhersteller mit einer Exportquote von 69,7 Prozent deutlich exportorientierter als die Hersteller von Teilen und Zubehör für Kraftwagen sind, deren Exportanteil am gesamten Umsatz bei lediglich 38,8 Prozent lag *(vgl. Destatis 2016, S. 45)*.

Insgesamt erzielte die deutsche Automobilindustrie im Jahr 2016 ein Exportvolumen von 227,70 Mrd. Euro. Dem standen Importe in Höhe von 105,37 Mrd. Euro gegenüber, was bedeutet, dass die Branche einen Handelsüberschuss von 122,33 Mrd. Euro erzielt hat. Dies entspricht fast der Hälfte des gesamten deutschen Außenhandelsüberschusses im Jahr 2016 von 252,38 Mrd. Euro.

Zusammenfassend ist festzustellen, dass die deutsche Automobilindustrie trotz einer beschleunigten Globalisierung der Branche in den letzten Jahren für die deutsche Wirtschaft insgesamt nicht an Bedeutung verloren hat. Sowohl im Hinblick auf Wertschöpfung und Beschäftigung wie auch hinsichtlich Export und FuE-Ausgaben nimmt sie nach wie vor eine Spitzenposition im Vergleich mit anderen wichtigen Industriebranchen ein. Dementsprechend ist die Frage der Wettbewerbsfähigkeit nicht nur für die Branche selbst, sondern für die deutsche Wirtschaft insgesamt von höchster Relevanz.

6.2 Zur Wettbewerbsfähigkeit des Automobilstandorts Deutschland

Der Automobilstandort Deutschland hat sich im Vergleich mit anderen traditionellen Automobilstandorten im weltweiten Wettbewerb gut behauptet. Auch die großen Unternehmen der deutschen Automobilzulieferindustrie verfügen über eine starke Weltmarktposition. Dennoch zeigt sich, dass die Wachstumsdynamik am Automobilstandort schwächer geworden ist. Zwar verfügt der Automobilstandort Deutschland nach wie vor über bedeutende Stärken wie das überdurchschnittliche Ausbildungs- und Qualifikationsniveau der Beschäftigten und das enge Zusammenwirken verschiedener Akteure in leistungsfähigen Automobil-Clustern. Andererseits ist und bleibt Deutschland ein Hochkostenstandort, der in einem wettbewerbsintensiven und damit kosten- und preissensiblen Markt unter Druck gerät. Die Fokussierung auf das Premiumsegment hat sich in der Vergangenheit als Erfolgsformel erwiesen. Das wird sie nur bleiben, wenn das Prädikat „Premium" mit neuem Inhalt gefüllt wird.

Automobilproduktion in Deutschland – hohes Niveau, aber kaum noch Wachstum
Die Frage nach der Wettbewerbsfähigkeit des Automobilstandorts Deutschland ist aus mehreren Gründen nicht identisch mit der Frage nach der Wettbewerbsfähigkeit der deutschen Automobilhersteller. Zum einen entwickeln und produzieren am Automobilstandort Deutschland mehrere Automobilhersteller, aber auch zahlreiche Zulieferer, die als Tochterunternehmen ausländischer Konzerne tätig sind. Deren Geschäftsstrategie, Wettbewerbsfähigkeit und Zukunftsperspektive wird dementsprechend sehr stark von ihren Muttergesellschaften beeinflusst. Andererseits ist der Automobilstandort Deutschland für die originär deutschen Herstellers mittlerweile nur ein Entwicklungs- und vor allem Produktionsstandort in einem weltweiten Verbund von Standorten. Eine Verschlechterung (oder Verbesserung) der Standortbedingungen in Deutschland hat daher einen nur begrenzten Einfluss auf die Wettbewerbsfähigkeit der originär deutschen Hersteller.

Wie hat sich der Automobilstandort Deutschland im internationalen Wettbewerb behauptet? Fokussiert man die Betrachtung auf den Pkw-Bereich, so ist zu-

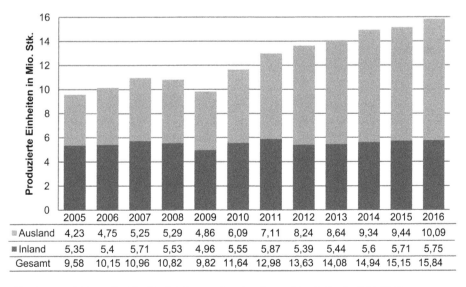

Abb. 6.5: Entwicklung der Pkw-Produktion am Standort Deutschland. Quelle: VDA 2017.

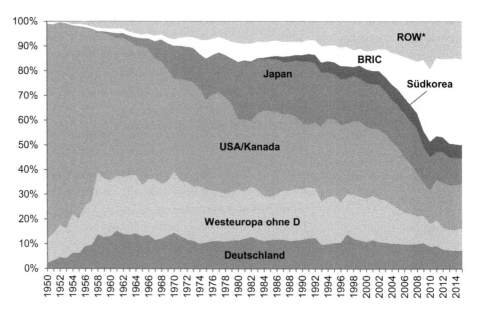

Abb. 6.6: Langfristige Entwicklung der Pkw-Weltproduktion nach Regionen und Ländern.
Quelle: Eigene Darstellung.

nächst festzustellen, dass die Pkw-Produktion am Automobilsandort Deutschland seit dem Jahr 2005 von 5,35 Mio. auf 5,75 Mio. Einheiten im Jahr 2016 gestiegen ist. Dies entspricht einem Wachstum von lediglich 7,5 Prozent bzw. jahresdurchschnittlich 0,7 Prozent. Demgegenüber ist die Auslandsproduktion im gleichen Zeitraum um 65,3 Prozent (bzw. 4,7 Prozent p. a.), gestiegen (Abb. 6.5). Ganz offensichtlich ist der Prozess der Globalisierung nicht ganz spurlos am Standort Deutschland vorbei gegangen: Sowohl die Verschiebung der Wachstumsmärkte also auch die Nutzung internationaler Kostendifferentiale hat offensichtlich dazu geführt, dass die in Deutschland tätigen Automobilhersteller ihre Produktion ins Ausland verlagert haben. Zu berücksichtigen ist aber auch, dass die beiden Transplants (Opel und Ford) ihre Produktion am Standort Deutschland im genannten Zeitraum aus unterschiedlichen Gründen deutlich reduziert haben, während die originär deutschen Hersteller ihre Produktion noch steigern konnten.

Immerhin hat der Automobilstandort Deutschland aber im langfristigen internationalen Vergleich seine Position als Produktionsstandort relativ gut behauptet, während andere traditionelle Herstellerländer erheblich an Bedeutung verloren haben. Dies gilt vor allem für Nordamerika und Westeuropa (ohne Deutschland). Beide Regionen haben deutlich an Weltmarktanteilen verloren (Abb. 6.6). Mit 5,75 Mio. Pkw im Jahr 2016 ist Deutschland das nach wie vor mit Abstand wichtigste Automobilproduktionsland in Europa. Außerdem liegt Deutschland mit 42 Automobil- und Motorenwerken in einem internationalen Vergleich deutlich vor Frankreich und Großbritannien mit jeweils 33 Produktionsstätten *(vgl. ACEA 2016, S. 26).*

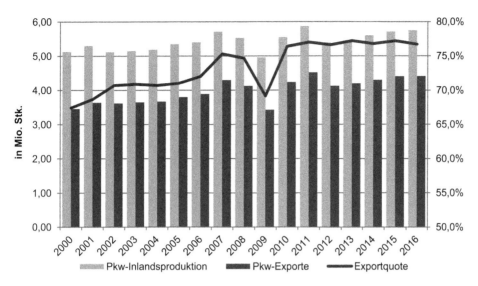

Abb. 6.7: Entwicklung der Exportquote der deutschen Automobilindustrie. Quelle: VDA lfd. Jgg.

Ein Ausdruck für die Stärke des Automobilstandorts Deutschland im Pkw-Bereich ist zweifelos die anhaltend hohe Exportquote der hier tätigen Automobilhersteller. Sie lag im Jahr 2016 bei 76,7 Prozent und damit um fast 10 Prozentpunkte über dem Niveau des Jahres 2000 (Abb. 6.7). Insgesamt wurden im Jahr 2016 4,41 Mio. Pkw exportiert, wobei das europäische Ausland einen Anteil von 64,6 Prozent hatte *(vgl. VDA 2017, S. 55)*. Der Automobilstandort Deutschland ist also mittlerweile in sehr hohem Maße von der wirtschaftlichen Entwicklung in der Heimatregion abhängig.

Starke Weltmarktposition der großen deutschen Automobilzulieferer
Über eine starke Position im internationalen Wettbewerb verfügt auch die deutsche Automobilzulieferindustrie. So konnten die Hersteller von Kfz-Teilen und Zubehör ihren Auslandsumsatz zwischen 2008 und 2016 um 28,2 Prozent und damit mehr als doppelt so stark wie den Inlandsumsatz (+13,2 Prozent) auf 76,3 Mrd. Euro steigern. Dementsprechend hat sich auch die Exportquote der deutschen Automobilzulieferer im engeren Sinne von 34,3 Prozent im Jahr 2008 auf 38,8 Prozent im Jahr 2016 erhöht.

Insbesondere die großen deutschen Automobilzulieferer verfügen über eine weltweit starke Marktposition. So befinden sich unter den weltweit 100 größten Automobilzulieferern 23 Unternehmen aus Deutschland *(vgl. Flörecke 2017, S. 26)*. Allein unter den Top 20 Zulieferern sind 6 Unternehmen aus Deutschland und die beiden größten Automobilzulieferer weltweit, Bosch und ZF Friedrichshafen kommen ebenfalls aus Deutschland (Tab. 6.2).

Schwieriger ist die Situation für die zahlreichen kleinen und mittelständischen Automobilzulieferer. Zwar gibt es auch unter ihnen sogenannte „Hidden Cham-

Tab. 6.2: Die 20 Umsatzstärksten Automobilzulieferer weltweit 2016. Quelle: Automotive News, Stand: Juli 2017.

Rang 2016	Rang 2015	Unternehmen	Umsatz 2016** (in Mio. Dollar)	Umsatz 2015** (in Mio. Dollar)
1	1	Bosch	46.500*	44.825*
2	5	ZF Friedrichshafen	38.465	29.518
3	3	Magna International	36.445	32.134
4	2	Denso	36.184*	36.030*
5	4	Continental	32.680	31.480
6	7	Aisin Seiki	31.389	25.904
7	6	Hyundai Mobis	27.207	26.262
8	8	Faurecia	20.700	22.967
9	9	Lear	18.558	18.211
10	10	Valeo	17.384*	15.842*
11	–	Adient	16.837	–
12	11	Delphi Automotive	16.661	15.165*
13	12	Yazaki	15.600	14.104*
14	16	Mahle	13.635**	11.339
15	17	Yanfeng Automotive	12.991	11.242
16	13	Sumitomo Electric	12.835*	13.685
17	22	Panasonic Automotive Systems	11.988*	9.987*
18	15	Thyssenkrupp	10.986	11.395
19	18	Schaeffler	10.883*	10.914*
20	14	JTEKT	10.778	11.670

* geschätzt
** Automotive (Erstausrüstung, kein Ersatzteilgeschäft), Zahlen und Ranking 2015 teilw. Aktualisiert
*** inklusive Industriegeschäft

pions", die über eine hohe Wettbewerbsfähigkeit verfügen. Gleichzeitig tun sich aber sehr viele kleinere Zulieferer schwer als Familienunternehmen aufgrund einer begrenzten Kapitalbasis sich eine starke Weltmarktposition aufzubauen. Insbesondere der Aufbau einer eigenen Produktion im Ausland ist für viele dieser Unternehmen mit hohen Risiken verbunden *(vgl. Diez et al., 2016, S. 42)*.

Automobilstandort Deutschland: Stärken-Schwächen-Profil
Das Stärken-Schwächen-Profil des Automobilstandorts Deutschland lässt sich relativ klar zeichnen: Auf der positiven Seite steht das hohe Maß an politischer und wirtschaftlicher Stabilität, das im internationalen Vergleich überdurchschnittliche Ausbildungs- und Qualifikationsniveau der Beschäftigten, die gut ausgebaute Infrastruktur sowie die Bildung starker Automobil-Cluster in einzelnen Regionen. Dem stehen vor allem die hohen Standortkosten gegenüber. Weiterhin besteht in zwei technologischen Schlüsselbereichen – der Elektrifizierung und der Digitalisierung – ein Mangel an qualifizierten Ingenieuren und Know-How.

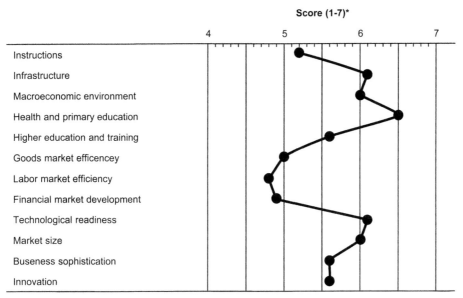

Abb. 6.8: Das Profil des Wirtschaftsstandorts Deutschland. Quelle: WEF 2017, S. 188 f.

Im Rahmen des „Global Competitiveness Report" des World Economic Forum belegt Deutschland im Jahr 2016 den fünfte Platz – nach der Schweiz, Singapore, den Vereinigten Staaten und den Niederlanden. Die besten Bewertungen erhält Deutschland dabei bei der Ausbildung, der Infrastruktur und dem Technologieniveau („technological readiness"). Die schlechteste Bewertung gibt es bei der Effizienz des Arbeitsmarktes, wobei insbesondere die mangelnde Flexibilität bei den Entlohnungssystemen kritisiert wird. Das Profil des Wirtschaftsstandorts Deutschland anhand der 12 Kriterien des WEF-Reports zeigt Abbildung 6.8.

Eine besondere Stärke des Automobilstandorts Deutschland sind zweifellos die regionalen Automobil-Cluster. Unter einem Cluster ist die räumliche Konzentration branchenbezogen miteinander verbundener Unternehmen (Hersteller und Zulieferer) sowie den dazugehörigen unterstützenden Institutionen (Forschung und Lehre, Wirtschaftsförderung) zu verstehen *(vgl. Wirtschaftsförderung Region Stuttgart 2005)*. Die regionale Vernetzung von Unternehmen und unterstützenden Institutionen entlang einer Wertschöpfungskette führt zu Synergie-Effekten und der Herausbildung spezifischer Kompetenzfelder. So entsteht in einem Cluster ein branchenbezogenes qualifiziertes Arbeitskräfte- und Wissenschaftspotenzial. Wichtiger als die räumliche Nähe der beteiligten Akteure ist dabei im Zeitalter der Globalisierung, die „kulturelle Nähe", das heißt ein gemeinsames Verständnis der Herausforderungen und Aufgaben wie auch der Ansprüche an neue technisch-wirtschaftliche Lösungen. Automobil-Cluster haben sich in Deutschland vor allem dort

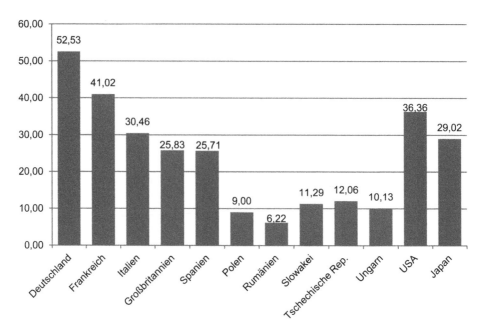

Abb. 6.9: Arbeitskosten in der Automobilindustrie. Quelle: VDA 2017, S. 63.

herausgebildet, wo Automobilhersteller Entwicklungs- und Produktionsstandorte haben, von denen eine starke Sogwirkung auf Zulieferer, automobilnahe Dienstleister, Forschungseinrichtungen und Hochschulen ausgeht. Eines der bedeutendsten Automobil-Cluster in Deutschland ist die Region Stuttgart mit den Herstellern Daimler und Porsche sowie einer kaum noch überschaubaren Zahl von Zulieferern, Dienstleistungsunternehmen und wissenschaftlichen Einrichtungen.

Eine der größten Herausforderungen für den Automobilstandort Deutschland sind die hohen Standortkosten. Dies gilt vor allem für die Arbeitskosten. Zwar könnte man argumentieren, dass die Arbeitskosten bei einer Lohnquote von lediglich 10 Prozent (siehe oben) für die Automobilhersteller wenig Relevanz hätten. Zu berücksichtigen ist dabei aber, dass die Lohnkosten über die verschiedenen Zulieferstufen weiter gewälzt werden. Dort aber ist der Anteil der Lohnkosten an den Gesamtkosten deutlich höher als auf der letzten Fertigungsstufe.

Mit Arbeitskosten von 52,53 Euro/Stunde steht Deutschland klar an der Spitze wichtiger Produktionsländer (Abb. 6.9). Vor allem in den mittel- und osteuropäischen Ländern liegen die Arbeitskosten deutlich unter dem Niveau von Deutschland. So betragen sie in der Slowakei 11,29 Euro/Stunde, in Polen 9,00 und in Rumänien nur 6,22. Die Arbeitskosten müssen jedoch im Hinblick auf ihre Auswirkungen auf die preisliche Wettbewerbsfähigkeit immer in Bezug zum jeweiligen Produktivitätsniveau gesehen werden.

Zwar verfügt die deutsche Industrie – spezifische Vergleichsdaten für die Automobilindustrie liegen nicht vor – bei der Produktivität über einen internationalen

Spitzenplatz. Doch kann das hohe Produktivitätsniveau nicht den Kostenunterschied zu Low-Cost-Ländern wie Polen, Ungarn und die Slowakei ausgleichen. Die Lohnstückkosten, die sich aus der Division der Arbeitskosten mit der Produktivität ergeben, liegen in Deutschland deutlich höher als in diesen Ländern *(vgl. Schröder 2016, S. 18)*.

In einer weltweiten Befragung von 300 Unternehmen aus der Automobilbranche (Hersteller und Zulieferer) erhält der Automobilstandort Deutschland sehr gute Noten. Positiv beurteilt werden insbesondere das Umfeld für Forschung, Entwicklung und Innovationen, die Qualifikation der Arbeitnehmer sowie die gute Infrastruktur hinsichtlich Transport, Logistik und Telekommunikation. Selbst die Kostensituation wird, vor allem von den Unternehmen, die nicht selbst in Deutschland tätig sind, vergleichsweise positiv beurteilt *(vgl. Fuß 2015, S. 36)*. Dem steht freilich die Tatsache gegenüber, dass in den letzten Jahren in Deutschland keine bedeutenden Investitionsprojekte, wie z. B. der Aufbau neuer Produktionskapazitäten in der Automobilbranche zu verzeichnen waren. Wenn, dann haben lediglich die in Deutschland ansässigen Unternehmen ihre Kapazitäten erweitert bzw. Modernisierungsmaßnahmen durchgeführt. Dies zeigt, dass der Automobilstandort Deutschland zumindest als Produktionsstandort nicht so attraktiv ist, dass er ausländische Unternehmen anziehen kann.

Wechselkursentwicklung und Wettbewerbsfähigkeit
Eine der wichtigsten zugleich aber praktisch nicht zu beeinflussenden Determinanten der Wettbewerbsfähigkeit ist der Wechselkurs. Gerade für einen Automobilstandort wie Deutschland mit einer Exportquote von rund 70 Prozent hat der Wechselkurs einen großen Einfluss auf die internationale preisliche Positionierung der Fahrzeuge. Zwar können durch entsprechende Absicherungsstrategien im Devisenmarkt die kurzfristigen Auswirkungen auf die preisliche Wettbewerbsfähigkeit gemildert werden. Allerdings sind diese mit höheren Kosten für die Unternehmen verbunden und bei einem länger anhaltenden Aufwertungstrend nicht durchzuhalten. In der Konsequenz bleibt dann nur die Strategie des Natural Hedgings, also die Verlagerung von Produktionsumfängen in die jeweiligen Zielländer oder eine verstärkte Beschaffung aus diesen Zielländern *(vgl. Garcia Sanz 2007, S. 5)*.

Mit der Einführung des Euro haben sich die Wechselkursrisiken für die deutsche Automobilindustrie zwar verringert, dennoch bestehen nach wie vor für den größten Teil der Pkw-Exporte Währungsunsicherheiten. So lag der Anteil der Pkw-Exporte in die Euro-Zone im Jahr 2016 bei leidglich 29,8 Prozent. Insgesamt hat die deutsche Automobilindustrie von der Euro-Schwäche der letzten Jahre profitiert. So lag der effektive Wechselkurs des Euro gegenüber Nicht-Euro-Ländern im Jahr 2016 um 6,5 Prozent unter dem des Jahres 2010 (Abb. 6.10).

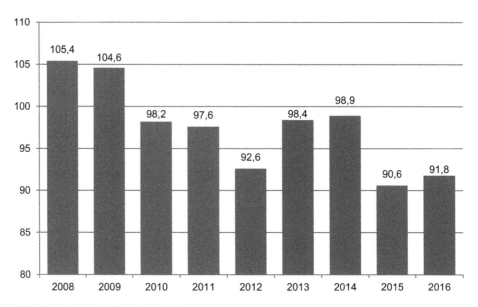

Abb. 6.10: Die Entwicklung des effektiven Wechselkurses gegenüber Nicht-Euro-Ländern. Quelle: Deutsche Bundesbank 2017, S. 82.

Hat der Premium-Standort Deutschland Zukunft?

Das Zusammenspiel der verschiedenen Faktoren der internationalen Wettbewerbsfähigkeit hat dazu geführt, dass der Automobilstandort Deutschland immer stärker zu einem Standort für die Produktion von Premiumautomobilen geworden ist. So ist der Anteil der deutschen Premiumhersteller an der Gesamtproduktion in Deutschland von knapp 50 Prozent im Jahr 2005 auf mehr als 58 Prozent im Jahr 2015 gestiegen. Gleichzeitig ist es zu einer massiven Verschiebung der Produktionsstruktur in Richtung höherwertige Geländewagen/SUV gekommen, deren Anteil an der Produktion deutscher Premiumhersteller von 0,8 Prozent im Jahr 2005 auf mittlerweile über 12 Prozent gestiegen ist.

Mit der zunehmenden Fokussierung auf das Premiumsegment sind für den Automobilstandort Deutschland gleichermaßen Chancen wie Risiken verbunden. Zweifellos profitieren die in Deutschland tätigen Automobilhersteller von den steigenden technischen Anforderungen an die Fahrzeuge, die vor allem von den Kunden hinsichtlich Sicherheit, Komfort und digitaler Vernetzung gestellt werden. Auch das Uptrading in den Emerging Markets kommt dem Produktionsstandort Deutschland zugute, auch wenn nicht alle dieser Märkte von Deutschland aus über den Export erreichbar sind. Die Risiken liegen in den weltweit steigenden Anforderungen an die Umweltverträglichkeit der Fahrzeuge, insbesondere hinsichtlich der Absenkung der CO_2-Emissionen, die zu einer weiteren Verteuerung großer und leistungsstarker Fahrzeuge führen wird. Weiterhin zeigt sich vor allem in den europäischen Märkten ein klarer Trend in Richtung kompakter Fahrzeuge, was für die

Premiumhersteller bedeutet, dass sie ihr Angebot in den unteren, eher margenschwächeren Marktsegmenten erhöhen müssen. Ganz generell stellt auch ein möglicherweise wachsender internationaler Protektionismus für die extrem exportorientierte deutsche Automobilindustrie ein Risiko dar.

Insgesamt mehren sich die Anzeichen dafür, dass der enorme Aufschwung des Automobilstandorts Deutschland in den letzten Jahrzehnten an Grenzen stößt. Verantwortlich dafür sind sowohl die Verschiebungen in der globalen Marktstruktur wie auch der zunehmende politische Druck, die Fahrzeugemissionen zu reduzieren. Die Philosophie des „größer, schneller, teurer" muss durch ein neues Paradigma ersetzt werden, das zwar weiterhin die Wertigkeit und das Image der Produkte in den Mittelpunkt stellt, dies aber mit neuen Inhalten füllt.

6.3 Perspektiven der Produktion und Beschäftigung am Automobilstandort Deutschland

Die Automobilproduktion am Standort Deutschland wird kaum noch zunehmen. So werden die vom Standort Deutschland erreichbaren Märkte nur langsam wachsen und gleichzeitig wird die kostenbedingte Verlagerung von Produktionsumfängen in die mittel- und osteuropäischen Niedriglohnländer anhalten. Den stärksten Einfluss auf die künftige Beschäftigung am Standort Deutschland hat der Technologiewandel in Richtung Elektrifizierung und Digitalisierung. Die Elektrifizierung könnte im ungünstigsten Szenario bis zum Jahr 2030 zu einem Beschäftigungsrückgang von bis 110.000 Arbeitsplätzen führen.

Automobilproduktion am Standort Deutschland – Stagnation auf hohem Niveau
Die künftige Automobilproduktion am Standort Deutschland hängt vor allem von drei Faktoren ab:
- der Entwicklung der für den Automobilstandort relevanten Märkte,
- der internationalen Marktposition der in Deutschland tätigen Hersteller sowie
- der Verlagerung von Produktionsumfängen ins Ausland.

Die für den Automobilstandort Deutschland wichtigsten *Absatzmärkte* sind mit deutlichem Abstand Europa und Nordamerika. Im Jahr 2016 entfielen auf diese Märkte knapp 80 Prozent der gesamten deutschen Exporte (Tab. 6.3). Nimmt man noch den deutschen Heimatmarkt hinzu, so wurden etwa 85 Prozent der deutschen Automobilproduktion in den beiden genannten Regionen abgesetzt. Von untergeordneter Bedeutung für den Export ist aufgrund von Einfuhrbeschränkungen der chinesische Markt. Auf ihn entfielen stückzahlmäßig lediglich 5,3 Prozent der deutschen Pkw-Exporte, wobei der wertmäßige Anteil höher ist, da es sich hier vor allem um Oberklassen-Premiumfahrzeuge handelt.

Tab. 6.3: Deutsche Pkw-Exporte nach Ländern und Regionen (Anteile in v. H.).
Quelle: VDA 2017, S. 55.

	2015	2016
Europa	62,4	64,6
Westeuropa	52,3	53,8
Osteuropa	10,2	10,9
Amerika	17,4	16,1
Nordamerika	15,7	14,4
Lateinamerika	1,7	1,7
Asien	5,9	15,0
dar.: China	4,6	5,3
Japan	2,8	2,8
Afrika	2,2	2,2
Australien/Ozeanien	2,1	2,1
Nachr.:		
Export (in Tsd.)	4.406,2	4.411,0
Exportquote (in v. H.)	77,2	76,8

Die durchschnittliche jährliche Wachstumsrate der für Deutschland relevanten Märkte dürfte bis zum Jahr 2030 bei 1,5 Prozent liegen. Dies würde dem längerfristigen Trend in diesen Märkten entsprechen. Zwar zeichnet sich bis Anfang des nächsten Jahrzehnts in Europa ein weiter Nachholbedarf aus den zurückliegenden Krisenjahren mit voraussichtlich höheren Wachstumsraten ab. Längerfristig wird die Entwicklung sowohl im europäischen wie auch nordamerikanischen Markt aufgrund ihres hohen Reifegrades aber im Wesentlichen vom Ersatzbedarf bestimmt werden. Dabei wird unterstellt, dass die zu erwartenden strukturellen Verschiebungen in den Märkten – Absatzverschiebung in Richtung Elektrofahrzeuge und wachsende Bedeutung von Shared Fleets – das stückzahlmäßige Wachstum im genannten Zeitraum nicht wesentlich beeinflussen werden. Nach dem Jahr 2030 könnte sich der Trend zu Shared Fleets jedoch dämpfend auf die Nachfrage auswirken, vor allem weil weniger Zweit- oder Drittfahrzeuge angeschafft werden. Berücksichtigt ist in der Prognose die voraussichtlich abnehmende Motorisierung in den Großstädten und Ballungszentren, die sich schon in den letzten Jahren in vielen westlichen Metropolen, vor allem in Europa abzeichnet.

Der zweite Einflussfaktor auf die künftige Automobilproduktion am Standort Deutschland ist die *Marktposition* der in Deutschland tätigen Automobilhersteller. Dabei ist zwischen den originär deutschen Hersteller einerseits, Ford und Opel andererseits zu unterscheiden. Die originär deutschen Hersteller verfügen – wie weiter oben dargestellt – auf den relevanten Märkten über eine starke und gefestigte Marktposition, vor allem im Premiumsegment. Demgegenüber ist die Situation bei Ford und insbesondere Opel schwerer einzuschätzen. Ford ist in besonderer Weise vom Brexit betroffen, da dies ein wichtiger Absatzmarkt für die Marke ist. Bei Opel stellt sich die Frage, wie die weitere strategische Ausrichtung der Marke nach der Übernahme durch den PSA-Konzern aussehen wird.

Insgesamt wird für das Jahr 2030 davon ausgegangen, dass sich die Marktposition der deutschen Hersteller auf den relevanten Märkten nicht gravierend verschieben wird, der Absatz also in etwa mit dem allgemeinen Marktwachstum ansteigt. Ein wesentlicher Produktionszuwachs am Standort Deutschland durch Marktanteilsgewinne der deutschen Hersteller erscheint wenig wahrscheinlich. Das gilt vor allem für den hart umkämpften europäischen Markt. Darüber hinaus dürften die noch zweifellos vorhandenen Marktpotenziale in Nordamerika eher durch eine lokalisierte Produktion vor Ort erschlossen werden.

Der dritte wesentliche Faktor für die künftige Automobilproduktion ist der weitere *Ausbau der Auslandsproduktion*. Im Hinblick auf die Auswirkungen für den Produktionsstandort Deutschland kann man dabei zwischen absatz- und kostenorientierten Verlagerungs-Effekten unterscheiden. Ein drittes Motiv für eine Produktion im Ausland ist die Risikominimierung gegenüber dem möglichen Aufbau von Einfuhrbarrieren und Wechselkursschwankungen. Tabelle 6.4 gibt einen Überblick über den Ausbau der Auslandsproduktion in den letzten Jahren.

Absatzorientierte Verlagerungen erfolgen zumeist aus Gründen der Marktschließung, und zwar insbesondere im Hinblick auf Märkte die abgeschottet sind. Die dort realisierten Volumina könnten ohne Produktion vor Ort nicht abgesetzt werden. Insofern sind solche Aktivitäten nicht gegen den inländischen Produktionsstandort gerichtet. Das typische Beispiel für den absatzorientierten Aufbau einer Auslandsproduktion ist China. Durch die hohen Einfuhrbarrieren waren die deutschen Hersteller gezwungen, eine Produktion vor Ort mit chinesischen Joint-Venture Partnern aufzubauen. Nur so konnten sie die relativ starke Marktposition erobern, die sie heute auf dem chinesischen Markt einnehmen. Zwischen den Jahren 2005 und 2015 stieg die Produktion der deutschen Hersteller in China von 0,62 Mio. auf fast 4 Mio. Einheiten. Tendenziell profitiert der heimische Standort von solchen Engagements, denn teilweise ermöglichen sie Zulieferungen aus Deutschland und teilweise erleichtern sie auch den Export von Komplettfahrzeugen in die entsprechenden Länder durch den Aufbau eines lokalen „Good Will".

Mit *kostenorientierten Verlagerungen* nutzen die Hersteller die internationalen Kostenunterschiede zur Stärkung ihrer preislichen Wettbewerbsfähigkeit. Nicht immer wird dabei die Produktion einer kompletten Baureihe ins Ausland verlagert. Häufig nutzt man die niedrigeren Produktionskosten im Ausland für eine Mischkalkulation mit den Fahrzeugen aus inländischer Produktion. Durch die Produktion an zwei Standorten begrenzt man andererseits das Risiko, das mit dem Aufbau einer neuen Produktionsstätte unweigerlich verbunden ist. Haben sich die Prozesse eingespielt und läuft die Produktion stabil, erfolgt dann zumeist in einem zweiten Schritt die sukzessive Verlagerung weiterer Produktionsumfänge. Auch wenn es nicht immer möglich ist, ein Auslandsengagement eindeutig dem absatz- oder kostenorientierten Motiv zuzuordnen, kann man doch davon ausgehen, dass bei

Tab. 6.4: Entwicklung der Auslandsproduktion der deutschen Automobilindustrie nach Ländern. Quelle: VDA lfd. Jgg.

	2006	2010	2015	Veränderung 2006/2015 in v. H.
Frankreich	67.913	97.475	93.357	37,47
Belgien	414.819	245.631	116.250	−71,98
Niederlande	14.227	−	57.019	300,78
Italien	2.095	1.227	3.707	76,95
Großbritannien	196.958	224.418	215.612	9,47
Portugal	81.835	101.284	102.158	24,83
Spanien	678.476	729.152	837.997	23,51
Finnland	32.393	6.385	79.619	145,79
Österreich	118.641	61.782	100.845	−15
Polen	275.786	257.609	284.308	3,09
Tschechien	555.291	551.115	673.435	21,28
Slowakei	210.354	105.596	316.343	50,39
Ungarn	23.675	38.541	343.252	1.349,85
Slowenien	−	−	41.504	−
Russland	−	78.081	136.226	−
Südafrika	216.535	220.730	293.580	35,58
USA	278.793	284.668	811.937	191,23
Mexiko	347.087	428.401	457.656	31,86
Brasilien	570.684	765.030	348.739	−38,89
Argentinien	43.210	84.089	22.862	−47,09
Indien	−	−	130.504	−
China	619.782	1.796.272	3.968.358	540,28
	4.748.554	6.086.486	9.435.268	98,7

dem Auf- und Ausbau der Produktion deutscher Hersteller in Mittel- und Osteuropa vorrangig Kostenüberlegungen zugrunde lagen. Insgesamt geht es hier um ein Volumen von knapp 600.000 Einheiten zwischen den Jahren 2006 und 2015.

In Zukunft könnten von weiteren kostenbedingten Produktionsverlagerungen Fahrzeuge aus dem preissensiblen Klein-, Kompakt- und Mittelklasse-Segment betroffen sein. Bereits heute ist deren inländischer Anteil an der gesamten Weltautomobilproduktion deutscher Hersteller relativ niedrig (Tab. 6.5). So wurden bspw. im Jahr 2016 nur 20,6 Prozent der von deutschen Herstellern insgesamt produzierten Kleinwagen noch in Deutschland gefertigt. Der Anteil bei Fahrzeugen der Oberklasse lag hingegen bei 94,9 Prozent. Auf längere Sicht dürfte nur die Produktion von hochwertigen Fahrzeugen in der oberen Mittel- und Oberklasse sowie im Sport-

Tab. 6.5: Deutsche Automobilproduktion nach Segmenten im Jahr 2016.
Quelle: Eigene Berechnungen auf Basis VDA 2017.

	Welt	Inland	Anteil in v. H.
Mini	473.309	52.699	11,0
Kleinwagen	1.945.378	401.508	20,6
Kompaktklasse	5.694.080	1.619.828	28,4
Mittelklasse	2.536.202	1.183.360	46,6
Obere Mittelklasse	930.345	569.820	61,2
Oberklasse	202.435	192.080	94,9
Geländewagen	3.096.554	1.198.091	38,7
Sportwagen	144.133	113.668	78,5
Mini Vans	197.514	130.256	66,0
Großraum Vans	293.543	173.429	59,0
Utilities	307.381	99.182	32,2

wagenbereich schon allein aus Imagegründen („country-of-origin"-Effekt) relativ sicher vor großen Produktionsverlagerungen ins Ausland sein.

Das *Motiv der Risikominimierung* betrifft vor allem Währungsrisiken, mitunter aber auch die Angst vor dem Aufbau möglicher Einfuhrbarrieren in dem betreffenden Land. Insbesondere dann, wenn es sich um einen großen Absatzmarkt handelt, betreiben viele Hersteller ein „Natural Hedging", also eine Strategie, die darauf abzielt, ihre Einnahmen und Ausgaben über verschiedene Währungen hinweg auszugleichen. Der Ausbau der Produktion deutscher Hersteller im NAFTA-Raum wie er in den letzten Jahren zu beobachten war, wurde zweifellos stark durch dieses Motiv getrieben.

Fasst man die drei genannten Faktoren mit Blick auf eine Prognose der künftigen Automobilproduktion am Standort Deutschland zusammen, so lassen sich die folgenden Trendaussagen treffen:
– die für den Automobilstandort Deutschland relevanten Märkte werden in Zukunft weiter, wenn auch im internationalen Vergleich nur moderat wachsen,
– die deutschen Hersteller werden ihre Marktposition, vor allem im Premiumsegment, behaupten können,
– die den Standort Deutschland vorrangig betreffenden kostenorientierten Produktionsverlagerungen in Richtung Mittel- und Osteuropa werden sich fortsetzen und die dort vorhandenen Kapazitäten weiter ausgebaut werden.

Zwar kann die Schließung einzelner Produktionsstandorte in Deutschland im Rahmen von Re-Strukturierungsmaßnahmen nicht ausgeschlossen werden. Dennoch ist das Risiko eines Einbruchs der Automobilproduktion in Deutschland bei einer einigermaßen stabilen Entwicklung der relevanten Märkte wenig wahrscheinlich. Andererseits werden die deutschen Hersteller ihre Produktionskapazitäten in Deutschland aufgrund der weiter voranschreitenden Globalisierung der Märkte kaum wesentlich ausbauen. Dass dabei auch die hohen Kosten des Produktionsstandorts eine Rolle spielen, steht außer Frage. Insgesamt dürfte daher das längerfristige Produktionsvolumen am Standort Deutschland in etwa auf dem heutigen Niveau also bei 5,75 Mio. Einheiten liegen, wobei konjunkturell bedingte Schwankungen zu einem kurzzeitigen Über- oder Unterschreiten dieser Kapazitätslinie führen können.

Mehr Wertschöpfung durch „qualitatives Wachstum"
Die wesentlichen Bestimmungsfaktoren für die Beschäftigung in der Automobilbranche sind die Bruttowertschöpfung und die Produktivität. Die Bruttowertschöpfung (die im Folgenden abgekürzt als Wertschöpfung bezeichnet wird) umfasst nach der Definition des Statistischen Bundesamtes den im Produktionsprozess geschaffenen Mehrwert und wird durch Abzug der bezogenen Vorleistungen vom Produktionswert ermittelt *(vgl. Destatis 2016)*. Die Wertschöpfung kann wiederum in zwei Komponenten zerlegt werden:
– die Volumen-Komponente (Anzahl der produzierten Fahrzeuge, Teile und Komponenten) und
– die Wertkomponente (der Wert je Fahrzeug, Teil oder Komponente).

Auch wenn das produzierte Volumen nicht steigt, kann die Wertschöpfung insgesamt doch zunehmen, wenn die produzierten Fahrzeuge, Teile und Komponenten durch technische und qualitative Verbesserungen wertvoller werden *(vgl. Hild 2008, S. 36 f.)*. In diesem Fall kann von einem „qualitativen Wachstum" gesprochen werden.

Die reale Wertschöpfung der Automobilindustrie insgesamt, also die Herstellung von Kraftwagen und Kraftwagenteilen, ist von 2011 bis 2014 (neuere Zahlen liegen leider nicht vor) um 14,8 Prozent bzw. jahresdurchschnittlich 4,7 Prozent gestiegen. Die Zahl der beschäftigten Arbeitnehmer erhöhte sich im gleichen Zeitraum von 794 Tsd. auf 851 Tsd., also um 7,2 Prozent bzw. jahresdurchschnittlich 2,3 Prozent. Daraus ergibt sich – bezogen auf die gesamte Branche – ein Wachstum der Produktivität je Arbeitnehmer von 2,3 Prozent. (Es ist zu beachten, dass diese Zahlen auf den Ergebnissen der Inlandproduktberechnung des Statistischen Bundesamtes und nicht auf den davon abweichenden Zahlen der Industriestatistik beruhen).

Perspektiven der Beschäftigung im Zeitalter Elektrifizierung
Im Hinblick auf die künftige Beschäftigung am Automobilstandort Deutschland stellt sich die Frage, wie sich diese Größen – Wertschöpfung und Produktivität – künftig zu einander verhalten werden. Dabei geht es insbesondere um die Frage, wie sich der absehbare Technologiewandel vom Verbrennungsmotor zum Elektroantrieb und die zunehmende Digitalisierung des Fahrzeugs auswirken werden.

Tab. 6.6: Technische Unterschiede zwischen Fahrzeugen mit Verbrennungs- und Elektromotor auf Komponentenebene. Quelle: Dispan/Meißner o. J., S. 26.

Was fällt weg?	Was wird stark verändert?	Was kommt hinzu?
– Verbrennungsmotor mit Motorblock, Kolben, Dichtungen, Ventilen, Nockenwelle, Ölwanne, Ölfilter, Lager etc. – Einspritzanlage – Abgasanlage – Tanksystem – Kupplung – Nebenaggregate wie Ölpumpe, Turbolader, Lichtmaschine	– Getriebe – Radaufhängung – Kraftübertragung – Klimaanlage/Heizung – Kühlwasserpumpe – Wärmedämmung	– Elektromotor und weitere Antriebssysteme – Batteriesystem mit Akkumulator, Leistungselektronik, Batteriemanagementsystem, Ladegerät (Plug-in), DC/DC-Wandler

Im Hinblick auf die Auswirkungen der Elektromobilität auf die Beschäftigung liegen zahlreiche Untersuchungen vor, deren Ergebnisse teilweise weit auseinanderliegen. Das ist insofern nicht überraschend, da für eine Abschätzung der Beschäftigungswirkungen Annahmen über die Marktdurchdringung mit Elektrofahrzeugen getroffen werden müssen. Weiterhin ist es ganz entscheidend für eine Prognose der Beschäftigung, ob und welche Produktionsumfänge von Elektrofahrzeugen künftig in Deutschland produziert werden. Und schließlich spielen hier die jeweils zugrunde gelegten Betrachtungszeiträume und sachlichen Abgrenzungen des Wertschöpfungsprozesses eine Rolle.

Grundsätzlich führt die Elektromobilität dazu, dass gegenüber einem konventionell angetriebenen Fahrzeug Teile und Komponenten wegfallen, sich verändern und neue dazu kommen (Tab. 6.6). So entfallen bei einem Batterieelektrischen Fahrzeug (BEV) natürlich der Verbrennungsmotor, die Einspritz- und Abgasanlage, das Tanksystem, die Kupplung sowie zahlreiche Nebenaggregate. Eine deutliche Veränderung erfahren Komponenten wie Getriebe, Kraftübertragung und Wärmedämmung. Neu hinzukommen der Elektromotor, das Batteriesystem und die Leistungselektronik.

Aus der Tatsache, dass der Antriebsstrang bei einem Verbrennungsmotor deutlich komplexer ist als bei einem Elektromotor kann nicht direkt auf die Wertschöpfung geschlossen werden. Zwar bestehen Motor und Getriebe bei einem konventionellen Antriebsstrang aus 1.400 Teilen während es bei einem Elektromotor lediglich 200 Teile sind *(vgl. ELAB 2012, S. 23)*. Anderseits stellt der Batteriepack bestehend aus den Batteriezellen, dem Batteriemodul sowie dem Batteriemanagementsystem (BMS) eine technisch durchaus komplexe Komponente dar, deren wirtschaftliche Wertschöpfung gemessen an den erzielbaren Marktpreisen heute höher ist als bei einem Verbrennungsmotor. Dies wird sich erst im Zeitablauf mit sinkenden Preisen für die Batteriezellen verändern. Weiterhin ist die technische Komplexität von Plug-in-Hybriden höher als die bei rein verbrennungsmotorischem Antrieb.

Der Technologiewandel im Bereich der Antriebstechnik betrifft selbstredend nicht nur die Automobilhersteller, sondern auch die Automobilzulieferer. Dies gilt vor allem für die Zulieferer, die im Antriebsstrang tätig sind (Motoren, Getrieben). Betroffen sind gleichermaßen die großen marktführenden Unternehmen, wie auch die kleinen und mittelständischen Betriebe. So waren nach einer Erhebung des Instituts für Automobilwirtschaft (IFA) im Jahr 2015 knapp 40 Prozent der kleinen und mittelständischen Zulieferer im Bereich Motoren und Aggregate und Getriebe tätig *(vgl. Diez et al. 2016, S. 12f.)*.

Die folgende Abschätzung der Beschäftigungseffekte der Elektromobilität für den Automobilstandort Deutschland erfolgt in zwei Schritten:
- In einem ersten Schritt werden die Auswirkungen der Elektromobilität auf die Wertschöpfung analysiert.
- In einem zweiten Schritt werden dann daraus unter Berücksichtigung der Produktivitätsentwicklung die relevanten Beschäftigungseffekte abgeleitet.

Die Auswirkungen der Elektromobilität auf die Wertschöpfung am Produktionsstandort Deutschland werden anhand von zwei Szenarien durchgespielt: Dem Szenario A: Evolutionäre Diffusion und dem Szenario B: Beschleunigte Diffusion. Die beiden Szenarien unterscheiden sich im Hinblick auf die zugrunde gelegten Annahmen wie folgt:
- Im Hinblick auf die Marktpenetration von Elektrofahrzeugen sind zunächst die Absatzverteilung und damit die jeweiligen Produktionsanteile von Batterieelektrischen Fahrzeugen (BEV) und Plug-in-Hybriden (PHEV) von besonderer Bedeutung, da hinter diesen beiden Fahrzeugkonzepten deutlich unterschiedliche Wertschöpfungsumfänge stehen. Im Hinblick auf die Produktionsanteile von Elektrofahrzeugen einerseits und konventionell angetriebenen Fahrzeugen andererseits werden für die Jahre 2025 und 2030 zwei Varianten zugrunde gelegt. In einer ersten Variante (Szenario A) wird für das Jahr 2025 ein Anteil von BEV von 10 Prozent, von PHEV von 20 Prozent und dementsprechend ein Anteil von Fahrzeugen mit Verbrennungsmotor von 70 Prozent unterstellt. Für das Jahr 2030 lauten die jeweiligen Produktionsanteile 50 Prozent BEV, 20 Prozent PHEV und 30 Prozent Verbrenner. In einer zweiten Variante (Szenario B) werden deutlich höhere Produktionsanteile von Elektrofahrzeugen angenommen: Für das Jahr 2025 30 Prozent BEV und 20 Prozent PHEV und damit nur noch 50 Prozent Verbrenner, für das Jahr 2030 70 Prozent BEV, 20 Prozent PHEV und nur noch 10 Prozent Verbrenner. Beide Penetrations-Varianten basieren auf der Annahme, dass der Weg in die Elektrifizierung zunächst sehr stark über Plug-in-Hybride erfolgen wird und sich erst im weiteren Verlauf rein batterieelektrische Fahrzeug stärker durchsetzen werden.

Tab. 6.7: Annahmen zu den Wertschöpfungs- und Beschäftigungs-Szenarien.
Quelle: Eigene Darstellung.

Szenario A:	**Langsame Diffusion**
	Produktionsanteile 2025*: BEV 10 % | PHEV 20 % | ICE 70 %
	Produktionsanteile 2030*: BEV 50 % | PHEV 20 % | ICE 30 %
	Szenario A1: Produktion des gesamten Batteriepacks in Deutschland
	Szenario A2: Bezug des gesamten Batteriepacks aus dem Ausland
Szenario B:	**Beschleunigte Diffusion**
	Produktionsanteile 2025*: BEV 30 % | PHEV 20 % | ICE 50 %
	Produktionsanteile 2030*: BEV 70 % | PHEV 20 % | ICE 10 %
	Szenario B1: Produktion des gesamten Batteriepacks in Deutschland
	Szenario B2: Bezug des gesamten Batteriepacks aus dem Ausland

Erläuterung: BEV = rein batterieelektrische Fahrzeuge
PHEV = Plug-in-Hybrid, Range Extender Vehicles
ICE = Internal Combustion Engine (Verbrennungsmotor)

– Weiterhin ist im Hinblick auf die Wertschöpfung zu berücksichtigen, wo der Batteriepack und hier insbesondere die Batteriezellen für Elektrofahrzeuge hergestellt werden, da auf diese bei Elektrofahrzeugen die größte Wertschöpfung entfällt. Hierzu werden zwei Varianten durchgespielt: In der ersten Variante wird unterstellt, dass der gesamte Batteriepack vollständig in Deutschland hergestellt wird, in einer zweiten Variante, dass die Batteriepacks vollständig aus dem Ausland bezogen werden.

Bei beiden Szenarien wird unterstellt, dass der Verbrennungsmotor im Hinblick auf Effizienz und Umweltverträglichkeit weiterentwickelt wird. Dies ist insofern plausibel als in den nächsten Jahren mit einer weiteren Verschärfung sowohl der Flottengrenzwerte für die CO_2-Emissionen wie auch der Euro-Norm gerechnet werden muss. Durch die Effizienz- und Abgasnachbehandlungstechnologien ergeben sich im Zeitablauf zusätzliche Wertschöpfungsumfänge beim Verbrenner.

Weiterhin wird angenommen, dass die Digitalisierung zu zusätzlichen Soft- und Hardwarekomponenten führen wird. Insbesondere aus dem Ausbau der Fahrzeugkonnektivität sowie dem zunehmend assistierten bis hin zum autonomen Fahren ergeben sich erhebliche Wertschöpfungspotenziale.

Schließlich wird davon ausgegangen, dass es auch bei den anderen Aggregaten und Komponenten eines Fahrzeuges (Fahrwerk, Interieur und Exterieur) zu einem „qualitativen Wachstum" kommen wird. Dazu tragen auch die vermutlich weiterhin steigenden Ausstattungsumfänge je Fahrzeug bei. Dieses technisch-qualitativ bedingte Wachstum wird als ein autonomer, von der jeweiligen Antriebstechnik weitgehend unabhängiger Prozess angesehen.

Die Annahmen der vier Wertschöpfungs- und Beschäftigungsszenarien zeigt Tabelle 6.7.

Tab. 6.8: Ergebnisse der Wertschöpfungs-Szenarien. Quelle: Eigene Darstellung.

– Index –	2015	2025	2030
Szenario A			
Szenario A1	100	125,5	131,0
Szenario A2	100	121,0	122,0
Szenario B			
Szenario B1	100	124,8	129,9
Szenario B2	100	118,1	118,1

Die Ergebnisse der insgesamt vier Szenarien zeigt Tabelle 6.8. Im Szenario „Evolutionäre Diffusion" ergibt sich in der Variante A1 (Produktion des elektrischen Antriebsstranges inkl. Batteriepack in Deutschland) ein Anstieg der Bruttowertschöpfung um 25,5 Prozent bis zum Jahr 2025 und um 31,0 Prozent bis zum Jahr 2030. Demgegenüber würde der Anstieg ohne Produktion des Batteriepacks in Deutschland im Jahr 2025 bei lediglich 21,0 Prozent und im Jahr 2030 bei 22,1 Prozent liegen.

Im Szenario B „Beschleunigte Diffusion" ergeben sich durchweg geringere Anstiegsraten für die Bruttowertschöpfung. So beträgt die Steigerung bei der Variante B1 (mit elektrischem Antriebsstrang inkl. Batteriepack) bis zum Jahr 2025 immerhin noch 24,8 Prozent. Ohne Produktion des Batteriepacks in Deutschland läge er nur bei 18,1 Prozent. Für das Jahr 2030 betragen die entsprechenden Werte 29,9 Prozent (mit Batteriepack) und 18,1 Prozent (ohne Batteriepack).

Was heißt dies nun für die Beschäftigung? Um die Wertschöpfungsbeträge exakt in Beschäftigungsvolumen umzurechnen, müsste letztlich für jede Komponente die spezifische Produktionsfunktion ermittelt werden, da die Arbeitsintensität bzw. die Kapitalintensität bei der Herstellung der verschiedenen Fahrzeugkomponenten unterschiedlich ist. So zeichnet sich bspw. die Herstellung von Batteriezellen durch eine deutlich geringere Arbeitsintensität aus als die Herstellung eines Verbrennungsmotors. Bei gleicher wirtschaftlicher Wertschöpfung ist dementsprechend der Beschäftigungseffekt bei der Produktion eines Verbrennungsmotors höher als bei einer Traktionsbatterie.

Die Ermittlung teile- und komponentenspezifischer Produktionsfunktionen ist aufgrund mangelnder vergleichbarer und öffentlich zugänglicher Daten nicht möglich, weshalb hier ein pauschaler Rechenansatz gewählt werden muss. Dieser besteht darin, dass für das Szenario A „Evolutionäre Diffusion" ein durchschnittlicher jährlicher Produktivitätsanstieg von 2 Prozent zugrunde gelegt wird. Demgegenüber wird für das Szenario B „Beschleunigte Diffusion" ein Anstieg der jahresdurchschnittlichen Produktivität von 2,5 Prozent unterstellt. Damit soll der Tatsache Rechnung getragen werden, dass bei der beschleunigten Ausbreitung einer neuen Technologie, deren Produktion tendenziell kapitalintensiver ist als die des

Tab 6.9: Szenarien zur Beschäftigungsentwicklung in der deutschen Automobilindustrie unter dem Einfluss der Elektrifizierung des Antriebsstranges. Quelle: Eigene Berechnungen.

Beschäftigung		2015		2025			2030		
		Index	abs.	Index	abs.	Ver.	Index	abs.	Ver.
Szenario	A								
	A1	100	613.000	103,00	630.977	+18.376	97,30	596.077	−16.541
	A2	100	613.000	0,99	606.492	−6.126	0,91	557.482	−55.136
Szenario	B								
	B1	100	613.000	0,98	600.366	−12.252	0,90	551.356	−61.262
	B2	100	613.000	0,92	563.609	−49.009	0,82	502.347	−110.271

konventionellen Antriebsstranges, ein stärkerer Anstieg der Arbeitsproduktivität zu erwarten ist.

Die Ergebnisse der vier Beschäftigungsszenarien zeigt Tabelle 6.9. Dabei ist anzumerken, dass als Bezugsgröße für das Jahr 2015 von insgesamt 613.000 Beschäftigten in der deutschen Pkw-Industrie ausgegangen wird.

Im Szenario A1, das die Produktion des elektrischen Antriebsstranges inkl. Batteriepack in Deutschland unterstellt, ergibt sich bis zum Jahr 2025 noch ein Beschäftigungszuwachs von 18.376 Arbeitsplätzen am Automobilstandort Deutschland. Bis zum Jahr 2030 muss aufgrund des nur noch geringen Anstieg der Bruttowertschöpfung und des gleichzeitigen Produktivitätsanstiegs mit einem Rückgang der Beschäftigung um 16.541 Arbeitsplätzen gerechnet werden.

Deutlich negativer ist die Beschäftigungsentwicklung im Szenario A2, da mit dem Wegfall des Batteriepacks die Wertschöpfung bei der Produktion von Elektrofahrzeugen in Deutschland niedriger wäre. So errechnet sich für das Jahr 2025 zunächst ein Beschäftigungsverlust von 6.126, für das Jahr 2030 ein negativer Beschäftigungseffekt von 55.136 Arbeitsplätzen.

Noch drastischer sind die Beschäftigungsverluste in den Szenarien B1 und vor allem B2, die beide eine „Beschleunigte Diffusion" von Elektrofahrzeugen unterstellen. Im Szenario B1 (mit Produktion des Batteriepacks in Deutschland) liegen die Beschäftigungsrückgänge bei 12.252 Arbeitsplätzen für das Jahr 2025 und 61.262 Arbeitsplätzen für das Jahr 2030. Beim Szenario B1 (ohne Produktion des Batteriepacks in Deutschland) beträgt der Beschäftigungsverlust 49.009 im Jahr 2025 bzw. 110.271 Beschäftigte im Jahr 2030.

Die dargestellten Ergebnisse weisen eine große Spannweite im Hinblick auf die Beschäftigungseffekte der Elektromobilität als Ergebnis der unterschiedlichen Diffusions-Szenarien auf. Die Beschäftigungseffekte sind umso negativer je schneller sich die Elektromobilität ausbreitet, und zwar vor allem in Form der rein batterieelektrischen Fahrzeuge. Demgegenüber wirken sich Plug-in-Hybride aufgrund der komplexeren Technik eher stabilisierend auf die Beschäftigung aus.

Tab. 6.10: Szenarien zur Produktion von Batteriepacks in Deutschland. Quelle: Eigene Berechnungen.

	Ohne Batterieproduktion		Mit Batterieproduktion		Beschäftigungs-Effekt durch Batterieproduktion	
	2025	2030	2025	2030	2025	2030
Szenario A Evolutionäre Diffusion	−6.126	−55.136	+18.376	−16.541	+24.502	+38.595
Szenario B Beschleunigte Diffusion	−12.252	−61.262	−49.009	−110.271	+36.757	+49.009

Die ermittelten Ergebnisse unterstreichen aber vor allem die beschäftigungspolitische Notwendigkeit des Aufbaus einer vollständig integrierten Batterieproduktion am Standort Deutschland. Dadurch könnten die Beschäftigungsverluste durch die Elektromobilität deutlich begrenzt werden. So liegt der positive Beschäftigungseffekt einer eigenen Produktion von Batteriepacks für das Jahr 2030 im Szenario A „Evolutionäre Diffusion" bei +38.595 und im Szenario B „Beschleunigte Diffusion" bei + 49.009 Arbeitsplätzen (Tab. 6.10).

Bedeutung der Digitalisierung für die Beschäftigung

Berechnungen auf Basis des in diesen Szenarien zugrunde gelegten Wertschöpfungsmodells für die deutsche Automobilindustrie deuten auf eine große Bedeutung hin, die die Digitalisierung auf die künftige Wertschöpfung und Beschäftigung am Automobilstandort Deutschland haben könnte. So wurden in Abwandlung der Szenarien A und B noch zwei weitere Szenarien berechnet: Im Szenario C, das auf dem Marktszenario „Evolutionäre Diffusion" basiert, wurde unterstellt, dass die für die Fahrzeugkonnektivität notwendigen Komponenten nicht in Deutschland produziert würden (Szenario C1). Dieser Fall wurde dann noch mit der fehlenden Produktion des Batteriepacks in Deutschland kombiniert (Szenario C2). Beide Varianten wurden dann auch noch für das Marktszenario „Beschleunigte Diffusion" durchgespielt (Szenarien D1 und D2). Unterstellt wurde dabei, dass der Wert der Konnektivitäts- und ADAS-Komponenten von 1.400 Euro je Fahrzeug im Jahr 2015 auf 3.500 Euro im Jahr 2025 und auf 4.500 Euro je Fahrzeug im Jahr 2030 steigen wird.

Die Ergebnisse im Hinblick auf die Beschäftigungsentwicklung zeigt Tabelle 6.11. Würden keine Konnektivitätskomponenten in Deutschland produziert, so würde dies in den Szenarien C1 und C2 zu Beschäftigungsverlusten bis zum Jahr 2030 zwischen 79.640 und 116.397 Arbeitsplätzen führen. In den D-Szenarien sind die Beschäftigungsverluste noch höher: Im negativsten Szenario D2 (beschleunigte Diffusion der Elektromobilität, keine Produktion von Batteriepack und Konnektivitätskomponenten am Standort Deutschland) ergäbe sich für das Jahr 2030 ein Beschäftigungsverlust von 171.533 Arbeitsplätzen.

Tab. 6.11: Szenarien zur Beschäftigungsentwicklung in der deutschen Automobilindustrie unter Berücksichtigung von Elektrifizierung und Konnektivität. Quelle: Eigene Berechnungen.

	Ohne Konnektivität		Mit Konnektivität		Beschäftigungs-Effekt durch Konnektivität	
	2025	2030	2025	2030	2025	2030
Szenario C Evolutionäre Diffusion						
– mit Produktion Batteriepack (C1)	−24.505	−79.640	+18.376	−16.451	+42.881	+63.189
– ohne Produktion Batteriepack (C2)	−49.009	−116.397	−6.126	−55.136	+42.883	+61.261
Szenario D Beschleunigte Diffusion						
– mit Produktion Batteriepack (D1)	−49.009	−116.397	−12.252	−61.262	+36.757	+55.135
– ohne Produktion Batteriepack (D2)	−91.893	−171.533	−49.009	−110.271	+42.884	+61.262

Die Beschäftigungsverluste fallen insgesamt niedriger aus, wenn die Konnektivitätskomponenten in Deutschland produziert würden. Hier schwanken die Beschäftigungsverluste bis zum Jahr 2030 zwischen 16.451 im Szenario C1 und 110.271 im Szenario D2.

Die positiven Beschäftigungseffekte durch Konnektivitäts- und ADAS-Komponenten im Fahrzeug – berechnet als Differenz zwischen den Szenarien ohne und mit Konnektivität – bewegen sich fast durchgängig in einer Größenordnung von 60.000 Arbeitsplätzen. Dies unterstreicht die strategische Bedeutung, die die Digitalisierung – neben der Produktion von Batteriepacks – für die künftige Wertschöpfung und Beschäftigung am Standort Deutschland hat.

6.4 Herausforderungen und Handlungsfelder für den Automobilstandort Deutschland

Der Druck auf den Automobilstandort Deutschland wird sich in den nächsten Jahren weiter erhöhen. Die Politik muss dazu beitragen, seine Wettbewerbsfähigkeit zu stärken. Dazu müssen insbesondere Maßnahmen ergriffen werden, um die Innovationskraft der in Deutschland tätigen Automobilhersteller und Zulieferer zu erhöhen, wie bspw. die verstärkte Forschungsförderung und Nachwuchsqualifizierung im Bereich der Speichertechnologie und der Digitalisierung. Weiterhin muss sie dafür sorgen, dass die Märkte offen bleiben und sie muss langfristig verlässliche, technologieneutrale politische Vorgaben hinsichtlich der Fahrzeugemissionen machen.

Politische Handlungsfelder zur Stärkung der Wettbewerbsfähigkeit
Wie kaum eine andere Branche ist die Automobilindustrie in ihrer Entwicklung von den jeweiligen politischen und wirtschaftlichen Rahmenbedingungen abhängig. Insofern leiten sich aus der Analyse der Wettbewerbsfähigkeit der deutschen Automobilindustrie auch einige politische Forderungen ab, die direkt oder indirekt Einfluss auf die künftige Bedeutung des Automobilstandorts Deutschland haben werden.

Innovationskraft stärken: Die deutsche Automobilindustrie im Allgemeinen und der Automobilstandort Deutschland im Besonderen leben von der Innovationskraft der Unternehmen und ihrer Fähigkeit mit technisch fortschrittlichen, kundengerechten Produkten die vorhandenen Kostennachteile im internationalen Wettbewerb zu kompensieren. Die Entwicklung neuer, innovativer Automobile ist die Kernaufgabe der Automobilhersteller und ihrer Zulieferer. Angesichts der bevorstehenden hohen Aufwendungen, werden sie diese Aufgabe aber nur bewältigen können, wenn der Staat im vorwettbewerblichen Bereich die automobilnahe Forschung und den Transfer neuer wissenschaftlicher Erkenntnisse fördert. Die Schwerpunkte müssen dabei in den nächsten Jahren auf dem Gebiet der Elektrifizierung und Digitalisierung liegen. Gleichzeitig wird der Automobilstandort Deutschland seine weltweit führende Position in vielen Technologiebereichen nur halten können, wenn der wissenschaftliche Nachwuchs und die Qualifizierung von Mitarbeitern politisch unterstützt wird. Schließlich erfordern die marktbedingt steigenden Risiken von Innovationen steuerliche Regelungen, die einen Anreiz geben in hochinnovative Technologiebereiche zu investieren, auch wenn es keine hundertprozentige Erfolgschance gibt.

Märkte öffnen: Deutschland ist im internationalen Vergleich ein wichtiger und technisch besonders anspruchsvoller, gleichwohl aber kleiner Markt, der in Zukunft relativ an Bedeutung verlieren wird. Angesichts des hohen Sättigungsgrades verspricht der deutsche Markt nur bescheidene Zuwachsraten im Hinblick auf den Automobilabsatz. Dementsprechend wird das Auslandsgeschäft für die deutschen Automobilhersteller und Zulieferer in Zukunft noch wichtiger werden. Notwendige Voraussetzung für eine Belieferung der wachsenden ausländischen Märkte vom Automobilstandort Deutschland aus ist, dass sie von Deutschland aus zugänglich sind. Alle Formen tarifärer oder auch nicht-tarifärer Handelshemmnisse gefährden Arbeitsplätze am Standort Deutschland. Daher gehört es zu den drängendsten politischen Aufgaben, den Abbau von Handelshemmnissen in welcher Form auch immer zu beschleunigen bzw. den Aufbau neuer Beschränkungen zu verhindern.

Faire und langfristig gültige umweltpolitische Rahmenbedingungen: Die Automobilindustrie ist eine typisch lang-zyklische Branche, das heißt sowohl die Entwicklung wie auch die Vermarktung der Produkte erfolgt in langen Zeiträumen. Der Lebenszyklus eines Automobils von der Entwicklung bis zur Mehrfachvermarktung als Gebrauchtwagen umfasst einen Zeitraum von rund 20 Jahren. Damit Automobile marktgerecht und damit erfolgreich entwickelt werden können, bedarf es langfristiger technologieneutraler gesetzlicher Vorgaben. Dies betrifft den Bereich der Fahrzeugsicherheit, vor allem aber der Umweltverträglichkeit. Dabei geht es nicht allein um staatliche Grenzwerte, sondern auch um Klarheit bei der Besteuerung von Fahrzeugen sowie möglicher Nutzungsbeschränkungen mit unterschiedlichen Antriebstechnologien. Die deutschen Hersteller mit einem hohen Absatzanteil an großen und leistungsstarken Premiumautomobilen bedürfen dabei keiner Schonung, wohl aber einer fairen Behandlung, die auf die Besonderheiten ihrer absatzpolitischen Ausrichtung Rücksicht nimmt. Von einem hohen Anteil an Premiumautomobilen profitieren nicht nur die Hersteller, sondern auch die Zulieferindustrie.

Insgesamt führt die Analyse der Entwicklung der deutschen Automobilindustrie in den letzten Jahrzehnten zu der Erkenntnis, dass ein freier und fairer Wettbewerb mehr zur Erhaltung und Steigerung der Wettbewerbsfähigkeit beiträgt als staatliche Interventionen. Gerade die Erfahrungen in anderen europäischen Nachbarländern zeigen, dass Wettbewerbsfähigkeit nur über aktives unternehmerisches Handeln und nicht über ein verstärktes staatliches Engagement gesichert werden kann.

Herausforderungen für die Automobilindustrie am Standort Deutschland
Ob der Automobilstandort Deutschland langfristig seine heutige Bedeutung behalten wird, hängt vorrangig von den am Standort Deutschland tätigen Automobilherstellern ab. Sie entscheiden letztlich mit ihren Strategien, über ihre künftigen Absatzchancen und Produktionsstandorte. Die originär deutschen Automobilhersteller haben sich in den letzten Jahren nicht nur mit Worten, sondern auch mit Investitionen in ihre Werke, aber auch in ihre Forschungs- und Entwicklungsbereiche zum Automobilstandort Deutschland bekannt. Andererseits werden sie aber schon allein aufgrund der weiteren Verlagerung der regionalen Absatzschwerpunkte ihren globalen Footprint in Zukunft weiter vergrößern müssen.

Für die Beschäftigung am Standort Deutschland sind der Aufbau einer eigenen Batterieproduktion inklusive der Batteriezellen und Investitionen in digitale Dienste, Medien und Devices von herausragender Bedeutung. Der Aufbau einer eigenen Batteriezellenfertigung in einem sehr wettbewerbsintensiven globalen Umfeld stellt eine große Herausforderung dar. Er wird nur gelingen, wenn die in Deutschland gefertigten Batteriezellen technisch dem Wettbewerb überlegen sind und hohe Produktionsvolumina erreicht werden. Hier stellt sich die Frage, ob nicht über eine gemeinsame Fertigung der deutschen Hersteller und Zulieferer die notwendige Wettbewerbsfähigkeit erreicht werden kann.

Bei der Digitalisierung ist die Wettbewerbsposition der deutschen Automobilindustrie vor allem dadurch gefährdet, dass die industriellen Standards aufgrund des Fehlens einer eigenen IT-Industrie mit Weltgeltung immer stärker in den USA und in Zukunft möglicherweise verstärkt in China gesetzt werden. Dadurch könnte sich eine wachsende Abhängigkeit von einigen wenigen Technologiekonzernen ergeben. Zwar wird die deutsche Automobilindustrie die Dominanz der nordamerikanischen IT-Konzerne nicht brechen können. Notwendig ist aber, dass über eigene Plattformen und Systeme die direkte Schnittstelle zum Kunden weiter besetzt werden kann. Der Anteil digitaler Komponenten am Fahrzeug wird in den nächsten Jahren weiter dramatisch ansteigen. Hier ist sicher auch die europäische Politik gefordert, Europa als Standort für die IT-Industrie z. B. durch eine stärkere Forschungsförderung und Ausbildung des akademischen Nachwuchses interessanter zu machen.

Automobilhersteller und Automobilzulieferer werden in den nächsten Jahren hohe Vorleistungen, insbesondere im Bereich innovativer Antriebskonzepte und der Digitalisierung erbringen müssen. Gleichzeitig steigen die Innovations- und Investitionsrisiken. In einer solchen Situation ist die Sicherung des Zugangs zum Kapitalmarkt sowohl im Hinblick auf die Beschaffung von Eigen- wie auch Fremdkapital von unternehmensstrategischer Bedeutung. Dieser hängt primär davon ab, ob es den deutschen Automobilherstellern und ihren Zulieferern gelingt, mit überzeugenden Strategien und Geschäftsmodellen die Anleger und Kreditgeber zu überzeugen. Gleichzeitig müssen aber auch die ökonomischen Rahmenbedingungen so gestaltet werden, dass die Unternehmen die Kosten des Kapitaleinsatzes nachhaltig decken, um den hohen Ansprüchen an die Profitabilität gerecht werden können. Das gilt auch und insbesondere für die Unternehmen der deutschen Automobilzulieferindustrie.

Zusammenfassend lässt sich feststellen, dass die deutschen Automobilhersteller und die Zulieferer in der Vergangenheit mit ihrer strategischen Ausrichtung auf Technik und Innovationen ihre Position im internationalen Wettbewerb halten und teilweise sogar noch ausbauen konnten. Die zunehmende Globalisierung hat überdies geholfen, am Wachstum des Weltmarktes zu partizipieren. In Zukunft werden an die deutsche Automobilindustrie zusätzliche Anforderungen im Hinblick auf Umweltverträglichkeit, Digitalisierung und neue Nutzungsmodelle gestellt. Die Chancen stehen gut, dass die deutsche Automobilindustrie auch diese Herausforderungen erfolgreich bewältigen wird. Allerdings wird der Wettbewerbsdruck in allen Marktsegmenten bei einer gleichzeitig hohen Volatilität der Märkte weiter zunehmen. Die größte Herausforderung wird jedoch darin bestehen, auch künftig die Schnittstelle zum Kunden zu besetzen, um damit den Einfluss auf die Wert- und Ertragsströme in der Branche zu behalten.

Literatur

ACEA (2017): The Automotive Industry Pocket Guide, Brüssel.
AK Industrie 4.0 (o. J.): Plattform Industrie 4.0, o. O., o. J.
Allianz (2015): The megacity state: The world's biggest cities shaping our future, München.
Ambastha, A. und Momaya, K. (2004): Competitiveness of Firms: Review of Theory, Frameworks and Models, in: Singapore Management Review, First half, Vol. 26, No. 1, S. 45–61.
Arthur D. Little (2014): The Future Urban Mobility 2.0 – Imperatives to shape extended mobility ecosystems of tomorrow, o. O.
Arthur D. Little (2009): Zukunft der Mobilität 2020 – Die Automobilindustrie im Umbruch, o. O.
Arzt, R. (2007): Wettbewerbsfähigkeit europäischer Messeveranstalter: Entwicklung und empirische Anwendung eines multidimensionalen Bezugsrahmens, Diss., hrsg. v. Delfmann, W., Köln.
Ascheberg, C. (2006): Milieuforschung und Transnationales Zielgruppenmarketing, o. O.
Ascheberg, C. und Ueltzhöffer (1999): Transnationales Zielgruppenmarketing: Die Methode der Sozialen Milieus, Mannheim.
AT Kearney (2015): "Connected Consumers": Eine international Bestandsaufnahme, Düsseldorf.
AT Kearney (2014): Connected Consumers are not created equal: A global perspective, Düsseldorf.
Back, A. (2017): Digital Maturity&Transformation Report 2017, St. Gallen.
Bähr, J. (o. J.): Einführung in die Urbanisierung, Berlin.
Baerlocher, E., Gartmann, P., Hess, T., Höhn, T. und Würgler, H. (1982): Internationale Wettbewerbsfähigkeit: Eine Literaturübersicht mit besonderer Berücksichtigung der Schweiz, in: Schelbert-Syfrig, H. und Inderbitzin, W. (Hrsg.): Internationale Wettbewerbsfähigkeit, Zürich, S. 5–123.
Bardt, H. (2016): Autonomes Fahren – eine Herausforderung für die deutsche Automobilindustrie, in: IW-Trends Nr. 2/2016.
Barthel. K. et al. (2010): Zukunft der deutschen Automobilindustrie – Herausforderungen und Perspektiven für den Strukturwandel im Automobilsektor, Bonn.
BCG (2016): What's Ahead for Car Sharing – The New Mobility and Ist Impact on Vehicles Sales, o. O.
BCS (2017): Jahresbericht des Bundesverbandes CarSharing, Berlin.
BDI (2015): Globale Kräfteverschiebung – Wo steht die deutsche Industrie in der Globalisierung?, Berlin.
Beiker, S. et al. (2016): How the convergence of automotive and tech will create a new ecosystem, McKinsey&Company, o. O.
Beiker, S. A. (2015): Einführungsszenarien für höhergradig automatisierte Straßenfahrzeuge, in: Maurer, M. et al. (Hrsg.): Autonomes Fahren – Technische, rechtliche und gesellschaftliche Aspekte, o. O., S. 198–217.
Beiker, S. A. (2015): Implementierung eines selbstfahrenden und individuell abrufbaren Personentransportsystems, in: Maurer, M. et al. (Hrsg.): Autonomes Fahren – Technische, rechtliche und gesellschaftliche Aspekte, o. O., S. 288–307.
Berg, A. (2017): Autonomes Fahren und vernetzte Mobilität, Berlin.
Berghaus, S. und Back, A. (2016): Wie packen Unternehmen die digitale Transformation an?, hrsg. v. T-Systems Multimedia Solutions GmbH, o. O.
Bernhart, W. et al. (2016): Archetypes of transformation, in: Automotive Insights Nr. 1/2016, S. 16–24.
Bernhart, W. und Zollenkop, M. (2011): Geschäftsmodellwandel in der Automobilindustrie – Determinanten, zukünftige Optionen, Implikationen, in: Bieger, Th. et al. (Hrsg.): innovative Geschäftsmodelle, Berlin.
Bieger, Th. und Reinhold, St. (2011): Das wertbasierte Geschäftsmodell – Ein aktualisierter Strukturierungsansatz, in: Bieger, Th. et al. (Hrsg.): innovative Geschäftsmodelle, Berlin.

Blesl, M. et al. (2009): Entwicklungsstand und Perspektiven der Elektromobilität, Stuttgart.
Blythe, Ph. (2015): Rapid Charge Network Acitivity 6 Study Report, Newcastle.
Canzler, W. und Knie, A. (2016). Mobility in the age of digital modernity: why the private car is losing its significance, intermodal transport is winning and why digitalization is the key, in: Applied Mobilities Nr. 1/2016, S. 56–67.
Canzler, W. (1999): Der anhaltende Erfolg des Automobils. Zu den Modernisierungsleistungen eines außergewöhnlichen technischen Artefaktes, in: Schmidt, G. (Hrsg.): Technik und Gesellschaft, Jahrbuch 10: Automobil und Automobilismus, S. 19–40.
Capgemini (2017): Cars Online 2017: Beyond the Car, o. O.
Christensen, C. M. et al. (2016): Disruptive Innovation: Intellectual History and Future Paths, Harvard Business School Working Paper 17–057, Boston.
Christensen, C. M., Raynor, M. E. und McDonald, R. (2015): What Is Disruptive Innovation?, Harvard Business Review, 12/2015.
Christensen, C. M. und Overdorf, M. (2000): Meeting the Challenge of Disruptive Change, in: Harvard Business Review March-April, p. 67–76.
Cisco (2016): Connected Car Innovation Studie, Stuttgart.
CommerzFinanz (2016): Vernetztes und autonomes Fahren. Was erwarten die Verbraucher, München.
CommerzFinanz (2015): Europa Automobilbarometer 2015, München.
DAT (2017): DAT-Report 2017, Ostfildern.
Deloitte (2015): Datenland Deutschland – Connected Car, München.
Deloitte (2015): Kundenbeziehungen von Automobilherstellern im digitalen Wandel, München.
Deloitte (o. J.): Mobilität 2.0: Erfolg neu denken, Sonderveröffentlichung der Automobilwoche, München.
Destatis (2017): Kostenstruktur der Unternehmen des Verarbeitenden Gewerbes, Fachserie 4, Reihe 4.3., Wiesbaden.
Destatis (2017): Produktion des Verarbeitenden Gewerbes sowie des Bergbaus und der Gewinnung von Steinen und Erde, Fachserie 4, Reihe 3.1, Wiesbaden.
Destatis (2017): Zusammenfassende Übersichten für den Außenhandel, Fachserie 7, Reihe 1.
Destatis (2016): Beschäftigung und Umsatz der Betriebe des Verarbeitenden Gewerbes, Fachserie 4, Reihe 4.1.1., Wiesbaden.
Destatis (2016): Volkswirtschaftliche Gesamtrechnungen: Inlandsproduktberechnung, Fachserie 18, Reihe 1.4, Wiesbaden.
Destatis (2015): Beschäftigte, Umsatz und Investitionen der Unternehmen und Betriebe des Verarbeitenden Gewerbes sowie des Bergbaus und der Gewinnung von Steinen und Erden, Fachserie 4, Reihe 4.2.1., Wiesbaden.
Diekmann, A. (1986): Die Entwicklung des Automobils – ist ein Systemmanagement mit dem Individualverkehr vereinbar?, in: Zeitschrift für Verkehrswissenschaft Nr. 4/1986, S. 225–235.
Diez, W. (2015): Automobil-Marketing – Erfolgreiche Strategien, praxisorientierte Konzepte, effektive Instrumente, München.
Diez, W. (2015): Welche Automobilzulieferer schaffen den Strukturwandel, welche nicht?, Köln.
Diez, W. und Schreier, N. (2014): Entwicklung der Beschäftigung im After Sales – Effekte aus der Elektromobilität, Stuttgart.
Diez, W. und Eickhoff, J. (2012): Auswirkungen von Car-IT auf den Automobilhandel und den Automobilservice, Studie im Auftrag von MHP, Geislingen/St.
Diez, W. (2012): Innovative Mobilitätsdienstleistungen – Chance oder Risiko für den Automobilhandel, Stuttgart.
Diez, W. (2011): Staat und Innovation – Die politische Steuerung von Innovationen in der Automobilindustrie, in: Gleitsmann, R.-J. und Wittmann, J. E. (Hrsg.): Innovationskulturen um das Automobil, Stuttgart, S. 197–204.

Diez, W. (2010): Otto-, Diesel-, Elektromotor – wer macht das Rennen? Handlungsfelder zur Sicherung des Automobilstandorts Region Stuttgart, Stuttgart.
Diez, W. (2007): Die Zukunft eines Projektes, in: Smartismus, hrsg. v. Motorbuch Verlag, Stuttgart, S. 135–153.
Diez, W. (2005): Mobilität als Grundvoraussetzung der Moderne, in: Niemann, H. und Feldenkirchen, W. (Hrsg.): 100 Jahre DaimlerChrysler Werk Untertürkheim 1904–2004, Stuttgart, S. 9–16.
Diez, W. (2001): Herausforderungen und Perspektiven im Premiummarkt für Automobile, Geislingen/St.
Dirks, Th. (2016): Digitalisierung der Wirtschaft, Hannover.
DIW (2016): Verkehr in Zahlen 2016, Berlin.
DVR (2017): Immer mehr Fahrzeuge mit Fahrerassistenzsystemen erhältlich, Pressemitteilung v. 02. März 2017, Bonn.
EEA (2016): Electric vehicles in Europe, EEA Report Nr. 20/2016, Brüssel.
ELAB (2012): Elektromobilität und Beschäftigung – Wirkungen der Elektrifizierung des Antriebsstrangs auf die Beschäftigung und Standortumgebung (ELAB), Düsseldorf.
Element Energy/BEUC (2016): Low carbon cars in the 2020s: Consumer impacts and EU policy implications, Brüssel.
Ericsson (2016): Ericsson Mobility Report – On the pulse of the networked society, o. O.
EY (2015): Megatrends 2015 – Making sense of a world in motion, o. O., S. 2015.
Fka/Roland Berger Automotive Competence Center (2017): Index Elektromobilität Q1 2017, Aachen.
Fka/Roland Berger Strategy Consultant (2016): Index „Automatisierte Fahrzeuge, 3. Quartal 2016, Aachen.
Flörecke, K.-D. (2017): ZF wird zum härtesten Bosch-Verfolger, in: Automobilwoche Nr.15/2017, S. 26.
Fortiss (2016): Geschäftsmodelle in der digitalen Wirtschaft, München.
Fortiss (o. J.): Digitale Transformation – Wie Informations- und Kommunikationstechnologie etablierte Branchen grundlegend verändern, München.
Fortune (2016): Fortune Global 500: Annual Ranking of the world's largest companies, o. O.
Fraedrich, E. und Lenz, B. (2015): Gesellschaftliche und individuelle Akzeptanz des autonomen Fahrens, in: Maurer, M. et al. (Hrsg.): Autonomes Fahren – Technische, rechtliche und gesellschaftliche Aspekte, o. O., S. 640–660.
Fraedrich, E. und Lenz, B. (2015): Vom (Mit-) Fahren: autonomes Fahren und Autonutzung, in: Maurer, M. et al. (Hrsg.): Autonomes Fahren – Technische, rechtliche und gesellschaftliche Aspekte, o. O., S. 688–707.
Fraunhofer ISI (2016): Energiespeicher-Monitoring 2016 – Deutschland auf dem Weg zum Leitmarkt und Leitanbieter?, Karlsruhe.
Fraunhofer IAO (2015): Strukturstudie BW Mobil 2015 – Elektromobilität in Baden-Württemberg, Stuttgart.
Fraunhofer ISE (2013): Wasserstoff-Infrastruktur für eine nachhaltige Mobilität – Entwicklungsstand und Forschungsbedarf, Stuttgart.
Fraunhofer ISI (2012): Produkt-Roadmap Lithium-Ionen-Batterien 2030, Karlsruhe.
Fraunhofer IAO (2011): Strukturstudie BW Mobil 2011, Stuttgart.
Fraunhofer IAO (o. J.): Produktionsarbeit der Zukunft – Industrie 4.0, o. O.
Freese, W. (2014): Der digitale Konsument: Observer, Functional, Leader oder doch Connector?, o. O.
Frick, R. und Grimm, B. (2014): Langstreckenmobilität, Berlin.
Frischknecht, R. (2012): Umweltaspekte von Elektroautos, Uster (CH).
Fuß, P. (2015): Automobilstandort Deutschland 2015 – Status quo und Herausforderungen, Materialien zur Automobilindustrie Nr. 49/2015, Berlin.

Garcia Sanz, F. J. (2007): Ganzheitliche Beschaffungsstrategie als Gestaltungsrahmen der globalen Netzwerkintegration in der Automobilindustrie, in: Garcia Sanz, F. J., Semmler, K. und Walther, J. (Hrsg.): Die Automobilindustrie auf dem Weg zur globalen Netzwerkkompetenz: effiziente und flexible Supply Chains erfolgreich gestalten, Berlin u. a., S. 3–23.

Gasser, T. M. (2015): Grundlegende und spezielle Rechtsfragen für autonome Fahrzeuge, in: Maurer, M. et al. (Hrsg.): Autonomes Fahren – Technische, rechtliche und gesellschaftliche Aspekte, o. O., S. 544–574.

Gassmann, O., Frankenberger, K. und Csik, M. (2013): Geschäftsmodelle entwickeln, München.

Goletz, M., Heinrichs, D. und Feige, I. (2016): Mobility Trends in Cutting-Edge Cities, Berlin.

Häcker, J. und Stenner, F. (2015): Die Bedeutung der Captives für den Automobilkonzern, in: Stenner, F. (Hrsg.): Handbuch Automobilbanken – Finanzdienstleistungen für Mobilität, 2. Auflage, Berlin, S. 79–86.

Helms, H. et al. (2013): Ökologische Begleitforschung zum Flottenversuch Elektromobilität (Endbericht), Heidelberg.

Herrmann, A. und Huber, F. (2009): Produktmanagement, 2. Auflage, Wiesbaden.

Hess, Th. (2016): Digitalisierung, Gabler Wirtschaftslexikon, o. O.

Hild, R. (2014): Struktur und Wachstum der Automobilindustrie, in: ifo-Schnelldienst Nr. 17/2014, S. 46–56.

Hild, R. (2008): Automobilmarkt und Kraftwagenproduktion: Crash nach dem Rekordniveau?, in: ifo-Schnelldienst Nr. 23/2008, S. 35–48.

Hinderer, H., Schwarzer, F. und Walenczak, F. (2016): Einschätzung der zu erwartenden Veränderungen im Automobilmarkt, in: Hinderer, H., Pflugfelder, Th. und Kehle, F. (Hrsg.): Elektromobilität – Chancen für Zulieferer und Hersteller, München.

Hitt, M. A., Ireland, R. D. und Hoskisson R. E. (1999): Strategic Management: Competitiveness and Globalization, 3rd edition, Cincinatti u. a.

ICCT (2017): China's stage 6 emission standard for new light-duty vehicles, o. O.

ICCT (2017): Impacts of world-class vehicle efficiency and emissions regulations in select G20 countries, o. O.

ICCT (2016): Kraftstoffverbrauch und CO_2-Emissionen neuer Pkw in der EU – Prüfstand versus Realität, o. O.

IEA (2016): Energy Technology Perspectives 2016 – Towards Sustainable Urban Energy Systems, Paris.

IEA (2016): Energy, Climate Change and Environment, Paris.

Ifeu/UBA (2016): Weiterentwicklung und vertiefe Analyse der Umweltbilanz von Elektrofahrzeugen, Berlin.

Ifmo (2013): „Mobility Y" – The Emerging Travel Patterns of Generation Y, München.

Ika (2012): CO_2-Emissionsreduktion bei Pkw und leichten Nutzfahrzeugen nach 2020, Aachen.

INRIX (2017): München ist die verkehrsreichste Stadt Deutschlands laut INRIX 2016 Traffic Scorecard, Pressemitteilung v. 21.02. 2017, München.

IW Köln (2015): Für eine bessere CO_2-Regulierung in Europa – 14 Thesen, Köln.

J. D. Power (2016): Safety Features Score Big, Boosting New-Vehicle Appeal, J. D: Power Study Finds, Pressemitteilung v. 27. Juli.

Kapferer, J.-N. (2000): Luxusmarken, in: Esch, F.-R. (Hrsg.): Moderne Markenführung, 2. Aufl., Wiesbaden, S. 317–336.

Karmasin, H. (1998): Produkte als Botschaften, 2. Aufl., Wien.

Keese, Chr. (2016): Silicon Valley – Was aus dem mächtigsten Tal der Welt auf uns zukommt, München.

Kharas, H. und Gertz, Geoffrey (2010): The New Global Middle Class: A Cross-Over from West to East, Washington.

Kienbaum (2016): Connected Car Studie 2016, Düsseldorf.
Knie, A. (1999): Plan zur Abschaffung des Privat-Automobils. Ein verkehrspolitischer und wissenschaftssoziologischer Feldversuch, in: Schmidt, G. (Hrsg.): Technik und Gesellschaft, Jahrbuch 10: Automobil und Automobilismus, S. 129–147.
Knyphausen-Aufseß, D. und Zollenkop, M. (2011): Transformation von Geschäftsmodellen – Treiber, Entwicklungsmuster, Innovationsmanagement, in: Bieger, Th. et al. (Hrsg.): innovative Geschäftsmodelle, Berlin.
Köster et al. (2016): Wir gut müssen automatisierte Fahrzeuge fahren – PEGASUS, o. O.
KPMG (2015): Blechbieger oder Grid Master? Die Automobilindustrie an der Weggabelung in ein hochdigitalisiertes Zeitalter, o. O.
KPMG (2013): Self-Driving Cars: Are we ready, o. O.
KPMG (2010): Unternehmens- und Markenkonzentration in der europäischen Automobilindustrie – Mögliche Szenarien im Jahr 2025, Stuttgart.
KPMG (o. J.): Self-Driving Cars: The next revolution, o. O.
Kröger, F. (2015): Das automatisierte Fahren im gesellschaftsgeschichtlichen und kulturwissenschaftlichen Kontext, in: Maurer, M. et al. (Hrsg.): Autonomes Fahren – Technische, rechtliche und gesellschaftliche Aspekte, o. O., S. 42–67.
Kruse, P. (2009): Ein Kultobjekt wird abgewrackt, in: GDI Impuls Nr. 1/2009, S. 12–18.
Lehmann, H. (2006): Internationale Rankings der Wettbewerbsfähigkeit von Volkswirtschaften: geringer diagnostischer und prognostischer Aussagegehalt, in: Wirtschaft im Wandel, Nr. 10, S. 296–302.
Lenz, B. und Fraedrich, E. (2015): Neue Mobilitätskonzepte und autonomes Fahren: Potenziale der Veränderung, in: Maurer, M. et al. (Hrsg.): Autonomes Fahren – Technische, rechtliche und gesellschaftliche Aspekte, o. O., S. 176–195.
Liebe, B. (1982): Voraussetzungen zur Erhaltung der langfristigen Wettbewerbsfähigkeit des deutschen Maschinenbaus, in: ZfB Ergänzungsheft 2/1982: Wettbewerbsfähigkeit von Unternehmen, S. 140–150.
Lin, P. (2015): Why Ethics Matters for Autonomous Cars, in: Maurer, M. et al. (Hrsg.): Autonomes Fahren – Technische, rechtliche und gesellschaftliche Aspekte, o. O., S. 70–85.
Martin, L., Westgren, R. und van Duren, E. (1991): Agribusiness Competitiveness across National Boundaries, in: American Journal of Agricultural Economies, Vol. 73, No. 5, S. 1456–1464.
McKinsey&Company (2017): Electrifying Insights: How automakers can drive electrified vehicles sales and profitability, o. O.
McKinsey&Company (2016): Automotive revolution – perspective towards 2030, o. O.
McKinsey&Company (2016): Electric Vehicle Index (EVI), Pressemitteilung Juli 2016, o. O.
McKinsey&Company (2016): Urban World: The global consumers to watch, o. O.
McKinsey (2015): Wettlauf um den vernetzten Kunden – Überblick zu den Chancen aus Fahrzeugvernetzung und Automatisierung, o. O.
McKinsey (o. J.): Connected car, automotive value chain unbound, o. O.
McKinsey&Company (2013): Upward Mobility: The Future of China's Premium Car Market, o. O..
Meffert, H., Burmann, C. und Koers, M. (2005): Stellenwert und Gegenstand des Markenmanagements, in: Meffert, H., Burmann, C. und Koers, M. (Hrsg.): Markenmanagement: Identitätsorientierte Markenführung und praktische Umsetzung, 2. Aufl., Wiesbaden, S. 3–18.
Mercer Management Consulting (2004): Future Automotive Industry Structure (FAST) 2015 – die neue Arbeitsteilung in der Automobilindustrie, Frankfurt/M.
MHP (2014): Industrie 4.0 – Eine Standortbestimmung der Automobil- und Fertigungsindustrie, Ludwigsburg.
Moore, J. F. (2006): Business ecosystems and the view oft he firm, The Antitrust Bulletin, No. 1/2006, p. 31–75.

Moore, J.F. (1993): Predators and Prey: A New Ecology of Competition, in: Harvard Business Review May-June, p. 75–86.
Möser, K. (2002): Geschichte des Autos, Frankfurt/M.
Motor Presse Stuttgart (2017): Best Cars 2017, Stuttgart.
Müller, S. und Kormeier, M. (2000): Internationale Wettbewerbsfähigkeit: Irrungen und Wirrungen der Standort-Diskussion, München.
Nachum, L. (1999): The Origins of the International Competitiveness of Firms: The Impact of Location and Ownership in Professional Service Industries, Northampton.
NEP (2016): Wegweiser Elektromobilität – Handlungsempfehlungen der Nationalen Plattform Elektromobilität, Berlin.
NEP (o. J.): Roadmap integrierte Zell- und Batterieproduktion Deutschland, Berlin.
OECD/IEA (2017): Global EV Outlook 2017, Paris.
OECD/ITF (2017): ITF Transport Outlook, Paris.
OECD (2015): OECD Digital Economy Outlook 2015, Paris.
OECD/ECMT (2007): Managing Urban Traffic Congestion, Paris.
OICA (2017): PC World Vehicles in Use, Genf.
Oliver Wyman (2017): Automakers in a digital world, München.
Ortega y Gasset, J. (1986): Der Aufstand der Massen, Hamburg.
PA Consulting Group (2015): The CO_2-Emissions Challenge, o. O.
Pavone, M. (2015): Autonomous Mobility-on-Demand Systems für Future Urban Mobility, in: Maurer, M. et al. (Hrsg.): Autonomes Fahren – Technische, rechtliche und gesellschaftliche Aspekte, o. O., S. 400–416.
Phleps, P., Feige, I. und Zapp, K. (2015): Die Zukunft der Mobilität – Szenarien für Deutschland 2025, Berlin.
Puls Marktforschung (2016): Autonomes Fahren, in: Autokäuferpuls Nr.4/2016, S. 6–9.
PWC (2017): 2017 Automotive Industry Trends – The future depends on improving returns on capital, o. O.
PWC (2016): Connected car report 2016: Opportunities, risk, and turmoil on the road to autonomous vehicles, o. O.
PWC (2016): Mit Elektrifizierung und Verbrennungsmotoren auf dem Weg in die Zukunft der Mobilität, Berlin.
PWC (o. J.): Industrie 4.0 – Chancenund Herausforderungen der vierten industriellen Revolution, o. O.
Rannenberg, K. (2015): Erhebung und Nutzbarmachung zusätzlicher Daten – Möglichkeiten und Risiken, in: Maurer, M. et al. (Hrsg.): Autonomes Fahren – Technische, rechtliche und gesellschaftliche Aspekte, o. O., S. 516–538.
Reckenfelderbäumer, M. (2001): Zentrale Dienstleistungsbereiche und Wettbewerbsfähigkeit: Analyse auf der Basis der Lehre von den Unternehmerfunktionen, Wiesbaden.
Richter, K. und Hartig, P. (2007): Aufbau globaler Netzwerke als Erfolgsfaktor in der Automobilindustrie, in: Garcia Sanz, F. J., Semmler, K. und Walther, J. (Hrsg.): Die Automobilindustrie auf dem Weg zur globalen Netzwerkkompetenz: effiziente und flexible Supply Chains erfolgreich gestalten, Berlin u. a., S. 251–264.
Riegler, S. et al. (2016): Carsharing 2025 – Nische oder Mainstream?, Berlin.
Rodler, H. (2015): Zukunft der Mobilität, Frankfurt/M.
Rogers, E.M. (2003): Diffusion of innovations, 5. Auflage, New York.
Roland Berger Strategy Consultants (2015): Die digitale Transformation der Industrie, München.
Roland Berger Strategy Consultants (2014): Autonomous Driving, München.
Roland Berger Strategy Consultants (2014): Shared Mobility – How the new businesses are rewriting the rules of the private transportation game, München.
Ruppert, W. (1993): Das Auto – „Herrschaft über Raum und Zeit", in: Ruppert, W. (Hrsg.): Fahrrad, Auto, Fernsehschrank – Zur Kulturgeschichte der Alltagsdinge, Frankfurt/M., S. 119–161.

Sachs, W. (1984): Die Liebe zum Automobil – Ein Rückblick in die Geschichte unserer Wünsche, Hamburg.
Schäfer, H. (1994): Strategische Allianzen: Erklärung, Motivation und Erfolgskriterien, in: WISU – Das Wirtschaftsstudium, 23. Jg., Heft 8-9, S. 687–692.
Schallaböck, K. O. und Fischedick, M. (2012): Strommix beim Betrieb von Elektrofahrzeugen, Wuppertal.
Schaufenster Elektromobilität (2015): Internationales Benchmarking zum Status quo der Elektromobilität in Deutschland.
Schreurs, M. A. und Steuwer, S. D. (2015): Autonomous Driving – Political, Legal, Social and Sustainability Dimensions, in: Maurer, M. et al. (Hrsg.): Autonomes Fahren – Technische, rechtliche und gesellschaftliche Aspekte, o. O., S. 152–173.
Schröder, Chr. (2016): Lohnstückkosten im internationalen Vergleich, Köln.
Schröder, Chr. (2016): Lohnstückkosten im internationalen Vergleich, in: IW-Trends Nr. 4/2016, o. S.
Scott, B. R. und Lodge, G. C. (1985): U. S. competitiveness in the world economy, Boston.
Semmler, K. und Mahler, D. (2007): Von Beschaffung zum Wertschöpfungsmanagement: Gestaltungsdimensionen im Wandel, in: Garcia Sanz, F. J., Semmler, K. und Walther, J. (Hrsg.): Die Automobilindustrie auf dem Weg zur globalen Netzwerkkompetenz: effiziente und flexible Supply Chains erfolgreich gestalten, Berlin u. a., S. 25–48.
Shell (2017): Energie der Zukunft? – Nachhaltige Mobilität durch Brennstoffzelle und H2, Hamburg.
Shell (2016): A better life with a healthy planet – pathways to net-zero emissions, o. O.
Shell (2016): Diesel oder alternative Antriebe – Womit fahren Lkw und Bus morgen, Hamburg.
Sommer, M. (2016): Das Auto – nicht mehr des Deutschen liebstes Kind?, Allensbach.
Specht, M. (2017): Gedränge in der Nische, in: Automobilwoche Edition, Oberpfaffenhofen, S. 6–8.
Tesla (2016): Tesla Software Update 8.0, Pressemitteilung , o. O., 2016.
Transport&Environment (2016): Electric Vehicles in Europe, Brüssel.
UBA (2017): Emissionen des Verkehrs, Berlin.
UBA (2017): Stickoxid-Belastung durch Diesel-Pkw noch höher als gedacht, Pressemitteilung v. 25. 04. 2017, Berlin.
UBA (2017): Umweltbelastungen durch Verkehr, Berlin.
UN (2014): World Urbanization Prospects, New York.
VDA (2017a): Analysen zur Automobilkonjunktur, Berlin.
VDA (2017b): Daten zur Automobilwirtschaft, Berlin.
VDA (2016): CO_2-Regulierung bis 2020, Berlin.
VDA (2015): Automatisierung – Von Fahrerassistenzsystemen zum automatisierten Fahren, Berlin.
VDA (2012): Vernetzung – Die digitale Revolution im Automobil, Berlin
VDMA (o. J.): Batteriezellproduktion in Deutschland – Chancen für den Maschinen- und Anlagenbau, Frankfurt/M.
Wachenfeld, W. et al. (2015): Use-Cases des autonomen Fahrens, in: Maurer, M. et al. (Hrsg.): Autonomes Fahren – Technische, rechtliche und gesellschaftliche Aspekte, o. O., S. 10–37.
WEF (2017): The Global Competitiveness Report 2016–2017, Genf.
WEF (2010): World Economic Forum, The Global Competitiveness Report 2010–2011, o. O.
Wellbrock, Ph. et al. (2011): Bewertung der CO_2-Emissionen von Elektrofahrzeugen – Stand der wissenschaftlichen Debatte, Bremen.
Wernerfelt, B. (1984): A Resource-based View oft he Firm, in: Strategic Management Journal, Nr. 5/1984, S. 171–180.
Wietschel, M. et al. (2012): Kaufpotenzial für Elektrofahrzeuge bei sogenannten "Early Adoptern", Karlsruhe.
Wietschel, M. et al. (2013): Markthochlaufszenarien für Elektrofahrzeuge, Karlsruhe.

Wildemann, H. (2006): Global Sourcing: Erfolg versprechende Strategieableitung, in: Blecker, T. und Gemünden, H. G. (Hrsg.): Wertschöpfungsnetzwerke: Festschrift für Bernd Kaluza, Berlin, S. 253–268.

Wirtschaftsförderung Region Stuttgart (2005): Fahrzeugbau in der Region Stuttgart: Trends und Perspektiven, Stuttgart.

Winner, H. und Wachsenfeld, W. (2015): Auswirkungen des autonomen Fahrens auf das Fahrzeugkonzept, in: Maurer, M. et al. (Hrsg.): Autonomes Fahren – Technische, rechtliche und gesellschaftliche Aspekte, o. O., S. 266–285.

Woisetschläger, D. M. (2015): Marktauswirkungen des automatisierten Fahrens, in: Maurer, M. et al. (Hrsg.): Autonomes Fahren – Technische, rechtliche und gesellschaftliche Aspekte, o. O., S. 710–732.

World Energy Council (2011): Global Transport Scenarios 2050, London.

Wünsche, H.-J. (2013): Geschichte des Automatischen Fahrens – eine kurze Zusammenfassung, München.

Z Punkt (o. J.): Megatrends update, Köln.

Zahra, S. A. (1999): The changing rules of competitiveness in the 21st century, in: Academy of Management Executive, Vol. 13, No. 1, S. 36–42.

Zukunftsinstitut/Ford (o. J.): We-Mobility – Eine Trendstudie über Millenials und die Bedeutung der Mobilität für die Gemeinschaft, Köln.